Christoph W. Rosenthal
Unsere Wort-Schätze

Zum Autor:

Christoph W. Rosenthal (Jg. 1957) hat in Wuppertal, Göttingen und Bochum Ev. Theologie und Religions-/Geschichte studiert. Er lebt seit 1981 als freier Kulturschaffender mit Jobs, Kulturarbeit, Kunst und Forschungen und veröffentlichte als Kulturologe und Historiologe etliche Bücher zu Humanevolution, Geschichte und Sprache.

www.christoph-w-rosenthal.de

Christoph W. Rosenthal

Unsere

Wort-Schätze

der **Frühzeit**

Die Hinterlassenschaften von Evolution
und Frühgeschichte in unseren Wörtern

- -

Die Ursprünge unserer Wörter als Einblick
in die Vor- und Frühgeschichte

Bibliografische Information der Deutschen Nationalbibliothek:
Die Deutsche Nationalbibliothek verzeichnet diese Publikation
in der Deutschen Nationalbibliografie; detaillierte bibliografische Daten sind im Internet über http://dnb.dnb.de abrufbar.

Verlag: BoD • Books on Demand GmbH,
In den Tarpen 42, 22848 Norderstedt
Druck: Libri Plureos GmbH, Friedensallee 273, 22763 Hamburg

ISBN: 978-3-7597-8002-7

Aufriss

„Ein Beispiel für die Syntax der
[…] Jäger in Altamira. Die Gra-
vierungen zeigen eine Assoziation von Bilderschriftzeichen
und Psychogrammen aus dem
Aurignacien [*Europa von
40.000 – 31.000 v. Chr.*]." [1]

Die Grundlagen unseres Vokabulars liegen in der humanevolutionären Entwicklung im Vorfeld unserer Art Homo sapiens.
Dies ging mit der Evolution von Kultur einher, aus der die kul-
turale Anlage unserer Art entstand. Auf ihr baute die Befähigung
zu Selbststeuerung und sprachlicher Kommunikation auf, mit
der sich – und zwar allein - der evolutionäre Unterschied zwischen Mensch und Tier verknüpft.

Im Gegensatz zu der inzwischen über 150 Jahren alten Vorstellung erklärt sich der Ursprung unseres Vokabulars nicht erst aus
der Entstehung des Indogermanischen. Bei einem Alter von rund
6.000 Jahren ist das Indogermanische ebenso wie das Deutsche
wohl eine neuartige Sprach-Konzeption, doch ebenso wenig wie
das Deutsche etwas absolut Neuartiges, wie es die über 150
Jahre alte Vorstellung von Indogermanisch annimmt, als man die
Zeit vor 6.000 Jahren noch mit der Entstehung des Menschen in
Verbindung brachte. Diese Erklärung ist nach den heutigen Einsichten völlig ausgeschlossen. Ebenso wie das Deutsche basiert
auch das Indogermanische auf einer älteren Sprachtradition.
Dies belegt sich dadurch, dass sich etliches unseres Vokabulars
auch in anderen Sprachfamilien findet, mitunter tendenziell
weltweit.

---

[1] Zitat und Nachzeichnung nach: E. Anati, Höhlenmalerei, S. 28

Vor allem ermöglichte das Erforschen der Verbindungen zwischen Wörtern, Namen, Mythologien und Symbolen wie auch bei den eiszeitlichen Plastiken und Höhlenmalereien neuartige Anhalte. Da sich zudem die Ausgangsformen unserer Wörter aufgrund bestimmter Merkmale unterschiedlichen vor- und frühgeschichtlichen Epochen zuordnen ließen, ließ sich die Herkunft unserer Wörter und ihre ursprüngliche Bedeutung in völlig neuer Form erschließen.

In umfassenderer Form stellt C.W. Rosenthal die neuen Einsichten in die Herkunft unserer Wörter in einem **Herkunftswörterbuch** dar. In diesem Buch geht es darum, die etymologischen Einsichten für Einblicke in die Humanevolution, in die eiszeitliche Kultur des Homo sapiens (z.B. in den Höhlenmalereien) wie in die Frühgeschichte zu nutzen.

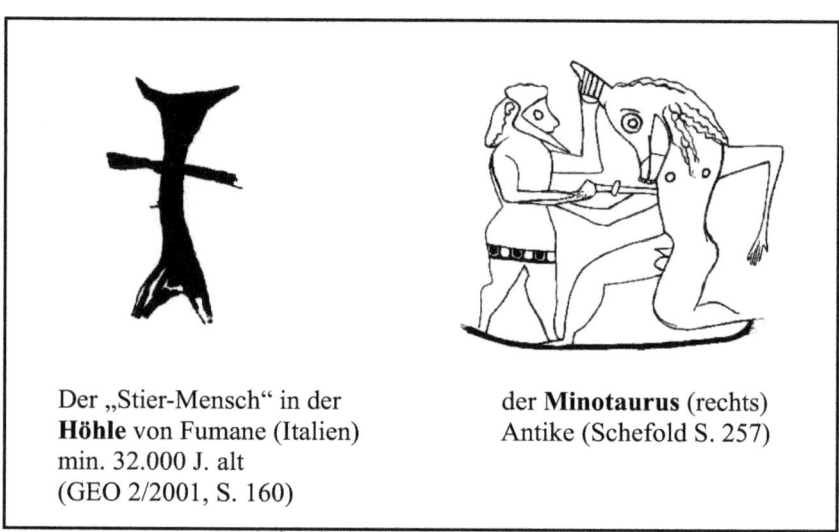

Der „Stier-Mensch" in der **Höhle** von Fumane (Italien) min. 32.000 J. alt (GEO 2/2001, S. 160)

der **Minotaurus** (rechts) Antike (Schefold S. 257)

Minotaurus – Tauros griech. >Stier< - *Taurus (=Gebirge) – Tauern* usw.: die schon eiszeitliche **Stier**-Symbolik hat bei der Decodierung der alten Symbolik eine entscheidende Rolle gespielt.

6

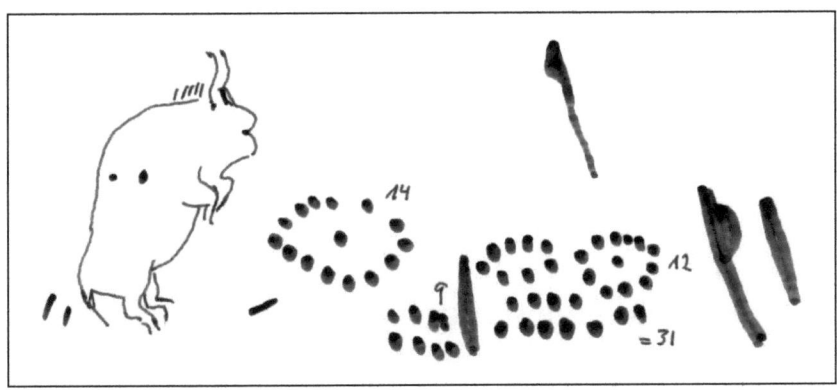

Beispiel der paläolithischen Kultur- und Sprach-Code-Symbolik aus der Höhle von Niaux (F). Nachzeichnung aus: Emmanuel Anati: Höhlenmalerei, S. 400. Der Zusatz der Zahlen stammt von mir (CR)

„Seit Jahrtausenden hat der Geist des Menschen auf Zehntausenden von Felsoberflächen [*und in Höhlen*] aller Kontinente seine Spuren hinterlassen. Sie sind der sichtbare Ausdruck einer alles mitreißenden Explosion künstlerischer Kreativität. [...] Abgesehen von einigen wenigen bekannten heiligen Orten in gut zugänglichen Gebieten ist dieses Erbe weitgehend unbekannt. [...] Doch die Wiederentdeckung hat bereits begonnen. Schon jetzt können die Archive über zwanzig Millionen Darstellungen dokumentieren. [...].“ [2]

---

[2] Emmanuel Anati: Höhlenmalerei, S. 9 f.

7

Inhaltsverzeichnis

Teil 1
Zur humanevolutionär entwickelten Sprache
des Homo sapiens

Teil 2
Zur Etymologie unserer Wörter

Hinweis

> Im Unterschied zu den **runden Klammerzeichen** (.) sind die **eckigen** Klammerzeichen […] *in Zitaten* Ausdruck meiner Bearbeitung [= CR]. Dies schließt auch mitunter eine Bemerkung [*kursiv abgesetzt*] ein. Dies wird an den Stellen nicht jeweils vermerkt.

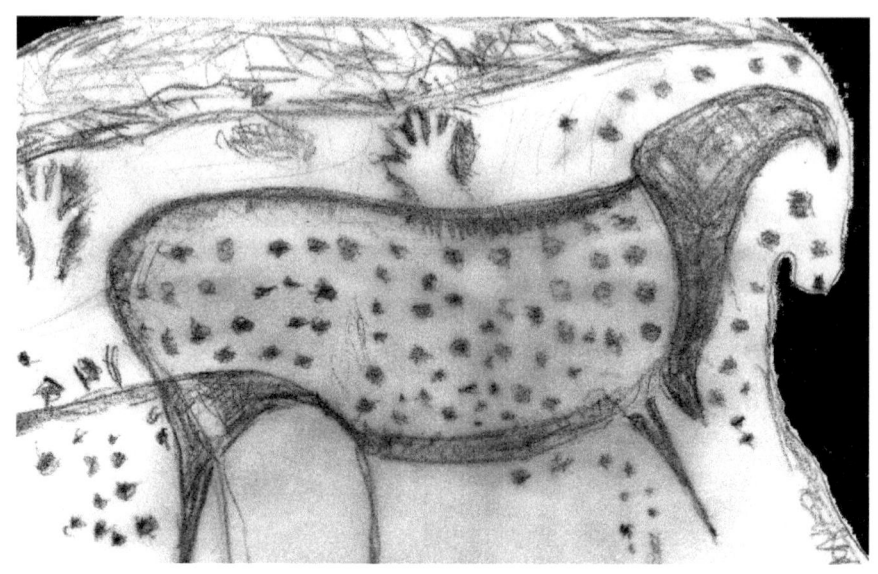

*In der Höhle Peche-**Mer**le (F), Umriss ca. 15.000 Jahre alt, Punkte und Hände* verschiedentlich *hinzugefügt. - Auf dieser Abbildung ist am Kopfbereich die Technik gut zu erkennen, dass natürliche Formen aufgenommen wurden.* [3] *S. hierzu* → Eid *und* → wissen

---

[3] Nachzeichnung nach: Göran Burenhult: Illustrierte Geschichte der Menschheit I, S. 112 f.

Vorwort

Die Idee zu diesem Buch entstand im Verlauf meiner Arbeit an dem >ursprachlich und frühgeschichtlich orientierten Herkunftswörterbuch<. In der Frühphase dieser Arbeit ergab sich mir der Eindruck, die Worterklärungen in diesem Herkunftswörterbuch vermittelten gleichzeitig auch einen neuartigen und guten Einblick in die eiszeitliche Kultur des Homo sapiens wie in die verschiedenen frühgeschichtlichen Prozesse und Kulturen, die sprachlich und kulturell immer noch unser heutiges Fundament stellen.

Doch musste ich im weiteren Verlauf feststellen, dass mit der zunehmenden Zahl an Wort-Artikeln dieser Überblick verloren ging. Der Anspruch an ein Herkunftswörterbuch ergab einen anderen Charakter. Von daher kam ich auf die Idee, ein eigenes Werk zu schaffen, in dem die etymologischen Anhalte unserer Wörter nun ganz gezielt für Einblicke in die Evolution des Menschen, in die früheren Kulturen und die geschichtliche Entwicklung genutzt werden. Die Wörter bieten hierfür in Verbindung mit den vor- und frühgeschichtlichen Symbolen, den alten Mythologien und ihren etymologischen Zusammenhängen einen neu- und einzigartigen Zugang.

Es hat sich im Rahmen meiner vor- und frühgeschichtlichen Forschungen gezeigt, dass sich unsere Wörter nicht erst auf das in dieser Hinsicht so junge >Indogermanisch< mit einer Zeit von vor ca. 6.000 Jahren erklären. Auch geht die Indogermanistik mit ihren inzwischen über 150 Jahre alten Grundlagen völlig inadäquat von einer modernen Sprachauffassung aus, die in dieser Form überhaupt erst in der griechischen Antike aufgekommen ist. Die Kritik an der herkömmlichen Indogermanistik und ihrer etymologischen Erklärung unserer Wörter habe ich in meinen anderen Sprach-Werken näher erläutert. In diesem Buch darf man sich nicht wundern, wenn ich hier durchweg andere etymologische Erklärungen vorstelle.

Bei meinen Forschungen wurde deutlich, dass sich ein guter Teil unserer Wörter in ihren Verbindungen zu anderen Sprachfamilien auf die Anfänge ihrer historischen Entwicklung am Ende der Eiszeit zurückführen ließ und dass diese Anfänge weiterhin auf einer noch ganz andersartigen Sprach-Anlage aufbauten.

Dass sich diese ältere Sprach-Anlage der eiszeitlichen Kultur des Homo sapiens (HS) >entziffern< und rekonstruieren ließ, liegt freilich an ihrem einzigartigen Charakter. Dieser lässt sich in seiner Genialität mit unserem Dezimalsystem vergleichen, wo sich auf der Basis einiger weniger Elemente und Prinzipien jede beliebige Zahl, dort das ganze benötigte Vokabular bilden ließ.

Die eiszeitliche Sprache HS baut lautlich auf den etwa 6 grundlegenden Lautbereichen der Lallformen des Säuglings wie *amma – MaMa, abba – BaBa* usw. auf. Daraus wird zunächst im Sprachspiel und dann über Geschichten für die Kinder das gängige Vokabular geschaffen. Mit dem Kleinkind-Motiv der >Mond – Mutter< wird bereits der gesamte kulturelle Rahmen umfasst. Das Motiv der mythologischen Mond-Mutter war geeignet, Ideen bzgl. des >Ursprungs der Welt und des Lebens< zu vermitteln, und dabei auch, von woher die Kinder >auf die Welt kommen< und auch, wo man dereinst sein wird, „wo wir uns alle wieder sehen werden."

Es ist erstaunlich, wie viele unserer Wörter in direkter Form dieser eiszeitlichen Konzeption entstammen. Doch auch die neuartige historische Konzeption der Wortbildungen baut, wenn auch in anderer Weise, darauf auf. Dabei werden aus diesen eiszeitlichen Grundformen nunmehr >Silben<, so etwa BaKa ➔ *Bauch, KaTa* ➔ *Kate, Haus, Haut, Kutte* >Mantel<, *Hut, hüten* usw., umgekehrt *TaKa* ➔ *Dach, Decke, Ziegel, Tuch, Textil* usw. Entsprechende Wörter mit diesen Bedeutungen finden sich in weiter Verbreitung über die Welt.

Diese Grundprinzipien der eiszeitlichen Sprache und der historischen Sprachentwicklung werden in Teil 1 dieses Buchs – hier jedoch nur recht kurz – erklärt (für ausführliche Erläuterungen

s. etwa mein Werk >Was eigentlich Sprache ist<). In Teil 2 werden sie an ausgewählten Wörtern etymologisch gezeigt.

Die aufgeführten Wort-Artikel stammen aus meinem Herkunftswörterbuch. Doch ist das hier vorliegende Werk anders als mein Herkunftswörterbuch nicht als Lexikon gedacht, wo man vor allem einzelne Wörter nachschlägt. Von daher sind die Wort-Artikel für die Konzeption dieses Buchs angepasst: mehr oder weniger vereinfacht, in Wiederholungen gekürzt und mitunter um Verweise auf weitere Wörter erweitert.

Auch geht es hier darum, die Wörter in überschaubarer Form für Einblicke in die früheren Kulturen zu nutzen. Von daher ist hier nur eine begrenzte Anzahl an ausgewählten Wörtern aufgenommen, die für diesen Zweck interessant erscheinen. Vielleicht wird es auch dem/der Leser/in so gehen, dass man zunächst gerne immer mehr wissen möchte, sich dann aber ab einem Punkt von der Masse der Wörter und Informationen ermüdet und/oder erschlagen fühlt. Hier liegt das Problem der Herkunftswörterbücher, die keinen Überblick über unser Vokabular ermöglichen – und auch selbst keinen inhaltlichen Überblick enthalten. Dabei ist ein solcher Überblick über unser Vokabular von dem Verständnis der eiszeitlichen Sprache HS sehr gut möglich. Die eiszeitliche Sprache HS zeigt wie analog unser Dezimalsystem, dass es möglich ist, sein Vokabular effizient und überschaubar anzulegen, was Sprache und Kultur auch erst wirklich steuerbar und gesellschaftlich beherrschbar macht.

Dieses Werk ist sowohl in der Auswahl der Wort-Artikel als auch in seinem Umfang darauf angelegt, dass es als eine Art Sachbuch dienen und gelesen werden kann. Für weitere Wörter kann – dann auch sehr sinnvoll - auf das Herkunftswörterbuch oder auf Cûl Tura Band 2 bzw. eine der beiden unterschiedlich umfassenden Kurzfassungen von Cûl Tura zurückgegriffen werden.

Eine sinnvolle Ergänzung bietet auch mein Werk >Vom Wunder und Abenteuer des Lebens<, wo die unserem Vokabular ursprünglich zugrunde liegenden Märchen und Mythen in ihrer

13

Struktur in erzählter Form rekonstruiert werden. Andere Aspekte der Evolution von Sprache und der historischen Sprach-Entwicklung behandele ich in meinen anderen Büchern zu Sprache, Evolution und Geschichte.

Die Wörter werden hier nicht in alphabetischer Reihenfolge aufgeführt, sondern nach ihren Informationen und den jeweiligen kulturgeschichtlichen Phasen zugeordnet. Ein alphabetischer Überblick über die aufgenommenen Wort-Artikel findet sich in dem **Index**.

Von den hier vorliegenden Einsichten bietet die Etymologie unserer Wörter Einblicke in das Denken früherer Kulturen und über kulturgeschichtliche Entwicklungen, die in manchem ausschließlich über den Weg der etymologischen Forschung zu erhalten sind. Entsprechendes gilt auch für die Beziehungen der frühgeschichtlichen Kulturen. Es zeigt sich, dass die sprachlich-kulturellen (auch weltanschaulichen) und die technologisch-materiellen Komponenten auf keinen Fall gleichgesetzt werden können – ein Fehlschluss etlicher archäologischer Annahmen.

Gleichzeitig bieten die etymologischen Ergebnisse auch neue Einblicke über unsere eigene Geschichte, Kultur und die Grundlagen unseres Denkens und unserer Kommunikation. Aus diesen Gründen fand ich als Historiologe und Kulturologe die etymologische Arbeit spannend und von Bedeutung.

Christoph W. Rosenthal

PS.
Die Veröffentlichung des Herkunftswörterbuchs wird sich noch etwas verzögern, da ich bei der Arbeit an dem hier vorliegenden Buch dort noch einigen Bedarf an Überarbeitungen festgestellt habe.

Teil 1

Zur humanevolutionär entwickelten Sprache des Homo sapiens

„Venus" von Laussel (F), Relief
Alter ca. 25.000 Jahre

S. dazu mehr in: Wikipedia: *Venus von Laussel*

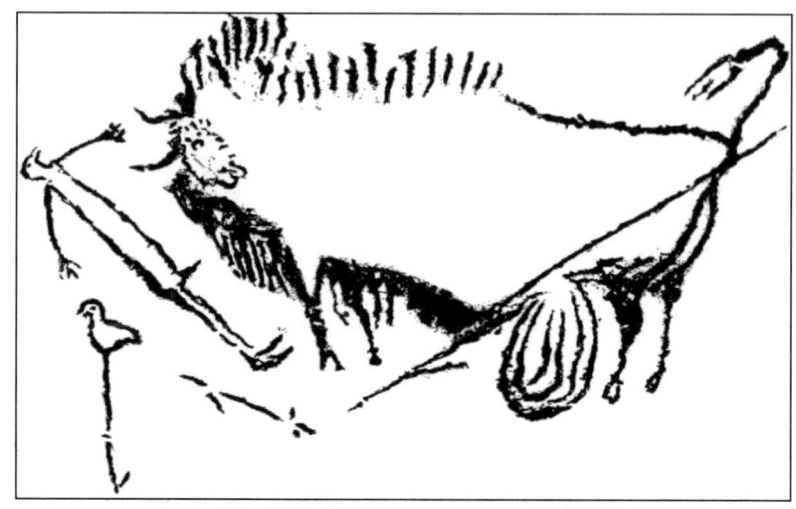

Die zentrale Darstellung der Höhle von Lascaux (F) [4]

Vgl. hierzu auch die Darstellung in der Ural-Höhle → S. 52

„Unter zahlreichen traditionellen Völkern unserer Tage, einschließlich der australischen Aborigines und der südafrikanischen Buschleute, besitzen die Höhlenbilder einen direkten Bezug zu diesen Pubertätsriten. Beinahe immer dienen diese Riten auch dazu, Kenntnisse [… seiner Kultur] zu vermitteln. Tiere spielen in der Mythologie der meisten traditionellen Völker [...] eine entscheidende Rolle, und häufig dienen sie zugleich als Symbole der Geschlechtlichkeit und der Fruchtbarkeit.“ [5]

Im eiszeitlichen Kontext geht es jedoch nicht um einen Fruchtbarkeits-Kult, sondern um die Aufklärung, dass Geschlechtsverkehr Folgen haben kann.

---

[4] Nachzeichnung. S. dazu Fotos z.B. in: Mario Ruspoli: Die Höhlenmalerei von Lascaux, insbesondere S. 149

[5] in: Göran Burenhult: Illustrierte Geschichte der Menschheit I, S. 116

16

1 Zur Evolution von Sprache

„Die Sprache ist in engster Weise mit den allgemeinen kognitiven Fähigkeiten des Menschen verbunden, und die Entstehungsgeschichte der Sprache ist zugleich auch ein Teil der Entstehungsgeschichte des Menschen."

Horst M. Müller: Sprache und Evolution, S. 74

Für das Verständnis der eiszeitlichen Sprache unserer Art Homo sapiens (HS), des Ursprungs unserer Wörter und den Möglichkeiten einer Aussage über den eiszeitlichen Wort-Bestand ist es von Bedeutung, einen Blick in die Evolution von Sprache zu werfen. Doch soll in diesem Buch recht kurz gehalten werden, da ich dazu andere Literatur anbiete.

Die sich andeutenden Befunde der eiszeitlichen Sprache HS als dem Ursprung unserer Wörter nötigten im Verlauf meiner etymologischen Forschung immer wieder zu einer Auseinandersetzung mit der neurologischen Entwicklung im Verlauf der Humanevolution. Abgesehen von den damit verbundenen neuen Einsichten in den humanevolutionären Prozess ergaben sich auch über diesen Weg Erkenntnisse bzgl. der eiszeitlichen Sprache HS.

Denn anders als bis in die Wissenschaften hinein noch immer gemeint wird, erklärt sich die Evolution von Sprache nicht eigentlich aus der Entwicklung von Kommunikation und also nicht aus dem Schritt von Lauten zu Wörtern selbst. Sie steht zunächst vielmehr mit bestimmten neurologischen Gehirn-Entwicklungen in Verbindung.

Dies gilt auch für die beiden unterschiedlichen Dimensionen von Sprache bei uns Homo sapiens. Sie verknüpfen sich mit Verbindungen zu zwei höchst unterschiedlichen Gehirnbereichen, zu

17

denen es in zwei verschiedenen grundlegenden evolutionären Stufen kam, die es beide in den Blick zu bekommen gilt.

Nach dem, was sich etymologisch als Ergebnis in Bezug auf die eiszeitliche Sprache HS darstellte, war es dieser zweite grundlegende Schritt der humanevolutionären Entwicklung von Sprache, der ihren Charakter bestimmte. Daraus ergab sich für mich auch die Schlussfolgerung, dass die eiszeitliche Sprache HS das bisherige Endergebnis der humanevolutionären Entwicklung in dem Schritt zu unserer Art Homo sapiens war. Mir erklären sich die rückwärts gewonnenen Einsichten aus der etymologischen Forschung in die eiszeitliche Sprache HS als Produkt der humanevolutionären Entwicklung. Von hier aus begreifen sich etliche tendenziell weltweiten Entsprechungen in dem Vokabular wie in der Symbolik und Mythologie.

Dies ist auch insofern von Relevanz, als dass sich mir in der Etymologie unserer Wörter ergab, dass die **historische** Sprach-Entwicklung sehr wohl auf der eiszeitlichen Sprache HS aufbaute, doch deren Grundlagen in einer völlig neuen Form entwickelte: nämlich in einer sprachlichen Anlage aus für sich selbst stehenden Wörtern und in dieser Folge einer neuen Form von Grammatik, ganz so, wie wir dies kennen. Erst diese sprachliche Neu-Anlage am Ende der Eiszeit ermöglichte auch die historische Entwicklung. Von daher dürfen die historischen Sprachformen nicht zu unmittelbar auf den eiszeitlichen Bestand zurückprojiziert werden. Die weite Verbreitung von Wörtern erklärt sich durchaus auch von frühgeschichtlichen Bezügen.

Doch dass sich gleichzeitig sprachliche Verbindungen wie grundlegende Unterschiede ausmachen ließen, bedeutete einen entscheidenden etymologischen Schlüssel. Die Wortwurzeln, die sich als etymologische Ausgangsform unserer Wörter ergaben, verwiesen auf die eiszeitliche Sprache HS, wie die Einsichten in diese eiszeitlichen Sprache HS erklärten, woraus die neuen historischen Wortwurzeln gebildet wurden und welche Wortwurzeln in den Ausgangsbereich der frühgeschichtlichen Wortbildungen gehörten und welche erst mit der Zeit aufkamen.

18

1.1 Zur Evolution des Gehirns

Die Evolution des Gehirns steht mit einer bestimmten Entwicklung der körperlichen Steuerungsprozesse bei den über die Einzelzeller hinausgehenden Mehrzellern dar. Hierbei spielen im Weiteren nicht nur die Größe des Gehirns, sondern auch die Anlage der Gehirnstrukturen eine Rolle. Dies gilt auch in Hinsicht auf Sprache, die in Bezug auf die Steuerung der neurologischen Prozesse von Bedeutung wurde.

Zum **Großhirn** oder **Neokortex** (grau markiert)

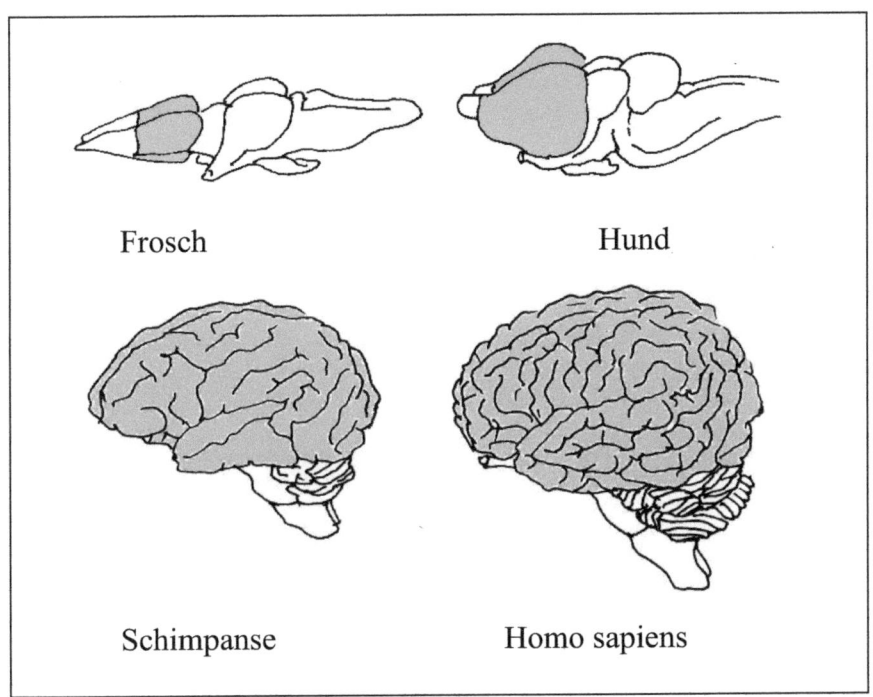

Frosch

Hund

Schimpanse

Homo sapiens

Nachzeichnung nach: Hoimar v. Ditfurth: *Der Geist fiel nicht vom Himmel,*
7. Farbblatt nach S. 224

Nach einer interessanten Theorie sind in dem menschlichen Gehirn drei evolutionäre Hauptetappen repräsentiert:

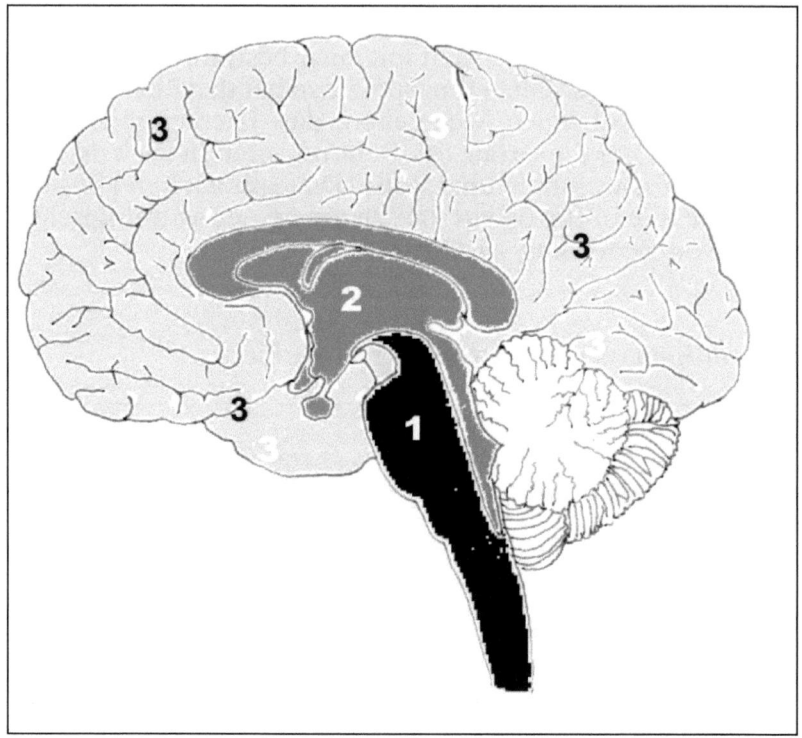

Nachzeichnung nach: Hoimar v. Ditfurth: Der Geist, S. 18 f., 84 f., 226 f.

Menschliches Gehirn mit den drei grundlegenden evolutionären Stufen:

  1 >unterer Hirnstamm< (schwarz),
  2 >Zwischenhirn< (oder „Reptiliengehirn", dunkelgrau)
  3 >Großhirn< oder (Neo-) Kortex (hellgrau)

Diese verschiedenen Bereiche spielen auch in Hinsicht auf Sprache eine entscheidende Rolle.

1.2 Laute und Sprache

Wörter sind zunächst einmal Lautformen. Sie konnten zu Bestandteilen der neurologischen Funktionslogiken werden, wo eine Befähigung zum Hören und zur Erzeugung von Lauten vorhanden war. Dies begann in Verbindung mit der Evolution des Zwischenhirns.

„Wörter sind nichts anderes als Geräusche, die das Gehirn [*evolutionär ursprünglich*] auf dieselbe Weise verarbeitet wie alle anderen akustischen Signale. Der Klang eines Wortes trifft auf die Hörrinde des Cortex und wird zu einer bewussten Sinneswahrnehmung wie das Pfeifen des Windes oder das Klingeln eines Telefons. Der Unterschied zwischen alltäglichen Geräuschen und Wörtern besteht darin, dass das Gehirn von Kindheit an dazu erzogen wurde, den Klang bestimmter Wörter mit bestimmten Erinnerungen zu verknüpfen." [6]

Die Ansätze für eine Nutzung von Lauten zum Zweck von Kommunikation finden sich schon auf früheren evolutionären Stufen, wie etwa bei den Vögeln, doch auch bei den Affen:

„Sie verfügen über ein hoch entwickeltes Lautsystem zur Verständigung. Die in der afrikanischen Savanne lebenden Grünen Meerkatzen beispielsweise verwenden je nach Gefahrenquelle verschiedene Alarmrufe: Erspäht ein Affe einen Leoparden, so stößt er einen bellenden Laut, der die ganze Horde veranlasst, in den Schutz der Bäume zu fliehen; vor Schlangen warnt ein schnalzender Laut, bei dessen Ertönen alle Affen beginnen, auf Zehenspitzen stehend, das hohe Gras in ihrer Umgebung zu durchmustern. Daneben gibt es noch ein raues Kreischen, das vor Gefahr aus der Luft warnt, etwa

---

[6] John McCrone: Als der Affe sprechen lernte, S. 118

vor einem Adler. Bei diesem Klang flüchten die Affen von den ungeschützten oberen Ästen eines Baumes weiter nach unten. Jede Bedrohung ruft einen ganz besonderen Warn-schrei hervor, der wiederum die jeweils angemessene Reak-tion auslöst." [7]

Die Ebene der Laut-Äußerungen sind mit bestimmten Verhal-tens-Situationen gekoppelt, auch noch beim Menschen etwa mit *au* (Schmerz), *oh* (Erstaunen, Überraschung), *iiih* (Ekel) usw. (>Expressionen<). Doch konnte es von diesen neurologischen Verbindungen kaum zu der Entwicklung von Sprache kommen. Vgl. dazu:

> „Gehirnuntersuchungen an Rhesusaffen schienen diese Sicht-weise ebenfalls zu stützen: Sie ergaben, dass die Lautäuße-rungen dieser Tiere nicht vom Neocortex gesteuert werden – also von der Großhirnrinde, die die meisten intellektuellen Prozesse lenkt -, sondern vom sog. Limbischen System, das mehr für den Gefühls- und Instinktbereich zuständig ist." [8]

Der eigentliche Unterschied dieser Lautformen zu der neuen Evolution von Sprache verknüpft sich mit der andersartigen Ein-bettung in der neurologischen Anlage. Infolge der neuen Ver-bindung mit dem Neokortex werden aus den ursprünglichen Laut-Signalen Wörter.

Diese Entwicklung erklärt sich dadurch, dass sich der Schritt zur Evolution der Sprache offenbar in der **Umkehrung** des Laut-Gebrauchs vollzog: **vom Hinweis und Appell an andere zum Hinweis und Appell an sich selbst** (= an sein Selbst), und zwar zwecks Durchführungen von komplexeren Aktivitäten, für die die bisherigen neurologischen Strukturen nicht zureichten.

---

[7] John McCrone: Als der Affe sprechen lernte, S. 154 f.
[8] Martin Kuckenburg: Wer sprach das erste Wort? S. 31

Wohl setzt der Schritt zum Gebrauch von Mitteln nicht per se sprachliches Denken voraus, und er findet sich auch bereits früher in der Tier-Welt. Dieser Einsatz von Mitteln kann in >instinktiver< Erkenntnis erfolgen und dann in Nachahmung tradiert werden, sogar bis dahin, dass bestimmte Verhaltensformen auf die Dauer zur genetischen Ausstattung werden. Auch Geschicklichkeit ist nicht per se vom sprachlichen Denken abhängig. Es gibt Geschicklichkeiten, die genetisch angelegt sind oder in der Nähe der genetischen Möglichkeiten liegen, dass sie bei etwas Probieren „plötzlich" funktionieren. Das gilt bei uns etwa für das Schwimmen oder das Radfahren (im Gleichgewichts-Balancieren).

Demgegenüber ist das Erlernen eines Musikinstrumentes oder des Tippens etwas entscheidend Anderes. Dieses Erlernen ist aufgrund seiner präzisen Komplexität zunächst von einer genauen >geistigen< Kontrolle abhängig, bis die Bewegungen durch ständiges Wiederholen >in Fleisch und Blut übergehen<, sprich durch den Aufbau der neurologischen Verbindungen hinreichend in den tieferen neurologischen Bereichen verwurzelt sind. Diese vorausgehende Kontrolle der Bewegungsmuster ist mit Sprache verbunden. Die durch Sprache ausgeübte Kontrolle ermöglicht eine neuartige Komplexität und Präzision, wie sie bei dem Erlernen des Tippens, eines Instruments und bei bestimmten Handfertigkeiten notwendig ist.

Das Ausmaß der Bedeutung des Sprachlichen zur Steuerung von Bewegungen und sogar für *unsere* Art zu sehen zeigt sich in dem ganzen Feld der neurologischen Störungen bei Menschen, wie z.B. bei dem Mann der Titelgeschichte in Oliver Sacks Buch >Der Mann, der seine Frau mit einem Hut verwechselte<. Man kann sich zunächst eine solche Verwechslung nicht vorstellen und auch nicht, dass dieser Mann die gezeigte Rose optisch nicht zu erkennen vermochte, obwohl er keine Probleme mit seinen Augen hatte. Tatsächlich konnte er diese Rose immer noch >sehen<, aber die optisch gewonnenen Informationen neurologisch nicht mehr zureichend verarbeiten. In Verbindung mit dem Riechen konnte er die Rose >erkennen<.

Ein Beispiel, woran wir uns den neurologischen Vorgang des >Sehens< verständlich machen können, sind die sprachlichen Formen von Schrift, Text und Lesen. Wäre dieser Text in chinesischen Schriftzeichen geschrieben, lägen unsere Probleme im Verstehen nicht in der Optik. Sie erklärten sich schlichtweg darin, dass wir die chinesischen Schriftzeichen nicht (zureichend) gelernt hätten. Sprache und die neue Dimension von Wissen erklären sich dadurch, dass wir, beginnend mit dem zeigenden >da< des Säuglings von klein auf an in Verbindung mit Sprache ein Wissen über Objekte und Prozesse aufgebaut haben, das sich sprachlich kommunizieren und abspeichern lässt. Entsprechende Prozesse gelten auch für eine neue Dimension an Handfertigkeiten und anderen komplexeren Bewegungsabläufen.

Es spricht nun alles dafür, den Ursprung der Evolution mit den verschiedenen Befunden in Verbindung zu bringen, die vor ca. 2,5 Mio. Jahren aufkommen.

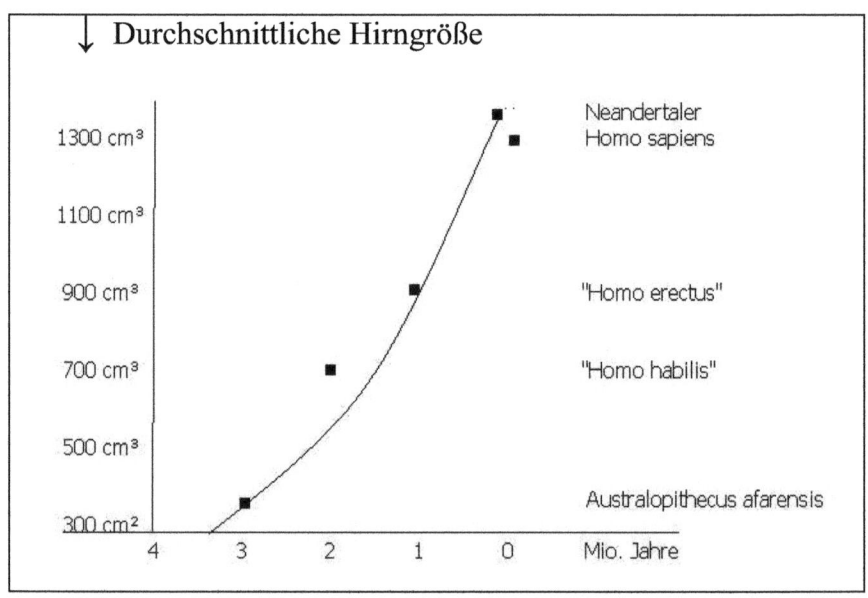

Vereinfachte Nachzeichnung nach: R. Lewin: Spuren der Menschwerdung, S. 143, und GEO Wissen „Die Evolution des Menschen", S. 80

24

Auch wenn es bislang keine Möglichkeit gibt, den Beginn der Evolution von Sprache direkt greifen zu können, so sprechen die Zusammenhänge dafür, den neuartigen Schub an Gehirnwachstum mit dem Aufkommen der Evolution von Sprache in Verbindung zu bringen. Auch stellt sich dies als die **Voraussetzung** für ein effektives Planungs-Denken wie etwa eine gezielte Werkzeug-Produktion und ein bestimmtes Maß an Bewegungs-Präzision in der Handfertigkeit dar. Von daher lässt sich sagen:

„Die Mehrzahl der Fachleute bringt trotz dieser Unsicherheiten das enorme Wachstum insbesondere des Großhirns im Verlauf unserer Entwicklungsgeschichte mit einem wahrscheinlich schon frühen Auftreten des Evolutionsfaktors Sprache in Zusammenhang. >Wenn die Hominiden nicht die Sprache nutzten und verfeinerten, würde ich gerne wissen, was sie mit ihren selbst beschleunigt wachsenden Gehirnen taten<, bemerkte etwa die amerikanische Anthropologin Dean Falk 1989 in einem Diskussionsbeitrag ironisch, und auch ihr Kollege Terrence Deacon vermutete: >Die Sprache war die Hauptursache, nicht eine Folge des menschlichen Gehirnwachstums.<" [9]

„Dies ist umso wahrscheinlicher, als Werkzeugproduktion und Sprache nach Meinung vieler Fachleute auf miteinander korrespondierenden geistigen Fähigkeiten beruhen und ihre neurologischen Grundlagen sich daher im Verlauf unserer Evolutionsgeschichte Hand in Hand entwickelt haben dürften. >Die Handlungsabläufe bei der Geräteherstellung haben strukturelle Ähnlichkeit mit denen bei der Konstruktion eines Satzes<, urteilt etwa der bereits zitierte Prähistoriker Gowlett, und die Neurologin Kathleen R. Gibson schrieb 1988: >Gerätegebrauch und Sprache teilen eine gemeinsame neurologische Basis und dürften sich deshalb zusammen herausgebildet haben." [10]

---

[9] Martin Kuckenburg: Wer sprach das erste Wort? S. 58
[10] Martin Kuckenburg: Wer sprach das erste Wort? S. 77 f.

 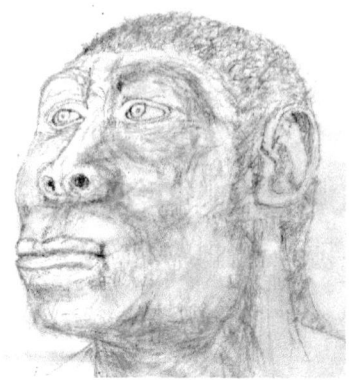

Hominidus habilis   Hominidus erectus

Die beiden hominiden Hauptstufen I und II:
Nachzeichnungen nach Modellierungen in
GEO: Die Evolution des Menschen, S. 24 ff.

M.E. sprechen die Gesamtzusammenhänge dafür, dass der evolutionäre Beginn von Sprache

- mit dem **geologischen Umbruch vor ca. 2,5 Mio. Jahren** =
- mit Beginn der >**Steinzeit**< = Herstellung von u.a. Stein-
  Werkzeugen =
- mit dem Beginn der **Hominiden**-Evolution

in Verbindung steht.

Doch sind wir auf dieser Stufe noch nicht bei dem >Menschen<, sondern bei den Hominiden. Es handelt sich hierbei um eine Zwischenstufe nach den Hominoiden (Menschenaffen wie die Schimpansen usw.) und vor der Humanevolution. Es gibt einen entscheidenden evolutionären Unterschied zwischen den Homi-

26

niden und uns Homo sapiens als dem Produkt der erst eigentlichen Humanevolution, deren Beginn erst vor ca. 0,5 Mio. Jahren angesetzt werden kann, nämlich die Befähigung zur Selbststeuerung. Für den Erwerb dieser Befähigung, die – und zwar allein – den kategorialen Unterschied zwischen Mensch und Tier ausmacht, brauchte es einer substanziellen Weiterentwicklung an Sprache und der neurologischen Anlage, was erst in mehreren Schritten im Verlauf der Humanevolution erreicht wurde. Es gibt keinen Grund zu der Annahme, dass dieser Schritt bereits auf der Stufe der Hominiden erreicht wurde. Die Hominiden unterstanden noch bei aller Sprache der genetischen Verhaltenssteuerung der Tier-Stufe.

Modell:

Evolution von Sprache	Evolutionäre Stufe
Von **Lauten** zu **Wörtern**	**Hominiden I** (z. B. „Homo habilis")
Von **Wörtern** zu 2 + 3 **Wort-Sätzen**	**Spätphase Hominiden I** ▶ ▶ ▶
Sätze und **Satzfolgen** im Kontext von **Erledigungen** (von einfachen Anfängen bis später **beliebig komplex**)	**Hominiden-Stufe II** (z.B. „Homo erectus")

> > Humanevolution

1.3 Die neue Dimension der neurologischen Anlage des Menschen

Wohl baut die humanevolutionäre Entwicklung auf der Sprache der Hominiden auf. Es ist nicht zu sehen, dass ohne einen bereits entwickelten Bestand an Sprache und einer entsprechenden neurologischen Struktur die humanevolutionäre Entwicklung überhaupt eine Möglichkeit gewesen wäre.

Doch ist es absolut eindeutig, dass sich der kategoriale Unterschied zwischen Mensch und Tier – und zwar letztlich allein – mit der evolutionären Ablösung von der genetischen Verhaltens-Steuerung = der Tier-Stufe hin zu der Anlage zur Selbststeuerung verknüpft.

Die Befähigung zur eigentlichen Selbststeuerung war ausschließlich in Verbindung mit neuen neurologischen Entwicklungen mit einer *substanziellen* sprachlichen *Weiterentwicklung* zu erreichen. Mit einer Sprache, die tatsächlich (s.u.) allein auf einer Basis von Vokabular und Grammatik basiert, ist eine Steuerung der auf der Zwischenhirn-Ebene befindlichen Verhaltensprogramme keine Möglichkeit. Die unmittelbare Ebene von Vokabular und Grammatik ist lediglich mit dem Neokortex verbunden. Sie ermöglicht lediglich eine Ausweitung des Potentials der genetischen Verhaltensanlage, sprich – modern formuliert – den Bereich von >Produktion und Dienstleistung<. Dieser Schritt verknüpft sich mit der Evolution der Hominiden und dem Schub des Gehirnwachstums. Eine Ablösung von der genetischen Verhaltensversteuerung war damit noch nicht verbunden.

Die Sprache auf einer reinen Basis von Vokabular und Grammatik löste wohl das mit dem Beginn der Eiszeit entstandene evolutionäre Notstandsproblem durch eine evolutionär entscheidend erhöhte technische Intelligenz, eine entsprechende Sprache zwecks >Produktion und Dienstleistung<, durch die Entwicklung der Werkzeug-Technologie und Handfertig.

In Hinsicht auf echte Naturprobleme war diese Anlage höchst leistungsfähig. Es gelang mit ihr nicht nur, die evolutionäre Krise zu bewältigen, sondern auch über den angestammten Kontinent Afrika hinauszukommen und völlig fremde Biotope aufzunehmen.

Doch war dies auch alles, was diese Anlage vermochte. Die genetische Verhaltensanlage erlaubte es mit seiner technischen Intelligenz nicht, über die Lösung von äußeren Problemen hinaus Nutzen zu ziehen. Wo die technische Intelligenz nicht für solche Lösungen gebraucht wurde, schlug sie von daher nur in intelligentere Konkurrenzkämpfe um. Von daher verfiel gerade diese Stufe mit all ihrer Technologie und technischen Intelligenz ganz im Gegensatz zu den Menschenaffen und den einfachen Affen dem Aussterben, und dies in evolutionärer Hinsicht auch ziemlich schnell, in einem Zehntel des bisherigen Bestands der Menschenaffen.

Aufgrund dessen kam es zu dem nun anders ausgerichteten Prozess der Humanevolution, der zur Vermeidung des Aussterbens von der Ablösung von der genetischen Verhaltenssteuerung hin zur Entwicklung eines fähigen Sozial- und Beziehungslebens bestimmt war.

Diese Entwicklung entstand daraus, dass man, statt seine Intelligenz zur Steigerung seiner Konkurrenzfähigkeit zu gebrauchen, diese insbesondere für die Zuwendung zu seinen Kindern einsetzte. Von hierher erklärt sich der >Ursprung der Kultur im Spiel< [*der Kinder*], wie es Johann Huizinga in seinem Buch >Homo ludens< (im Untertitel) soweit völlig recht ausführt. Daraus entstand ein besseres und befriedigendes Sozialleben.

In diesem Kontext kam es auch zu einer völlig neuen Sprach-Entwicklung.

1.4 Sprachspiele und Geschichten

„Kleine Kinder lieben Geschichten und wollen immer wieder welche hören. Sie können komplexe Zusammenhänge begreifen, sobald man sie ihnen in Form von Geschichten präsentiert [...]." [11]

„Märchenstunden sind die höchste Form des Unterrichtens." [12]

„Ein guter Lehrer wird Geschichten erzählen. [...] Geschichten *treiben uns um, nicht Fakten."* [13]

Das Aussterben der Hominiden erklärt sich nicht daraus, dass sie noch zu wenig an Intelligenz, Technik und Sprache zur Lösung von äußeren Problemen verfügten. In gewisser Weise war das das Gegenteil der Fall. Denn mit Ausnahme außergewöhnlicher Naturkatastrophen in geologischen Umbrüchen hatte sich die entscheidende Lern-Anforderung in der Primaten-Evolution seit den Affen von der Natur auf die soziale Befähigung verlagert.

„Labortests zeigten deutlich, dass niedere Affen und Menschaffen außergewöhnlich intelligent sind. Feldstudien ergaben allerdings, dass zumindest beim Gewinnen des täglichen Lebensunterhaltes diese Intelligenz kaum beansprucht wird. [...] für einen nichtmenschlichen Primaten in freier Wildbahn ist der Lernprozess über das Vorkommen und vielleicht auch die Reifezeit von Nahrungsressourcen ein intellektuelles Kinderspiel verglichen mit der Vorhersage - und Beeinflussung - von Verhaltensweisen anderer Individuen der Gruppe." [14]

---

[11] Oliver Sacks: Der Mann, der seine Frau, S. 242
[12] So der Hirnforscher: Gerald Hüther: Was wir sind, S. 164
[13] Der Neurowissenschaftler: Manfred Spitzer: Lernen, S. 35
[14] Roger Lewin: Spuren der Menschwerdung, S. 145 f.

Von hier aus verknüpfte sich der entscheidende Ausgang der humanevolutionären Entwicklung mit der Weiterentwicklung des kindlichen Spielens. Daraus entstand eine höhere soziale Befähigung: als Kulturelle Intelligenz. Bei diesen Spielen spielten Sprachspiele und Geschichten eine zentrale Rolle. Das Sprachliche gehört im Hören und dann im Brabbeln zu den ersten Möglichkeiten des Säuglings. Dies beginnt schon mit dem spielerischen *ei-tei-tei, du-du-du, ma-ma-ma* und *la-la-la* in der Interaktion mit dem Säugling. Worauf das *la-la-la* verweist, dass von hier aus auch die Bedeutung von Singsang und Musik entstand.

Sprach-Spiele   (Laut-Spiele, Sprüche, Lieder)

Auf einem Baum ein Kuckuck
Simsaladim bamba saladu saladim
Auf einem Baum ein Kuckuck saß

Abra Kadabra
dreimal schwarzer Kater

Diese Sprachspiele wie zuerst *ei-tei-tei* und *du-du-du* wurden zum Ausgangspunkt der Evolution von Kultur und der humanevolutionären Weiterentwicklung von Sprache. Sie eröffneten eine neue Dimension von Spiel wie u.a. auch das Singen, Rollen- und Interaktionsspiele (wo man etwa Tiere nachspielte) wie das Erzählen von Witzen, Abenteuern, Märchen, Fabeln usw.

Nun mag man von unserer modernen Sprachauffassung her denken, dass doch die Geschichten auf der Basis von Vokabular und Grammatik erzählt werden. Ohne Zweifel liegt in dieser Art auch die evolutionäre Ausgangsbasis dieser Entwicklung. Doch in Verbindung mit der Ablösung von der Verhaltenssteuerung und der Befähigung zur Selbststeuerung werden die Geschichten samt ihrer Emotionalität als Vergegenwärtigung und Verarbeitung seiner Verhaltensbereiche und -Formen zu dem Eigentlichen. Das Bewusstsein und die Geschichten machen die Wörter, nicht umgekehrt.

Tatsächlich lag der entscheidende Sachverhalt der humanevolutionären Weiterentwicklung von Sprache darin, dass hier nun >Geschichten< und Bilder zur Basis der Sprach-Anlage wurden. Es sind die mit seiner Existenz und seinen Gefühlen/Empfindungen verbundenen >Geschichten<, durch die man einen Zugriff auf den Zwischenhirn-Bereich der genetischen Verhaltenssteuerung erhielt, was die Möglichkeit der Selbststeuerung eröffnete.

Ganz entsprechend formuliert Moeller als eine seiner >Fünf goldenen Erkenntnisse<:

> „Ich möchte in unserer Beziehung lernen, mich in konkreten Erlebnissen und nicht in Begriffen zu erläutern, weil Bilder und Geschichten erst wirklich tief gehend und umfassend wiedergeben können, wer ich bin – und wer Du bist." [15]

Dies gilt seit der Ablösung von der genetischen Verhaltenssteuerung zuerst insbesondere für die Sozialisations-Entwicklung. Bevor die Fakten als Einzelheiten von Interesse werden können, braucht es erst einmal einen Rahmen im Denken und Verstehen (= in seiner >Bewusstseins-Struktur<).

> „Kinder brauchen sie [*Märchen*], um ein elementares Ordnungsgerüst zu erkennen, sie brauchen sie, um ihre noch diffuse Phantasie an Gestalten zu binden und somit ihre Welt dingfest zu machen. Märchen helfen den Kindern, sich in der Welt zu orientieren." [16]

> In seinem immer noch wichtigen Buch >Kinder brauchen Märchen< führt *Bruno Bettelheim* dies in vielem näher aus. In dem interessanten

---

[15] Michael Lukas Moeller: Die Liebe ist das Kind der Freiheit, S. 16
[16] Emma Brunner-Traut: Altägyptische Märchen, S. 9

32

Buch >Märchen als Therapie< zeigt die Psychologin Verena Kast in anderer Hinsicht deren Bedeutung.

Von der Sache her sind die Logiken dieser evolutionär und neurologisch entscheidenden Geschichten für die Kinder als **Neuropsychogramme** zu verstehen. Diese Neuropsychogramme sind die **Brücke zwischen Denken/Sprache und der Zwischenhirn-Ebene der Verhaltensprogramme**, die die Grundlage der Selbststeuerung stellt. Sie waren in der Wechselwirkung der humanevolutionären Entwicklung gleichermaßen die Folge der Ablösung von der genetischen Verhaltenssteuerung wie umgekehrt die Voraussetzung der Entwicklung der Selbststeuerung und von Kultur.

In den Anfängen dieser Entwicklung werden sowohl die neurologischen Zustände als auch die Erfindung der neuropsychogrammatischen Motive und Geschichten noch partiell gelegen haben. Doch muss in der weiteren humanevolutionären Entwicklung in der Sammlung dieser neuropsychogrammatischen Motive und Geschichte eine Systematik in der Entsprechung der neurologischen Struktur des Menschen entstanden sein.

Denn diese Systematik war eine Voraussetzung für die Entwicklung einer vollgültigen Selbststeuerung. Mit partiellen Motiven mag wohl an den entsprechenden Punkten den Zugriff einer Steuerung zu erreichen, aber deswegen noch nicht das Eigentliche der vollen Steuerung seiner Persönlichkeit und seiner Sozialverhältnisse. Dies wurde erst mit einer umfassend integrierten Systematik der neuropsychogrammatischen Motive als Sprache wie an >Kultur< möglich.

Dies alles ist als Zusammenhang zu sehen. Die Sprache der neuropsychogrammatischen Motive stellte die zur Steuerung von Kultur und Persönlichkeit notwendigen kulturellen Begriffe wie z.B. >Gerechtigkeit<. Der *Begriff* >Gerechtigkeit< ist, wiewohl formal vergleichbar, doch von seiner neurologischen Verbindungen etwas fundamental anderes als das *Wort* (für) >Stock<, was auch ein Hund verstehen kann. Solche Begriffe wie >Gerechtigkeit< setzen soziale Erfahrung und ein Verstehen von Menschsein und Kultur voraus, wie umgekehrt Kultur erst durch ein hinreichendes Verstehen der für Kultur notwendigen kulturellen Steuerungsbegriffe wie etwa >Gerechtigkeit< oder >Frieden< möglich wird, wie das Autofahren erst durch seine Steuerungsanlage mit Brennstoff, Bremse und Lenkrad und ein Beherrschen des Steuerns.

Diese Systematik ist der ursprüngliche Sachverhalt der >Mythologie< (vor dem Ende der Eiszeit). Sie ist das Eigentliche und Entscheidende der humanevolutionär entwickelten Sprache bis zum Ende der Eiszeit.

> „Sprache ist in Mythen begründet (Mythos heißt in seiner ersten Bedeutung das Wort), und der Mythos umfasst noch beides, den Primär- wie den Sekundärvorgang, die Vergangenheit wie die Zukunft, die Emotionalität und das rationale Erklärungsbedürfnis." [17]

In der Tat: „Am Anfang war das Wort" = der *logos* = der *Mytho-Logos* (man beachte die Verbindung *Wort* = dän. *ord* = lat. *ordo* – *Ord*nung!). Die Mythologie als die erzählte Form der sprachlichen Organisation war in der humanevolutionären Entwicklung die didaktisch und als Sprache in Worten und Begriffen aufbereitete *Essenz* der Kultur- und Lebenserfahrung wie der Selbst- und Menschenkenntnis (>Erkenne Dich selbst<).

Durch die Mythologie wurde der Mensch diskursiv, bewusst, *Subjekt, Kommunikations-* und *Kulturwesen*. Durch die Mythologie als dialogisches Verhältnis zu den Kindern lernte sich der Mensch in seiner Bewusstseins-Entwicklung, in seinen emotionalen Bedürfnissen, in seinen Lernformen und Wahrnehmungen kennen und begreifen. Durch die Mythologie lernte sich der (Vor- und frühe) Mensch als *Mensch* verstehen, und so verstanden war die Mythologie in der Tat die Grundlage für das damalige Hinauskommen des Menschen über die Tierstufe. Dieses

---

[17] Wolfgang Schmidbauer: Wie Gruppen uns verändern, S. 149

war freilich nur mit einer ganz bestimmten Mythologie und nur mit einem aufgeklärten Verhältnis zu ihr als Erwachsener möglich.

Das also, was die humanevolutionär entwickelte Sprache von der hominiden Sprache aus lediglich Vokabular und Grammatik im Entscheidenden unterscheidet, ist >die Mythologie< im ursprünglichen Sinn und in der ursprünglichen Form als dem didaktisch aufgebauten Programm zum Erwerb der Selbststeuerung und einer auf Kommunikation angelegten Kultur.

Modell der humanevolutionären *Weiterentwicklung* von Sprache

wie sie sich mir darstellt:

---

höhere neurologische Unreife der Geburten →
Sprachspiele wie *ei-tei-tei* und *du-du-du* + „Jägerlatein" →
Tier-Geschichten & menschliche Begebenheiten →
Tier-Rollen-Spiele sowie anthropomorphe Fabeln, Märchen & *Role-Models* (*Modelle für Rollen*) → moralisch-kulturelle Verstehens-Entwicklung = Beginn der Selbststeuerung

→ Überblick über seine anthropologischen Gegebenheiten und Möglichkeiten → kulturelle Begriffe → Mythologie
→ die in Begriffen aufgebaute kulturelle Sprach-Anlage →

explizit entworfene Kultur-Konzeption → Realisation von Kultur → die evolutionäre Ausbildung unserer

→ Art ***Homo sapiens***,

die alles dies an kulturellen Gegebenheiten in ihrer kulturalen Anlage **voraussetzt** (wie ein Computer ein dafür qualifiziertes Betriebssystem an Software)

1.5 Die >Mond - Mutter<-Symbolik

Die ursprüngliche Mythologie und Sprache HS baut auf der >Mond – Mutter<-Symbolik auf. Dies dürfte auch der tatsächliche Hintergrund der eiszeitlichen „Venus"-Figuren sein.

Dieses Motiv knüpft an die Säuglingserfahrung mit der >Mutter< als der ersten strukturellen Wortbildung der eiszeitlichen Sprache HS an. Es spricht einiges dafür, dass es auf der entscheidenden Stufe der humanevolutionären Entwicklung mit dem „Vollmond-Gesicht" als der spielerischen Veranschaulichung dieses Motivs für die Kleinkinder verbunden wurde.

Die Verbindung mit der >Mond – Mutter< konnte den Kindern erzählen, von wo her sie auf die Erde kamen und wohin sie nach ihrer Reise über unseren Planeten wieder >heimkehren<, „wo wir uns alle wiedersehen". Mit diesen Themen von >Ursprung< und >Tod< hatte man bereits den Rahmen seiner Mythologie gefunden, *innerhalb* dessen die menschliche Existenz in Geschichten als Sprache: Wörter und Kommunikation zu Kultur zu fähigen Sozial- und Beziehungsverhältnissen aufbereitet werden konnte.

Hierbei wurde auch die Mond-Monats-Symbolik zum Zentrum seiner zeitlichen Verortung und Kultur. Der Mond umfasste dabei in Verbindung mit der Sonne und den Sternen („Sternbildern") sowohl den Tages- als auch den Monats-Zyklus als die bedeutsame mittlere Größe im Jahres- und jahreszeitlichen Zyklus. Mit → *Neu*-Mond und Vollmond ließ sich im (engl.) *fortnight*-Rhythmus (heute *Woche*) des >ewigen< Zyklus von Werden und Vergehen leben. Es spricht in der Tat einiges dafür, dass die Entstehung des weiblichen Monats-Zyklus damit in Verbindung steht. Das in den eiszeitlichen Höhlen erscheinende Zahlzeichen >9< und unser von dort her stammendes Wort → *neun* (*NaNa*) verweist auf das Thema >schwanger<, damals freilich im Kontext der Aufklärung der Jugendlichen, dass Geschlechtsverkehr diese Folgen zeitigen kann.

Die >Mond – Mutter<-Symbolik geht, wie gesagt, von >Mutter< und einer damit verbundenen Ursprungs- oder Schöpfungs-Symbolik aus. Damit hatte man eine geniale didaktische Konzeption erfunden, wo sich für die Kleinkinder die Welt, das Leben und seine Kultur in für Kinder verständliche und spannende Geschichten verpacken ließ.

Doch ist diese Symbolik nicht nur mit Ursprung und dem Werden verbunden, sondern auch mit dem Vergehen und dem Ende. Dieses Vergehen und Ende wird in der eiszeitlichen Mythologie HS im Besonderen mit der >Drachen – Schlange< symbolisiert. Doch während das unsymbolische Denken zwangsläufig von einem Anfang auf ein Ende und also den Tod hinausläuft, wird dies in der eiszeitlichen Mythologie umgekehrt. Das Ende wie etwa eines Tages (= 24 Uhr) oder eines Monats (= Neu-Mond) wird hier zum *Neu,* zu 0 Uhr, zum Beginn des neuen Monats, Tages, Jahres oder einer >Ewigkeit< (>Ära<, ndl. *eeuw* >ein Jahrhundert<). Dies läuft eiszeitlich auf die Symbolik für die Jugend-Initiation hinaus. Der Initiand stirbt etwa im >Drachen-Schlund< und wird dann in der Weltberg-Uterus-Höhle zu einem neuen, nämlich kulturell begründeten und menschlich erwachsenen Menschen >geboren<. Diese Zusammenhänge erklären eindeutig, dass die eiszeitlichen Geschichten HS von der >Schöpfung<, dem >Osterhasen< und einem >Leben nach dem Tod< genau wie bei den Alten Kulturen auf die Bewusstseins-Entwicklung der Kinder ausgerichtet sind. Es geht hier nicht um Weltanschauung.

Damit ist bereits der Rahmen der eiszeitlichen Mythologie und Sprache HS umrissen. Im Folgenden soll anhand einiger Beispiele der (ursprünglich) weltweite Bestand dieser Mond – Mutter-Symbolik, dann auch mit sprachlichen Anhalten gezeigt werden.

„Diese Holzmaske ist ein Ausdruck der Inuit-Kosmologie. Das Gesicht in der Mitte repräsentiert einen der wichtigsten Geister, den des Mondes. Die umgebenden Ringe stehen für die unterschiedlichsten Schichten des Universums, während die Federn die Sterne des Himmels darstellen." [18]

„Der *Mond*-Kult [*die Mond-Symbolik*] ist über die ganze Erde verbreitet. [...] Die altmexikanische Mondgöttin *Teteoinnan* wird als >Göttermutter< bezeichnet. [...]
Der Mond wird aber auch als Insel der Seligen vorgestellt. Besonders stark ausgeprägt ist der Mondkult bei den Bantu-Völkern. Eine zentrale Stellung nimmt er bei den Semiten ein, vor allem bei den Westarabern. Seine Hauptzentren waren Ur und Harran. [...] Der Mond steht an der Spitze der babylonischen Astral-Trinität (*Sin, Šamaš, Ištar*). In prächtigen Hymnen wird er gefeiert als >Mutterleib, der alles gebiert<, als >Erzeuger der Götter und Menschen<. [...] In Griechenland wird der Mond weiblich aufgefasst; *Selene* ist die Spenderin des Taus, die Göttin des Wachstums, der Menstruation und Entbindung, aber auch die Patronin der Zauberer, Jäger und Diebe." [19]

---

[18] Text und Nachzeichnung nach: G. Burenhult: Illustrierte Geschichte der Menschheit V, S. 160
[19] F. Heiler: Erscheinungsform und Wesen der Religion, RelMen I, S. 56

Insgesamt heißt es über die südamerikanische Mythologie:

„In den Schöpfungsgeschichten geht es meist um Sonne und Mond sowie um den Aufstieg des Menschengeschlechts aus der Unterwelt." [20]

Bei den Innuit:

„Oberhalb der Welt der Menschen liegen die Mondstätten. Dorthin kommen viele Tote." [21]

In recht originärer Form wird die ursprüngliche Mythologie in einer sibirischen Kultur formuliert:

„Die Seelen der Ahnen steigen nach einiger Zeit zum Mond empor, dann können sie noch einmal auf der Erde geboren werden. Denn der Mond bringt die Seelen der Kinder zu den Frauen, wenn sie Mütter werden." [22]

Auch die historische Umdeutung zu Mond-*Göttern* bietet noch einige Hinweise auf die ursprüngliche *Symbolik*:

„**Tecciztécatl**, der legendäre >Alte Mondgott< Mesoamerikas, hatte sowohl eine männliche wie auch eine weibliche Erscheinungsform. Er war Fruchtbarkeitsgott und wurde in seiner männlichen Form als alter Mann dargestellt, der eine große, weiße Muschel – Symbol des Mondes – auf dem Rücken trägt." [23]

---

[20] D. M. Jones & B. L. Molynaux: Die Mythologie der Neuen Welt, S. 176
[21] Hans-Jürg Braun: Das Jenseits, S. 77
[22] Helma Marx: Das Buch der Mythen, S. 388
[23] D. M. Jones & B. L. Molynaux, Die Mythologie der Neuen Welt, S. 134

„**Sin** ist der sumerisch-babylonische Mondgott [...] geboren wurde er in der Unterwelt. Seine Gemahlin ist Ningal, die >Große Herrin<. Meist wird er, den man >Glänzendes Boot des Himmels< nennt, als alter Mann mit blauem Bart abgebildet. Jeden Abend steigt er in seine Barke, eine mit den Enden nach oben weisende Mondsichel, und segelt über die Himmel." [24]

„**Wadd** war ein Mondgott, der in einigen Teilen Südarabiens zwischen dem 5. und dem 2. Jahrhundert v. Chr. verehrt wurde. Sein Name bedeutet >Liebe< oder >Freundschaft<, und sein heiliges Tier ist die Schlange." [25]

*Babylonischer Grenzstein um 1120 v. Chr. (Ausschnitt). Die zentrale Position der Mond-Symbolik im Alten Orient, sumerisch „Mondgott" **Nanna,** zwischen* >Sonne< *(rechts) und* >Stern< *für die Göttin* **Ischtar**. Nachzeichnung nach: Göran Burenhult: Illustrierte Geschichte der Menschheit III, S. 18

---

[24] Rachel Storm: Die Enzyklopädie der östlichen Mythologie, S. 72 f.
[25] Rachel Storm: Die Enzyklopädie der östlichen Mythologie, S. 82

2 Zur humanevolutionär entwickelten Sprache des Homo sapiens
(bis zum Ende der Eiszeit)

*Mit einer wohl dem **Sinn** der paläolithischen „**Venus**"-Figuren entsprechenden Felsmalerei beginnt bei den Ngarinyin-Aborigines der* dulwan nimindi (>**Pfad des Wissens**<) *mit einer Personifikation von* Jillinya, *der >***mother of all***<, deren Hände Gruß bedeuten. Es formuliert ihr* Kultur*konzept vom Leben als Bewusstseins- und Persönlichkeits-Entwicklung (Jeff Doring: Gwion Gwion, S. 36 ff., die direktesten Bilder S. 44 und 45)*

Die Nachzeichnung ist ein Ausschnitt aus einem erheblich komplexeren Felsbild und der >Pfad< aus graphischen Gründen auf etwa die Hälfte verkürzt gezeichnet. Im Original ist die Farbe sehr verblasst, und die Konturen sind von dem nicht ganz ebenen Felsuntergrund beeinflusst.

Auf die Gegebenheiten der humanevolutionär entwickelten Sprache des Homo sapiens (HS) stieß ich bei einer Auseinandersetzung mit der eiszeitlichen und frühgeschichtlichen Symbolik in Verbindung mit einer etymologischen Forschung.

Denn es wurde für mich auffällig, dass sich – anders als es die gängige Etymologie sieht – vielfach Bezüge zwischen Wortformen andeuteten, die unserer Art zu denken nicht entsprachen, sehr wohl aber den alten Symboliken und Mythologien. So finden sich etwa unsere Wörter *STier (= taurus, toro)* – *Kuh* entsprechend der alten Symbolik parallel in *Taurus* (-Gebirge), *Tauern* – persisch *kuh* >Berg< usw. Dass diese Entsprechungen von *Stier/Kuh* und *Berg* kein Zufall waren, sollte sich in dem Gesamtbefund erweisen. Es ergab sich hierbei insgesamt das *eindeutige* Ergebnis, dass die Wortbildungen Ableitungen der alten Symboliken und mythologischen Geschichten waren – nicht umgekehrt. Dies zeigte sich als System.

Dass die eiszeitliche Sprache HS am Ende der Eiszeit von einer neuen historischen Sprach-Entwicklung abgelöst wurde, erklärt sich nicht aus einer Primitivität der eiszeitlichen Sprache HS. Im Gegenteil, ihre Anlage erwies sich überaus genial. Sie ist an sich *kinderleicht* – kein Wunder, war sie auch auf die *kindliche* Sprach-, Verstehens- und Bewusstseins-**Entwicklung** hin angelegt. Diese Ausrichtung, aus der auch die Evolution von Kultur hervorging, ermöglichte ein Sprachsystem, das nicht nur so genial einfach, patent und universal brauchbar war wie unser Dezimal-System, wo sich mit lediglich 10 Ziffern beliebig viele Zahlen bilden lassen. Sie löste auch die evolutionären Probleme der hominiden Sprachform aus lediglich Vokabular und Grammatik, was zu Tausenden von Sprachen führen musste.

Es waren auch diese höchst einfachen und überschaubaren Grundprinzipien, die, nachdem sie erstmal deutlich geworden waren, dann auch die >Entzifferung und Rekonstruktion< der ursprünglichen Sprache HS – als der historisch-etymologischen Grundlage unserer Sprache/n – ermöglichte. Daraus folgt eine vollständig andere Etymologie, als es bislang vertreten wird.

Lautlich baut die eiszeitliche Sprache HS auf den Lalllauten der Säuglinge auf, die im Sprachspiel zuerst für die *MaMa* und das *Kind* (> *Memme*) gebraucht werden. Diese Ausgangsformen werden dann durch eine lautliche Modulation semantisch weiterentwickelt, einerseits entsprechend der kindlichen Wahrnehmung (>Vater<, Nähepersonen; Brust, trinken, essen usw.) und andererseits durch Geschichten, wobei die ursprüngliche Mythologie die zentrale und konzeptionelle Rolle spielt. Semantisch und von den Wortbildungen her spielte dieser zweite Strang die erheblich größere Rolle.

Die ursprüngliche Sprache HS basiert – vereinfacht formuliert (s.u.) – auf lediglich etwa **6 Grundelementen** auf, die aus den Lalllauten der Säuglinge abgeleitet sind. Alle diese Formen finden sich redupliziert und gespiegelt in der Erstbedeutung >Mutter< wie dann auch für >Vater< und das >Kind< wie z.B. *amma – MaMa, abba – BaBa/PaPa (Baby), adda/atta – DaDa/TaTa* usw.

Alle diese Formen finden sich weiterhin auch als grammatische Elemente, und zwar ganz nach dem Musterbeispiel *anna* >Mutter< in den beiden Bestandteilen der gespiegelten Form als *an* = *nah*. Sie sind typischerweise mit den Bedeutungen >von – her<, >hin – zu<, >mit - an – bei<, >um – herum< usw. verbunden. S. etwa *am – ma* (dt. *mein*), *ab – of - - von – bei,* engl. *at - -* lat. *de* dt. *zu* (>hin, bei<); *la* und *ga* in dt. ^{Kind}*lein* und ^{Kind}*chen* als ursprüngliche Koseform, *Ge-* wie lat. *co-* wie in *Gebirge* >zusammen, mit [bei]< usw.

Diese 6 Grundelemente werden im Sprachspiel zuerst ganz in der Art von *ei-tei-tei* und *du-du-du* gebraucht und dann als Wort wie *amma – MaMa – anna – NaNa* (> *Nanny*), *BaBa/PaPa* und für das Kind wie *BaBa*: Baby, PuPa (Puppe) – Bube usw. gebraucht.

Die weitere Ausbildung von Vokabular beginnt in lautlichen Modulationen zunächst mit kleinen Sprach- und Bewegungsspielen und Liedern (*la-la-la*) und manchen kleinen Geschichten, die aufgrund des kleinkindlichen Interesses inhaltlich viel mit Tieren und einer theaterartigen Nachahmung von Tieren in Lauten, Bewegungen und Verhalten zu tun haben. Dies kann bald auch auf sehr fantastische Geschichten mit dem >Osterhasen< und den >Drachen< hinauslaufen, mit denen sich jedoch oft ein tieferer Sinn für ein *späteres* Verstehen verknüpft. Nach der Kleinkind-Stufe werden die Geschichten, die zuerst vor allem Neuropsychogramme sind, zunehmend realitätsbezogener.

Auf diese Weise lernt das Kind *über die Geschichten* die ganzen gängig gebrauchten Wortbildungen der ursprünglichen Sprache HS. Diese Wortbildungen leiten sich aus den Geschichten und ihren Hauptmotiven ab. Es sind hier letztlich die Bilder und Geschichten (als >Bewusstseins-Muster<), in denen man denken und kommunizieren lernt und die das Eigentliche der ursprünglichen Sprache HS sind. Natürlich gibt es auch technisch-funktionales Vokabular, das für sich steht und gelernt wird. Dies dürfte aber zahlenmäßig recht gering gelegen haben, vermutlich eher im dreistelligen Bereich.

Im Rahmen der Jugend-Initiation wird dann geschult und studiert, was der exakte *soziale* Sinn der kulturellen Begriffe wie z.B. >Gerechtigkeit< oder auch >Liebe< ist (bzw. von woher diese Begriffsbildungen bestimmt sind) und was es sprachlich an Bildern und Geschichten braucht, um vollgültig zur gemeinschaftlichen und einer wirklich persönlichen Kommunikation fähig zu werden. So einfach ist das – und doch so anspruchsvoll!

2.1 Die „Buchstaben-Sprache"

Von ihrem höchst speziellen Charakter her lässt sich die völlig andersartige Technik der ursprünglichen Sprache HS gegenüber der historisch entwickelten Sprachtechnik in gewisser Weise mit der **Buchstaben**-Schrift vergleichen.

Dabei sind die wenigen Grundelemente wie unsere ca. zwei Dutzend Buchstaben auch nicht der erste kümmerliche Anfang von Schrift, die erst mit Tausenden von Hieroglyphen Hochkultur erreicht hätte.

Es verhält sich effektiv umgekehrt. Die Entwicklung der *genial einfachen* Buchstaben-Schrift war die Weiterentwicklung der Hieroglyphen-Schrift, die erst auf der Basis einer schon längeren Erfahrung mit Schrift möglich wurde. Genauso stellt sich die Technik der humanevolutionären Sprache HS dar. Ihre Technik erklärt sich allein aus einer schon hochgradigen Erfahrung mit Sprache, Didaktik, Psychologie, Kommunikation und Kultur.

Ihre Sprache besteht aus einer enorm verschachtelten Technik aus Spiel, Erzählen, Moral-Erziehung, Verfassung und Rechts-Satzung (*lex - logos*) mit all dem, was es für eine tatsächliche Kultur braucht. >Gerechtigkeit< etwa nur als Vokabel zu kennen, bedeutet letztlich überhaupt nichts. Kultur ist nur möglich, wenn ihr Sinn kulturell so exakt geklärt und bestimmt ist, dass man bei einem *Gespräch* über empfundene Ungerechtigkeiten einvernehmliche Lösungen erreichen kann. In der humanevolutionären Entwicklung gelang es (was inhaltlich eigentlich als so kompliziert auch nicht erscheint), die entscheidenden menschlichen Sachverhalte zu Kultur und Sprache so zu verarbeiten, dass man seine Sozialverhältnisse auf der Basis von gemeinschaftlicher Kommunikation zu steuern vermochte. In dieser Entwicklung liegt der eigentliche Inhalt der humanevolutionären Entwicklung, und genau dies ist auch der *biologische* Inhalt des

Sachverhaltes >Kultur<. Das ist es an Software, auf deren In-
stallation wir Homo sapiens als >kulturales Wesen< genetisch
in unserer biologischen Hardware angelegt sind. Auf dieser Basis lassen sich nicht nur soziale, ökonomische und ökologische
Probleme, Faschismus und Kriege vermeiden, sondern auch
höchst kreative und lebensfreudige Beziehungs- und Sozialverhältnisse erreichen.

Wie wir in Hinsicht auf Schrift wissen, ist die im ersten Schritt
kompliziertere Technik der Buchstaben-Schrift gegenüber den
Hieroglyphen jedoch ab einer gewissen Masse an Zeichen die
große Vereinfachung.

Exakt so verhält es sich bei der Technik der ursprünglichen
Sprache HS (aus *unserer* Perspektive). Da die ursprüngliche
Sprache HS nicht auf Wort-Hieroglyphen basiert, lässt sie sich
nicht in unserer Form in >Wörtern< und >Grammatik< begreifen. Vielmehr werden hier die Lalllaute in Sprachspielen und
über die Geschichten in lautlicher Modulation semantisch entfaltet, und die grammatische Struktur wurde durch Vokabular
benannt („*wir* go *morgen zu* the *Eltern* von *my girl friend*" –
ohne jegliche Flexion). Weiteres Vokabular konnte durch Zusammensetzungen der Grundelemente gebildet werden.

Formal betrachtet ist die ursprüngliche Sprache HS wohl überaus einfach und im wahrsten Sinne kinderleicht. *Selbst* wenn
sich über größere Entfernungen Varianten in der Aussprache
und in dem gemeinhin gebrauchten >Vokabular< ausprägten,
blieb diese Sprache aufgrund ihrer überschaubaren Grundstruk-
turen der lautlichen Grundelemente und der zentralen strukturie-
renden Motive der Mythologie doch allgemein kommunizierbar.
Die einzige substanzielle Voraussetzung dafür war die Sprach-
Schulung in der >Jugend-Initiation<, um ein hinreichendes Verstehen und *Bewusstsein* davon auszuprägen, worum es bei Sprache geht

Es gibt ursprachlich HS nur einige wenige entscheidende Grundelemente, die man auch während der Kindheit quasi nebenbei kennen lernte, dass man seine Sprache mit dem Abschluss der Jugend-Initiation vollends beherrschte. Zu diesen wenigen Grundelementen gehören einerseits die etwa 6 grundlegenden Lautelemente, die aus den Lalllauten der Säuglinge gebildet werden (s.u.) und andererseits der in der Mythologie formulierte Sprach-Code.

Dieser Sprach-Code baut, ausgehend von den Lalllaut-Wörtern für >Mutter< (s.u.) und dem mythologischen Motiv der >*Mond=Ur*-Mutter<, im Grundlegenden schlichtweg auf dem (anthropomorphen =) Bild des >Menschen< und auf Fall-Geschichten der grundlegenden Verhaltens-Kontexte auf. Die eigentliche Anforderung bestand darin, dies auf seine soziale Realität wie als Kommunikation anwenden zu lernen, wofür die Jugend-Initiation diente.

In gewisser Weise lässt sich diese Technik auch mit unserem **Dezimalsystem** vergleichen, wo sich mit lediglich zehn *Ziffern* jede beliebige reale *Zahl* bilden lässt.

Hierbei lässt sich der Aufbau der Semantik einer aus den kindlichen Lalllauten gebildeten >Lautwortwurzel< mit dem Zahlensystem eines Inhaltsverzeichnisses vergleichen, ganz in der Art von 1, 1.1, 1.2, 1.2.1, 1.2.2, 1.2.2.1 usw. (s.u.).

Dies setzt natürlich einen recht logischen Aufbau voraus – und dieser logische Aufbau ist eiszeitlich HS die Mythologie als didaktisches Prinzip für die kindliche Sprach- und Bewusstseins-Entwicklung. Sprich: diese Technik nutzt die kindliche Sprach- und Bewusstseins-Entwicklung in erkennbaren Differenzierungen von Lauten – Semantiken als ihr Organisations- und Gliederungsprinzip – auf eine höchst natürliche und für die Kinder auch ideale Weise.

2.2 Zur semantischen Entwicklung der 6 eiszeitlichen Lautwurzeln

Im Prinzip (das freilich in unseren anders aufgebauten Sprachen nur noch fragmentarisch erhalten ist) nachfindet sich unter jeder der 6 Lautwortwurzeln folgender Aufbau:

1 >Mensch< (*strukturell*)
1.1 Die Lallformen (*ama – MaMa, aba - BaBa*), Lautwörter
1.2 >Mutter< (*strukturell*)
1.2.1 >Mutter, Vater; Kind, Amme, Näheperson, Mensch<
1.2.1.1 Grammatische Formen (bei*, co,* zu*,* du*,* ich*,* uns usw.)
1.2.2 >Brust, säugen; trinken/Wasser, essen, Nahrung<
1.2.3 >Bau/Bauch (-Höhle); Schutz, Haut/Felle, Hütte<
1.3 *The* mythologische UrVaterMutter Mond (wie *UrA^{h}n^{os}*)
1.3.1 Die Schöpfungs-Symbolik (*Meer, Moor - Au - Ur - Erde*)
1.3.1.1 >Welt, Leben/Liebe< (*monde – ama/Minne*)
1.3.1.2 Ur/STier/Kuh, Schlange, Vogel – Tiere, Symbole, Fabeln
1.3.2 Der Mond-Monats-*Zyklus*: Werden - Vergehen (*mors*)
1.4 Formen der Master Grade-Stufe (*ab Jugend-Initiation*)
1.4.1 Die Weltberg-Drachen-Symbolik: *mons, Mino-Taurus*
1.4.2 *Mores, Mater – Meter* – Maß(stab), *Modus*; *lex - logos*
1.4.3 Mensch/Sein, Geist/Bewusstsein, Minne - Mut - *mind*

Als Beispiel dafür soll auf der nächsten Seite der etymologische Befund der mit *M anlautenden Wurzelform *MN̈ gezeigt werden.

Weitere sprachliche Einzelheiten werden *innerhalb dieses Schemas* unter weiteren Unterpunkten entwickelt. Erstaunlicherweise ließ sich das deutsche Wortmaterial diesem Konzept in einem hohen Maße zuordnen, wenn auch (von der historischen Entwicklung her) die *Schwerpunkte* anders liegen.

Der Aufbau des Wortmaterials unter *Mℵ

Aus Cûl Tura 2 A: Diesem Prinzip konnten nahezu sämtliche ursprünglich mit M beginnenden deutschen Wörter zugeordnet werden.

einfache Beispiele *im Deutschen* kursiv

M.3 Die Wortwurzel *Mℵ (wie *Ma – MaMa*)

M.3.0.1 Laut-Formen und abgeleitete Wörter   *mähen, murren, murmeln*
M.3.0.3 Grammatische Elemente   engl. me, frz. ma – *mein, mit*

M.3.1 Die *Ur-Mutter - Mond*-Symbolik
M.3.1.1 Wörter für >Mond<   *Mai,* indisch mah >Mond<
M.3.1.2 Tier-Wörter und -Symbole   *Meise, Motte, Schmetterling*
M.3.1.3 Wasser - Meer – Quelle - Fluss   *Meer,* Fl. *Murr,* Amur, *Memel*
M.3.1.4 Die >Mutter-*Erde*<-Symbolik   *Moor, Modder,* frz. *monde*
M.3.1.5 >Werden und Vergehen<   *mausern, mutieren; vermodern*
M.3.1.5.1 >klein<   *mini, mau, Memme* >Baby<
M.3.1.5.2 >groß<   *maxi-,* engl. much; *Mega-*
M.3.1.5.3 >Null – Minus; schlecht, krank< frz. *mal, miss-, Minus; Misere*
M.3.1.5.4 >sterben; Tod<   *müde, matt, Mahr, Mord, morbid*

M.3.2 >Mutter<   *MaMa, Mutter, Muhme*
M.3.2.1 >machen, mehren<   *Gemächte,* engl. to marry
M.3.2.1.1 *historisch* MAKO >Kind<   *Magen: Magd, Maid,* mac
M.3.2.2 >Maul – melden; singen – sprechen<   *Mund; Melodie*
M.3.2.3 >Brust, Mahl, Milch, munden<   *Mehl, Malz, mögen, schmecken*
M.3.2.4 >Heim, Heimat, Haus<   frz. mas, maison, *Mauer;* slw. *mir*

M.3.3 Die *Master Grade*-Stufe (der Jugend-Initiation)
M.3.3.1 >Maß, Mitte, Moral<   *Meter, Mitte, Mär, Moral*
M.3.3.2 >Mensch, Menschheit<   *Mensch, man, Menge*
M.3.3.2.1 *historisch* MANO >Mann<   *Mann (mas-culin)*
M.3.3.2.2 **mesolithisch** >Stamm, Volk<   *Menge,* lat. mille, *Militär*
M.3.3.3 Die Initiations-Symbolik   *Minne, Minotaurus, Mine* (Höhle)
M.3.3.4 *mind* >Bewusstsein<   engl. mind, *meinen, mental,*
      Mut/Gemüt

2.3 Zur ursprünglichen Schulung von Sprache und Kultur

Von den neurologischen Zusammenhängen kann die eigentliche und volle Selbststeuerung und Beherrschung von Sprache und Kommunikation erst mit dem Aufkommen der Geschlechtsreife als dem Abschluss der kindlichen Sozialisations-Entwicklung erworben werden. Ganz entsprechend war die Evolution von Sprache, Kommunikation sowie von Selbststeuerung und Kultur mit effektiv entsprechenden Schulungen, Übungen und Experimenten verbunden. Darin lag das Zentrum der eiszeitlichen Kultur und Sprache HS.

Die Entstehung der besonderen menschlichen Pubertät hat darin ihren Ursprung. Sie erklärt sich nicht mehr aus der Geschlechtsreife an sich, sondern aus dem neuen Moratorium, das infolge entsprechender Übungen zum Erwerb der vollen Selbststeuerung in der Humanevolution vor der nun eigentlichen menschlichen Erwachsenheit entstand.

Dieses besondere Moratorium diente in der Art des Fahrschul-Unterrichts und geschützter Fahr-Übungen in der Ablösung von der genetischen Verhaltenssteuerung (Es) und den Über-Ich-Strukturen der Kindheit der Befähigung zu voller Selbststeuerung und Kommunikation, insbesondere im Geschlechterverhältnis insbesondere in Sachen Eros, Liebe und Beziehung. Denn darin liegt das Zentrum der biologischen Verhaltenssteuerung, was entsprechend am schwierigsten in der Selbststeuerung zu erschließen ist.

Dieser >Fahrschul-Unterricht< und die >Fahr-Übungen im geschützten Raum< ist in dem ethnologischen Bestand als >Jugend-Initiation< bekannt, wenngleich zumeist in verkürzten und auch oft in pervertierten Formen. Es ist jedoch von den heutigen neurologischen und psychologischen Einsichten her klar, worum es dabei im Ursprünglichen ging: nämlich um die Befähi-

50

gung zu einer wirklichen Sprach-Beherrschung zwecks Kommunikation und Selbst-Steuerung (insbesondere im Geschlechter-Verhältnis und vor allem in Sachen >Liebe<).

Der Erwerb einer wirklichen Sprach-Beherrschung hat hierbei zwei Richtungen:

- zum einen zu verstehen, was es in der gemeinschaftlichen Kommunikation an Bildern, Geschichten und Vokabular braucht; wie die bestehenden Bilder, Geschichte und sein Vokabular genau zu verstehen sind und wie dies (in seinem Begriffs-System) organisiert ist;

- zum anderen zu verstehen, dass die neuropsychogrammatischen Bilder, Geschichten und Wörter *Bilder, Geschichten* und *Wörter* sind: dass Sprache *Sprache* ist: eine neurologische Funktion unserer Selbststeuerung zwecks Kommunikation und Kultur und kein Sachverhalt der äußeren Realität, sondern für den *Umgang mit* Realität.

Um es in einem Bild zu formulieren: man begreift hier im Verlauf der Jugend-Initiation nun, dass die Geschichte vom Osterhasen durchaus eine kulturelle Bedeutung hat (hier: für die kindliche Bewusstseins-Entwicklung), aber anders zu verstehen ist, als man dies als Kind zuerst gemeint hat. Entsprechendes gilt für erheblich mehr, als man bei uns gemeinhin annimmt.

Dies scheint von je her mit Formen von Trance und einer nicht-sprachlichen Meditation verbunden gewesen, um sich von den ganzen sprachlichen Verinnerlichungen seit der frühesten Kleinkind-Stufe zu lösen: von den sprachlichen Automatismen der >inneren Wortmaschine< und den kindlichen Identifikationen mit Rollen und Vorstellungen in den Bildern und Geschichten der Kindheit.

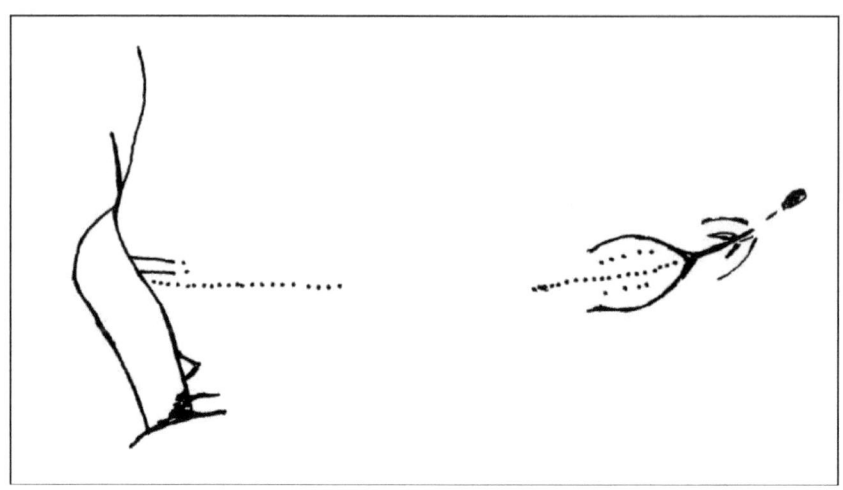

Ein anderer Kern-Aspekt der eiszeitlichen Jugend-Initiation:

*Sehr reduzierte Nachzeichnung des zentralen, größten und gut 13.000 Jahren alten Deckengemäldes in dem **schwer** zugänglichen „Endsaal" der Ignatievka-Höhle im **Ural**.* [26] *Das STier-Kuh-Motiv ist etwa 2,30 m groß. Die beigefügten Zahlzeichen 9 und 28 deuten auf den weiblichen Mond-Monatszyklus wie auf das Thema Schwangerschaft (s. auch → S. 58)*

Vgl. dazu das >Schachtbild von Lascaux< S. 16 und das dortige Zitat.

---

[26] Vjačeslav E. Ščelinkij & Vladimir N. Širokov: Höhlenmalerei im Ural, S. 112. Dort auch die Abbildung und diverse Fotos

3 Zu der Technik der Wortbildungen
der eiszeitlichen Sprache des Homo Sapiens

Es wurde für mich in meiner etymologischen Analyse der deutschen Wörter ersichtlich, dass die historischen Ausgangsformen auf Elementen aufbauten (→ S. 167), die zuvor auf Sprachspielen der Säuglinge der ersten Lalllaute in der Art von *amma – MaMa, abba – BaBa* und dies in der formellen Erstbedeutung >Mutter< basierte.

Dies beinhaltet zweierlei:

- Die Wortbildungen gehen von den lediglich 6 grundlegenden Bereichen der kindlichen Lalllaute aus. Ob dieses *Ausgangsprinzip* tatsächlich für sämtliche Sprachen der Welt gelten kann, konnte ich bislang noch nicht klären. Doch gilt dies deutlich über unseren Sprachbereich hinaus.

- Es finden sich in der Art von *anna – NaNa* >Mutter< in beiden Formen wie in ihren entsprechenden Silben mit dem Musterbeispiel dt. **an = na(h)** gleichbedeutende Wortbildungen (was den gängigen etymologischen Auffassungen völlig widerspricht, die hier mit ihren „lautgesetzlichen Zusammenhängen" keinerlei Verbindung sehen). Da diese Entsprechungen oft auch mit der Symbolik der eiszeitlichen Mythologie in Verbindung zu bringen sind, war dies für mich ein bedeutsamer Anhalt, bei solchen Formen einen Ursprung in der eiszeitlichen Sprache HS in Erwägung zu ziehen. Doch möchte ich betonen, dass für mich in dem tragenden Bereich systematische Hintergründe unabdingbar waren und sind, um solche Schlussfolgerungen zu ziehen. Einzelne Beispiele konnten Zufall sein, die etwa aus kindlichen Versprechern entstanden waren.

3.1 Die 6 eiszeitlichen Lautwortwurzeln

Aus den Lalllauten der Säuglinge ergab sich aus den mir ersichtlichen Sprachformen folgende Ausgangsbasis:

Ausgangsformen		formelle Lautwortwurzel	:
gespiegelt	redupliziert	aufgestellte Schreibform *	Beispiele der Grundformen
ama/ana	MaMa/NaNa	*⊙	an – nah, um – *my*
aja	JaJa	*א	Ei, *aye* - ja
ala	LaLa	*Λ	alle - lallen
ada	DaDa	*Ⴇ	*at* - zu, da, du
aga	GaGa	*Γ	auch – Kuh, Kugel
aba	BaBa	*Φ	ab, *of* – von, bei

kursive Formen englisch

Bei diesen kleinkindlichen Lalllauten als Ausgangsformen der eiszeitlichen Sprache HS handelt es sich um die grundlegenden Lautbereiche: die **Zungen-**, **Zahn-**, **Kehl-** und **Lippen**-Laute sowie um die Laute mit **offenem** und **geschlossenem Mund**.

---

* wie sie in meinem etymologischen Werk Cûl Tura verwendet werden

Die eiszeitliche Technik HS der Lautmodulation, die dann für die weiteren Wortbildungen genutzt wird, bezieht sich nicht bloß auf Vokale, sondern auch auf die Konsonanten. Sie geht von den kindlichen Lalllauten aus und nutzt die zunehmende Befähigung der Kinder zur Lautdifferenzierung für Bedeutungsdifferenzierungen. Am Anfang ist *BaBa* lautlich = *PaPa,* aber auch *anna* = *NaNa* = *amma* = *MaMa.* Im Lauf der kindlichen Entwicklung kann dieses System der >Lautwurzeln< eine höhere lautliche Differenzierung als unser Buchstaben-System erreichen, wobei auch eine unterschiedliche Akzentuierung und Tonhöhen eine Rolle spielen können.

Zur eiszeitlichen Ausdifferenzierung der kindlichen Lalllaute in den weiteren Wortbildungen

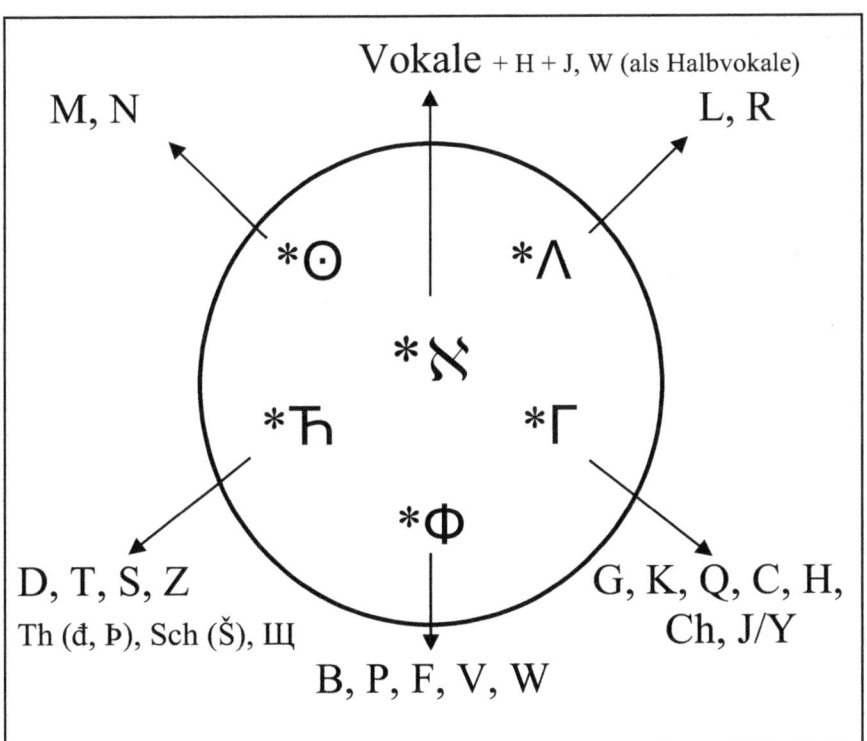

3.1.1 Beispiele der Ausgangsformen in den Sprachen der Welt

Die Formbildungen in der Art von *amma – MaMa = NaNa – anna* usw. für *strukturell* zuerst >Mutter< belegen sich immer noch in weiter Verbreitung. Dass sich dies nicht allein durch die Lalllaute der Säuglinge und rein zufällig begründet, sondern in der Konzeption der eiszeitlichen Sprache HS, belegt sich an den vielen hiervon abgeleiteten Wortbildungen, wie etwa *Nana > nona* = engl. *nine* >9< (*Monate = Mutterschaft*]), wie *KaKa* in dt. **hecken, hegen** usw. oder auch in den grammatischen Formen usw. (s. weiter ab S. 59). Diese Zusammenhänge werden in meinem Werk Cûl Tura 2 a/b in den vielfältigen Belegen gezeigt. Hier können die Ausgangsformen nur kurz aufgelistet werden.

M	*☉	ama/amma - MaMa

ama	sumerisch >Mutter<	$^\Sigma 146$
ama	*Kott* (Sibir.) >Mutter< (Wikipedia: Jenisseische Sprachen)	
amma	elamisch >Mutter< (Wikipedia: Elamische Sprache)	
amma	anord. >Mutter< usw., bei uns in **Amme** (EWD, *Amme*)	
ummu	akkadisch (semitisch) >Mutter< Σ^{164}	
omi أمي	arabisch >Mutter<	
imi	nganasanisch (Sibirien) >Großmutter< $^{\tilde{1}}$	

mamma	lat. >Mutter, Amme, Mutterbrust< (EWD, *Mama*)	
Mama	Inka bei Ahninnen oder Göttinnen wie *Pacha Mama*	
mamaa	Ngarinyin-Aborigines: „*mamaa* heißt >oberste von den Frauen, heilige Frau<" [27]	
mëmë	albanisch >Mutter<; >Gebärmutter; Quelle< $^\alpha$	
Muhme	in mhd. >weibliche Verwandte<" (Duden 7, *Muhme*)	

---

[27] Jeff Doring: Gwion Gwion, S. 8; Zitat S. 47. S. dazu weiter S. 328

N	*☉	ana/anna - NaNa

annas hethitisch (indoeuropäisch) >Mutter< [Haarmann 2012: 8]
ana >Mutter< im Alttürkischen + in Turksprachen, davon
anne türkisch >Mutter< (Wikipedia: Turksprachen)

nanas batsisch (Ost-Kaukasus-Sprache) >Mutter<
Nana Krobo (SO-Ghana, Afrika) >Großmutter< [28]
Nene die erste Frau der Azteken [29]
nanny engl. >Kinderfrau, Kindermädchen<

B	*Φ	aba/awa – WaWa – BaBa – PaPa usw.

aba nganasanisch (Sibirien) >Frau; Mutter< [1]
ewa >Mutter< in der mongolischen Sprache Kalmyk
awō gotisch >Großmutter< (Duden 7, *Oheim*)

wawa >> dt. in >**Weib**< und *weben*
Bobaye Tagalog (Philippinen) „für alles Weibliche"
baba serbokroat. >altes Weib, Großmutter, Amme<
Papa die „Erdmutter" Hawaiis [30]
bibi Suaheli (afrik.) >Frau (Anrede), Dame< [ks]

G	*Γ	aga/akka - GaGa/CoCo

akka altindisch >Mutter< [Haarmann 2012: 8]
Akka (Berg in N-Schweden), samisch + finnisch >Altes Weib<
Òkè Yoruba, Afrika, „Göttin der Dynamismen, die dem
  Felsen innewohnen"
kojka Nganassanen (Sibir.) >Mutter<, *djalü~* die >Sonnen-Mutter<
haha japanisch >Mutter< (Hadamitzky, S. 82, No. 112)
kike Suaheli (afrik.) >weiblich< [ks]
chichu', nan Quiche-Maya >Frau< [QM] [*nan* >> = *NaNa*]

---

[28] H. Christoph, K.E. Müller & U.Ritz Müller: Soul of Africa, S. 44
[29] D. M. Jones & B. L. Molynaux: Die Mythologie der Neuen Welt, S. 126
[30] Sharukh Husain: Die Göttin, S. 26

Io   griechische „Göttin"
Iya Moòpó   die >Große Mutter< der afrik. Yoruba-Mythologie, s.
Aya   „Iyemòwòó ist die Aya, die Frau Obatálás, sie ist die
               Mutter aller Götter und die Mutter all dessen, was
               existiert." (Gert Chesi, S. 113)
Aue   = *ewe* engl. >Mutterschaf< wohl ursprünglich >Mutter<,
                                   vgl. [Aussprache!] >>
     yuè   chinesisch >Mond<

yaya   spanisch >Oma<
haha   japanisch >Mutter<   (Hadamitzky, S. 82, No. 112)

D   *ㅏ   ada/atta/asa -   DaDa/TaTa/SaSa

atta   Sanskrit >Mutter< (unter griech. *atta*) ᒥ
ati   etruskisch >Mutter<   (Wikipedia: Etruskisch)
etsi   Cherokee (indian.) >Ma, Mama<
Ase.t   die ägyptische Form für (die Göttin) **Isis**

dada   Ewe (West Afrika) >Mutter<
deda   georgisch (Kaukasus-Sprache) >Mutter<
totto   Ainu (Ureinwohner Japans) >Mutter<
susu   Dobu-Inseln (Südsee) >Muttermilch<
                              (vgl. *saugen, Zitze, Titte*)

L   *ʌ   alla – LaLa

Olle   >Mutter, Vater; Eltern< (viele Flüsse wie *Alle, Aller*)
Ele   irische Figur, evtl. „Muttergöttin"
Ulu   Eskimo: „die wilde Gefährtin des Mondes"
Alalu   bei den Hethitern der erste Götterkönig

Lilith   (s. dazu unter → Eule
lille   dän. >klein; Kind, Kleines<

Dass sich alle diese Formen in weiter Verbreitung auch als grammatische Elemente finden, und zwar ganz nach dem Musterbeispiel *anna* >Mutter< in den beiden Bestandteilen der gespiegelten Form als **an – nah**, finde ich ein starkes Argument für die hier vorgestellte Konzeption.

Diese Formen erscheinen – wohl aus der von >Mutter< abgeleiteten Bedeutung >Mensch< - als Personalpronomen. Die Ableitungen wie **la* und **ga* wie in dt. ^{Kind}*lein* und ^{Kind}*chen* dürften sich ursprünglich entsprechend *BaBa – Baby* >Kind, Junges, Nachkommen< erklären, später als Gegenüber zu *Ge-* wie in *Gebirge* als Kollektiv-Form entsprechend lat. *co-* >zusammen, mit< als >Teil von<.

Andere grammatische Elemente sind typischerweise mit den Bedeutungen >von – her<, >hin – zu – (ent-)gegen<, >mit - an – bei<, >um – herum< usw. verbunden, so etwa **an – nah, am – um** – (frz.) *ma* (dt. **mein**), **ab** – *of - - von – bei*, engl. *at* - - lat. *de* dt. **zu** (>hin, bei<). usw. Auch Artikel: *de – the* – **der, die das** und **ein - eins** usw.

S. dazu als ein paar Belege (s. mehr in Cûl Tura Band 2):

āna, nānna	Gondi (dravidisch, Indien)	>ich<
ēnu, nēnu	Telugu (")	>ich<

náá	Hausa West (afrikan. tschadisch)	>ich<
na	lakisch (Kaukasus-Sprache)	>ich<
*ŋa	>ich< als proto-sinotibetische Wurzel	
nu	Quiche-Maya >mein< ^{QM}	

na	Tauya (Neuguinea)	>du<
ne	Tauya (Neuguinea)	>er, sie, es<
no	griech. >du – wir beide< =	
nah	indisch >uns< (s. Duden 7, **uns**) =	
nos	lat. = **uns** >>	

ihnen, Ihnen

ān	>ich< in Kota, Manda und anderen dravidischen Sprachen

3.1.2 Belege zur Mond-Symbolik unter der ursprachlichen Lautwurzel *☉ = *M/N

Entsprechend ihrer Stellung findet sich die Mond- oder UrMutterVater-Symbolik unter *sämtlichen* Wortwurzeln der human-evolutionär entwickelten Sprache des Homo sapiens (*Io, Luna - Ulu/Lilit – Eule* usw.). Hier soll jedoch allein die Laut-Wortwurzel *☉ = *M/N mit ihren vier Variationsformen (*M wie *amma – MaMa* und *N wie *anna – NaNa* aufgenommen werden.

Damit soll auch gezeigt werden, dass es durchaus möglich ist, von einem Verständnis der Alten Mythologie und Symbolik her Zugänge zu der eiszeitlichen Sprache zu erschließen, sowie weiterhin, dass es begründet erscheint, von einer eiszeitlich einheitlichen Sprache des Homo sapiens zu sprechen, worauf auch vielfältige weitere Hinweise deuten (s.u.).

*N𐤔 wie z.B. *na^h, neu, nee   :
                     zu *NaNa - neun - neu – novus – Nabel*

Nana-	Akan (Ghana) der >große Ahn< [1]
Nanna	der sumerische Mondgott, besonders in Ur verehrt
Nandi	der >milchweiße Stier< in der indischen Mythologie, der die „vier Ecken der Welt bewacht" [2]
Nana	die „Tochter eines Flussgottes" und Mutter des Gottes Attis in der Attis-Kybele-Mythologie [3]
Nanna	Gattin des altnordischen Gottes Baldr (der mit >Sonne< verbunden erscheint)

---

[1] John S. Pobee: Grundlinien einer afrikanischen Theologie, S. 91
[2] Rachel Storm: Die Enzyklopädie der östlichen Mythologie, S. 144
[3] Rachel Storm: Die Enzyklopädie der östlichen Mythologie, S. 15

Ninni	auch für ***Inanna***[4] [insofern auch *I-Nanna*],[5] der mesopotamischen Hauptgöttin
Hába **Ninu***lang*	die >Ur-Mutter< bei den Kogi-Indianern in den Nordanden [6] [*hába* >Mutter<]
Nene	die erste Frau der Azteken [7]
Nanih Waiya	der Hügel in Mississippi, USA, an dem die Choctaw und die mit ihnen verwandten Stämme der Erde entstiegen seien [8]
Nana*huatzin*	„war der Gott aller Zwillingspaare und aller -Behinderten. In der aztekischen Schöpfungs-geschichte spielte er eine bedeutende Rolle." [9]
Nana	die „Göttin der Liebe" bei den afrik. Yoruba [10] =
Náná Búùkún	„ist das Mutterprinzip im Kultkomplex von *Sònpònná* [der afrikanischen Yoruba…]. Auch sie ist die Erde, ist der Erde magische Potenz, die die Heilkunst durchpulst. Sie ist als Tier auch die Hyäne und somit dem Tod verwandt, sie ist die den Tod ausschickende und ewig hungrige Erde, die die Leichen frisst und in ein neues Leben umsetzt." [11]
Nanabush	nordamerikanische Figur, die den Menschen schuf [12] [auch *Manabush*; einige Merkmale einer ursprünglichen Mond-Symbolik]
nona	- deutsch ***neun*** (9 Monde für >schwanger<!)
nanus	lat. >Zwerg< (aus dem Griechischen), heute bedeut-sam in *Nano-*
nene	spanisch >Baby<
nana	spanisch >Gutenachtlied<

---

[4] J. van Dijk: Sumerische Religion, in: Asmussen & Læssøe: Handbuch der Religionsgeschichte, Band I, S. 447

[5] insofern tatsächlich >Mond<-„Göttin", vgl. dazu: Elisabeth Hämmerling: (Titel) Mondgöttin Inanna

[6] Geraldo Reichel-Dolmatoff: Das schamanische Universum, S. 39

[7] D. M. Jones & B. L. Molynaux: Die Mythologie der Neuen Welt, S. 126

[8] D. M. Jones & B. L. Molynaux: Die Mythologie der Neuen Welt, S. 56

[9] D. M. Jones & B. L. Molynaux: Die Mythologie der Neuen Welt, S. 126

[10] Joachim-Ernst Berendt: Nada Brahma – Die Welt ist Klang, S. 226

[11] Gert Chesi: *Susanne Wenger* – Ein Leben mit den Göttern, S. 168

[12] D. M. Jones & B. L. Molynaux: Die Mythologie der Neuen Welt, S. 55 f.

niño	spanisch >Kind<
Ninne	deutsch >Wiege<
Nonne	von kirchenlat. *nonna* mit der ältesten Bedeutung >Amme< (Duden 7, *Nonne*)
nanny	engl. >Kinderfrau, Kindermädchen<

mit + *Γℵ wie *Ku^h/co/ki/Gä* >Leben, Erde <:

Heng-**ngo**	chinesisch: die Mutter der Monde, Mondgöttin [13]
Ngai	„Himmelsgott" der afrik. Massai, schickt den Menschen den Regen und die Gewitter [14]
NGA	„gilt bei den samojedischen Jurak Sibiriens als Herr der Hölle und des Todes." [15]
Nangai	Gott der afrikanischen Mutwa-Stämme [16]
Nungui	die Erdgöttin der südamerik. Jiraro, die den Menschen die Maniokknollen schenkte [17]
naga	indisch >Schlange< = anguis lat. >Schlange< = litauisch *angis* [λ] = früher deutsch *Unke*
Enki	einer der drei sumerischen „Hauptgötter", [18] „Gott" der >Wasser-Fruchtbarkeit<, entsprechend mit zwei Flüssen, auch als „Ziegenfisch" dargestellt (vorne Ziege, hinten Fisch)

*ℵN wie z.B. *an, Ahn*   :

*an(ə)	**indoeuropäisch** >atmen, hauchen<, gilt als Ursprung von *Odem, Atmen*

---

[13] Helma Marx: Das Buch der Mythen, S. 329
[14] Helma Marx: Das Buch der Mythen, S. 422
[15] Rachel Storm: Die Enzyklopädie der östlichen Mythologie, S. 216
[16] Helma Marx: Das Buch der Mythen, S. 468
[17] Helma Marx: Das Buch der Mythen, S. 531
[18] Mircea Eliade: Geschichte der religiösen Ideen, Band 1, S. 63

anne	türkisch >Mutter<
an = **Ahn**	mittelhochdeutsch *an*(e) (EWD, *ahnden*)
anus	lat. >Greisin, Alte, alte Frau<, >alt, bejahrt<
An	sumerisch >Himmel<, personifiziert (ein) >Gott<
*ur*anos	griech. >Himmel<, personifiziert (ein) >Gott<
Anat	phönizische und kanaanäische Göttin (eine gewisse Parallele zu Inanna/Ischtar)
Inanna	sumerische Göttin [*In.Ana* >Herrin des Himmels<]
*Di*ana	lat. „Mondgöttin" [**de* + *ana*; vgl. *TeTe-Ana* >]
*Teteo*innan	mexikanische „Mondgöttin" und „Göttermutter" [19]
Hannahanna	„war die Große Mutter der Hethiter und die Göttin der Geburt." [20] [***ana-ana*]
*J*anus	lat. „Gott" des Anfangs und des Endes
ånd	dänisch >Geist, Gespenst<
oni	japanisch (Kun-Lesung) >Seele eines Verstorbenen, böser Geist< [21]
anima	lateinisch: >Lufthauch, Wind, Luft (als Element), Atem, Seele, Leben, Herz, Geist ...<, als Plural auch: >Seelen der Verstorbenen< (Stowasser)
animus	lateinisch: >Seele, Geist, Denkkraft, Gedächtnis, Bewusstsein, Gefühl, Stimmung, Charakter, Mut, Verlangen, Leidenschaft, Trotz, Unmut ...<
in, innen	

*ℵM   wie z.B. *am*   :

am	>Mutter< bei den sibirischen Jenesseiern (Keten) [22]
Am	„der gute Gott" der südamerikanischen Puruha-, Mantra-, und Huancavelica-Stämme [23]

---

[19] Friedrich Heiler: Erscheinungsformen und Wesen der Religion, S. 56
[20] Rachel Storm: Die Enzyklopädie der östlichen Mythologie, S. 37
[21] Hadamitzky: Langenscheidts Handbuch und Lexikon der japanischen Schrift, S. 283, Nr. 1523
[22] RelMen 3: I. Paulson: Die Religion der nordasiatischen Völker, S. 44
[23] Helma Marx: Das Buch der Mythen, S. 520

ama		sumerisch >Mutter< [Σ146]	vgl. Deutsch *Amme*
amma		altisländ. >Großmutter<	(vgl. unser *Oma*)
amë		albanisch >Mutter; Quelle, Flussbett< [α]	
Amm		vorislamischer „Mondgott" Südarabiens [24]	
em	אם	hebräisch >Mutter< = assyrisch *ummu* [ℵ]	

Amana die „Urmutter" der südamerikanischen Kalina [25]

Uma indische „nicht-vedische Muttergottheit" [26]

Umai „ist die Große Mutter in der Mythologie der sibirischen Turkvölker […] Sie verhilft kinderlosen Paaren zu Nachwuchs und ist die Patronin aller Neugeborenen." [27]

Omam „ist der Schöpfergott der Yanomami [Südamerika], eine wohlwollende Gottheit, welche die Erde, den Himmel, Sonne und Mond, die Menschen sowie alle Tiere und Pflanzen geschaffen hat." [28]

Omouna „erschuf die Erde und alle Lebewesen" in der Mythologie der südamerikan. Waika-Stämme [29]

Omara der „erste Mensch" der afrik. Schilluk, „er ist vom Götterhimmel auf die Erde herabgekommen" [30]

Amaterasu die japanische „Sonnengöttin"

Amaltheia Nymphe oder Ziege auf Kreta, die den Zeus nährte

Amma „Schöpfergott" der afrikanischen Dogon [31]

Amon altägyptischer Gott, „mit Zeus gleichgesetzt" [ℵ]

Amalivaca „Gott" der südamerik. Guayana-Stämme, „der mit seinem Bruder *Votchi* die Erde und den Orinoko und dann die Menschen schuf [32]

Yama indisch „der erste Mensch", „Totengott"

Yomi japanischer Begriff für die >Unterwelt< [33]

---

[24] Rachel Storm: Die Enzyklopädie, S. 18, s. unter „Anbay"
[25] Helma Marx: Das Buch der Mythen, S. 527
[26] Eckard Schleberger: Die indische Götterwelt, S.114
[27] Rachel Storm: Die Enzyklopädie der östlichen Mythologie, S. 235
[28] D M. Jones & B. L. Molynaux: Die Mythologie der Neuen Welt, S. 209
[29] Helma Marx: Das Buch der Mythen, S. 528
[30] Helma Marx: Das Buch der Mythen, S. 426
[31] Marcel Griaule: Schwarze Genesis, S. 26
[32] Helma Marx: Das Buch der Mythen, S. 527
[33] Harenberg Lexikon der Religionen, S. 836

Tsukiyomi	japanischer „Mondgott" [34]
Yama	Japan: >heilige Berge<, „die den Himmelspfosten bzw. die Weltachse als >Mitte der Welt< und Zentrum der vier Himmelsrichtungen symbolisieren" [35]
jam	hebräisch >Meer<, akkadisch *tiamtu, tamtu* ($^\Sigma$163), so: (vgl. dt. Flüsse *Ammer, Jümme*)
Jamm	der altsyrische >Meer- und Wasser-Gott" [36] und:
*Ti*ama*t*	babylon. „Göttin" und „Ur-Drache", das „Ur-Meer"

Mא   wie z.B. *Ma*   :

Ma	„die große Göttermutter" der afrikanischen Pygmäen [37] und Mutwa-Stämme [38]
ma	altindisch >Mutter< [39]
ma	>Mutter< in *Ma Gä* griech. >Mutter Erde< [40]
mah	altindisch >Mond< [41]
mah	upers. >Mond, Monat< [42]
Maia	„Bei Homer wird sie […] einmal als Mutter des Hermes erwähnt." [43] *Arma* >Mond/gott< der Hethiter [44]
Mayim	„höchster Gott" der sibirischen Jenessei-Tungusen, aus *ma* >geben< + *in* >Leben< [45] (> *אN)

---

[34] Harenberg Lexikon der Religionen, S. 845
[35] Harenberg Lexikon der Religionen, S. 834
[36] RelMen 10,2: Hartmut Gese: Die Religionen Altsyriens, S. 134
[37] Helma Marx: Das Buch der Mythen, S. 447
[38] Helma Marx: Das Buch der Mythen, S. 465
[39] Etymologisches Wörterbuch des Deutschen, *Mutter*, S. 903
[40] Etymologisches Wörterbuch des Deutschen, *Mutter*, S. 903
[41] Etymologisches Wörterbuch des Deutschen, *Mond*, S. 885 f.
[42] Julius Pokorny: Indogermanisches Etymologisches Wörterbuch, S. 731
[43] Der Neue Pauly, Band 7, *Maia*, 707
[44] in: Asmussen & Læssøe: Handbuch der Religionsgeschichte II, S. 14
[45] RelMen 3: I. Paulson: Die Religionen der nordasiatischen Völker, S. 40

Main	„der mythische Held der sibirischen Evenk." [46] Er jagt den Elch, der die Sonne aufspießt, wodurch es dunkel wird, und bringt die Sonne zurück.
Mahu	bei den afrik. Fon der weibliche Teil des „göttlichen Urzwillingspaares". „*Mahu* ist die weibliche Urkraft, aus der alles Leben geboren wird. Sie herrscht über die Erde, den Mond und die Fruchtbarkeit." [47]
Muu	der „Geist der Gebärmutter" der Kuna in Panama [48]
Mumuu	bei den australischen Ngarinyin der >heiliger Name für die Urmutter Jillinya< [49]
Moma	der „Urvater" der südamerikanischen Vitoto-Stämme. „Er wohnte auf dem Mond, doch dort wurde er getötet, jetzt lebt er in der Unterwelt. Er ist der Herr der Toten." [50]
Moan	mythol. Vogel der Maya, der bei der Wiedergeburt half [51]
mohan/a	zentrale männliche und weibliche Figur/Geister von Indianern in Kolumbien [52]
Moyang	„Titel" zweier Ur-Figuren der Ma-Betisek in Malaysia *Moyang Mellur* lebt auf dem Mond und besitzt die Regeln der Kultur, während *Moyang Kapir* dafür sorgt, dass die Menschen diese erhalten. [53]
Manas	ind. der „Geist", „aus dem der Mond geschaffen" [54]
mind	engl.
Manitu	„Begriff aus dem [indian.] Algonkin, der hauptsächlich von den Ojibwa benutzt wird. Diese bezeichnen damit das mächtigste geistige Wesen und die alles durchdringende spirituelle Kraft, über die es verfügt. Diese Form der Personifizierung des Großen Geistes [...]." [55]

---

[46] Rachel Storm: Die Enzyklopädie der östlichen Mythologie, S. 210
[47] Helma Marx: Das Buch der Mythen, S. 439 f.
[48] Piers Vitebsky: Schamanismus, S. 158
[49] Jeff Doring: Gwion Gwion, S. 328
[50] Helma Marx: Das Buch der Mythen, S. 532
[51] P. Arnold: Das Totenbuch der Maya, S. 95 ff., s. Abbildung S. 64 II, 96
[52] Franz Xaver Faust: Totgeschwiegene indianische Welten, S. 141 ff.
[53] Rachel Storm: Die Enzyklopädie der östlichen Mythologie, S. 213
[54] Harenberg Lexikon der Religionen, S. 560
[55] D. M. Jones & B. L. Molynaux: Die Mythologie der Neuen Welt, S. 49

Manito*dasin*	die >Mondfrau< der Delawaren (Algonkin) [56]
Monan	Schöpfergott des südamerik. Tupinambá-Stammes [57]
Manaman [58], Manannán [59]	„Seegott" in der irischen Mythologie
Manat	vorislamische nordarabische „Göttin", wird mit dem „Abendstern" wie mit dem Todesgeschick in Verbindung gebracht [60]
manes	lat.: >Seelen der Verstorbenen; Unterwelt<
Manu	Urmensch und Gesetzgeber der ind. Mythologie
Mannus	lat. für *man*, „der Urmensch nach german. Sage"
Mond	
mundus	lat. >Toilettensachen der *Frau*[¦]; Weltall, Welt, Erde, Himmel, Menschheit<
Min	ägyptischer >Gott der Liebe<
Men	phrygischer Mondgott, Herrscher über Himmel und Unterwelt, war für das Gedeihen von Pflanzen und Tieren verantwortlich." [61]
Men	„der >Mond<, die >Weise< oder der >Adler<, war der 15. der 20 Tage des Maya-Monats. Er war mit einer alten Mondgöttin assoziiert." Dieser Tag hieß bei den Zapoteken Naa." [62] [*Na > NaNa!* s.o.]
Men Shen	„zwei chinesische Götter, die über Eingänge und Tore wachen. Einer von ihnen wird gewöhnlich mit rotem oder schwarzen, der anderen mit weißem Gesicht dargestellt."

>> dies führt eiszeitlich HS auf die Reihung **Mond – Mensch – mein – Minne – mind** >Geist, Bewusstsein, Liebe, Kultur<

---

[56] nach: Harald Haarmann: Universalgeschichte der Schrift, S. 42
[57] D. M. Jones & B. L. Molynaux: Die Mythologie der Neuen Welt, S. 207
[58] Sylvia und Paul F. Botheroyd: Lexikon der keltischen Mythol., S. 272 f.
[59] Françoise Le Roux-Guyonware'H, in: Asmussen & Læssøe: Handbuch der Religionsgeschichte I, S. 257
[60] RelMen 10/2: Maria Höfner: Die vorislamischen Religionen Arabiens, S. 361 f., zu den Schreibformen Manat MNT, MNH und MNWT S. 377
[61] Rachel Storm: Die Enzyklopädie der östlichen Mythologie, S. 52
[62] D. M. Jones & B. L. Molynaux: Die Mythologie der Neuen Welt, S. 123

3.2 Zum eiszeitlichen Symbol-System HS

Insgesamt baut die ursprüngliche Sprache HS auf den Lalllaut-Wörtern für >Mutter< auf, die jedoch im zweiten Schritt im Wesentlichen auf die mythologische (= *Mond*= *Ur-*) >Mutter< bezogen werden (vgl. *DiAna* = ♂ *UrA^{h}n^{os}*). Dieses Prinzip gilt für alle 6 eiszeitlichen Lautwurzeln HS.

Doch ist jede Lautwurzel auch mit einem eigenen besonderen Symbol-Komplex verbunden, was insgesamt das grundlegende Spektrum seiner kulturellen Motivik umfasst. Damit hat man von vorneherein ein Prinzip einer semantischen Entfaltung, wie durch dieses Prinzip auch umgekehrt der Überblick und Bestand der sprachlichen und kulturellen Struktur gesichert blieb. Zu weiteren Symboliken s. bei den einzelnen etymologischen Wort-Erklärungen.

Überblick über die spezifischen Kern-Symbole der Lautwurzeln

Ausgangsform		Zentral-Symbol/e	Kern-Inhalte
*א	A/Au/Ei	**Ei; Au** >Wasser<	Ur^{sprung}, Quelle; (Lint-)^{W}ur^m, ^{W}ur^{zel}
*☉	Ma	**Mond - Mutter**	Ma^{h}l (-Zeit); Mensch; Minne, *mind*
*Λ	La	^{Sch}**Lange, Lint***	lang; Liebe, laben, SchLaf^f, *low,* Tod
*ħ	Ta, Ti	^{S}**Tier -** ^{S}**tock**	da - du – sieh! Ziel, Speer, Beute
*Γ	Ku, Co^r	**Kuh, Hor^n**	Bauch/Höhle/Hütte, innen: Her^z, Hir^n
*Φ	Ba, Po, Vo	**Vollmond/Vogel***	voll - ganz, oben, Höhepunkt; *power*

* Im Ägyptischen findet sich etwa direkt *Ba* für den >Seelenvogel<
Lint ursprünglich für >Lindwurm< als die >Drachen-Schlange<

Hier zeigt sich, dass die **Tier**-Symbolik eine bedeutsame Rolle spielt, was sich durch das Interesse der Kinder erklären dürfte.

„Alle Mythen sind, so kann man sagen, ungeachtet ihrer Unterschiedlichkeit darin gleich, dass sie sich auf verblüffende Weise an nahezu identische Muster halten." [1]

„Dass zahlreiche jüngere Jägerkulturen mit wesentlichen Zügen auf eine gemeinsame alte Wurzelkultur zurückgehen, darf jedenfalls als ausreichend wahrscheinlich gelten, mag im Einzelfall der Nachweis oft schwierig oder noch nicht möglich sein." [2]

„Die Kunst der Anfänge [...] zeigt auf der ganzen Welt ähnliche Merkmale. Man hat angenommen, dass unser direkter Vorfahr nicht nur die Gewohnheit, Kunst zu produzieren, mit sich brachte, sondern auch eine bestimmte Art von Logik. Denn überall ist die Kunst nicht nur in ihrem Stil ähnlich, sondern auch in der Thematik und in der konstanten Assoziation von Ideogrammen und Bilderschriftzeichen, von Symbolen und Figuren, die eine Syntax bilden. Die einzelnen Figuren und Symbole sind die Grammatik, aber eine Sprache ohne Syntax kann man nicht entziffern. Deshalb war es eine visuelle Sprache, die auf der ganzen Welt ähnlich war. Wir finden bebilderte Wände mit den gleichen Bildern und den gleichen Assoziationen in allen Kontinenten. Im späten Pleistozän, das heißt vor 12.000 bis 15.000 Jahren [d.h. seit dem Ende des Pleistozäns] gibt es die ersten großen Unterschiede [...]." [3]

„Dennoch gibt es erstaunliche Ähnlichkeiten schamanischer Ideen und Praktiken zwischen so weit voneinander entfernten Gegenden wie der Arktis, dem Amazonas und Borneo." [4]

---

[1] Michael Jordan: Die Mythen der Welt, S. 9
[2] Karl J. Narr: Ursprung und Frühkulturen, in: Saeculum Weltgeschichte, Band 1, S. 76
[3] Emmanuel Anati: Höhlenmalerei, S. 401 f.
[4] Piers Vitebsky: Schamanismus, S. 11

Die Weltberg- und die Weltenbaum-Symbolik

Eine zentrale Rolle in der eiszeitlichen Symbolik spielt auch das Motiv des Weltberges und des Weltenbaums. In dieser Hinsicht wird das Motiv der >Mond-, Groß- oder Ur-Mutter< als >Körper< als eine Lebens-, Welt – Raum- und Ganzheits-Symbolik entfaltet. Die (mythologische) >Mutter< *ist* in dieser *Symbolik* das >Leben, die Welt; Geist, Liebe, Bewusstsein< als dem Inbegriff der eiszeitlichen Sprache HS und von >Kultur<.

In dem folgenden Modell können die verschiedensten Bezüge dieser Symbolik veranschaulicht werden:

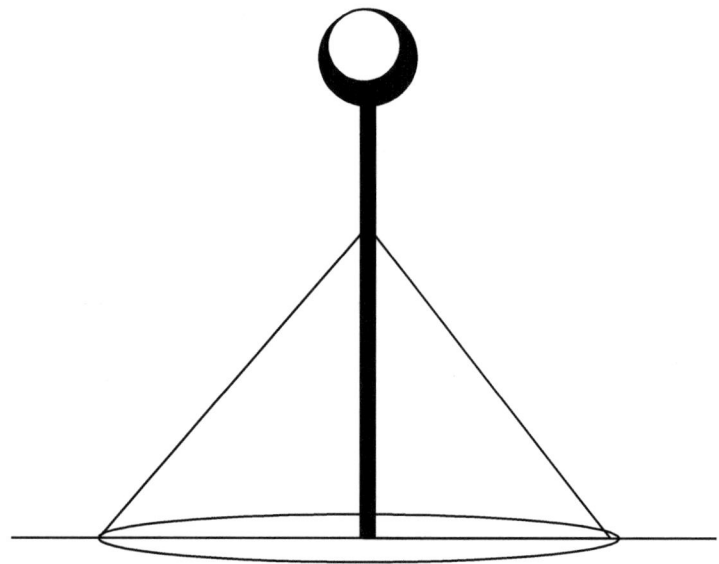

Dies soll u.a. zeigen:

- der >**Welt-Berg**< entspricht der >**Welt**< dem >**Leib**< dem **Zelt**/der **Hütte** (was später in den Pyramiden und Tempeltürmen usw. *von dieser Symbolik her* nachgebaut wird). Diese *kosmische* Körper-Symbolik kann je nach Bezug anthropomorph oder auch theriomorph formuliert werden. Insofern finden sich hier u.a. auch *Kuh* persisch >Berg< (*Gaia* = *gē* >Erde<) = *STier* – *Taurus* – *terra* für den >Weltberg< für die >Erde< für das >Welt/All[es]< (s. dazu → *Stern* und *UTerus*).

- die >**Wirbel**-Säule< ist der >**Welten-Baum**< als die >**Welt-Achse**<, um die sich die >Welt< dreht. Sie repräsentiert genauso den >Körper< (was im Mittleren Mesolithikum als >Stamm-Baum<-Stämme-Symbolik entwickelt wird). Der Begriff >Wirbelsäule< dürfte aus dieser Symbolik stammen.

- das >**Haupt**< verknüpft sich ursprünglich mit dem >Mond-Gesicht< bzw. der >Mond<- (Sichel-) **Hörner**- Symbolik. Diese Symbolik wird in vielen alten Kulturen auch durch einen Hörner-Schädel am Kult-Baum oder auch am Hütten-Eingang zum Ausdruck gebracht.

Die Weltenbaum-Symbolik (auch *axis mundi*)

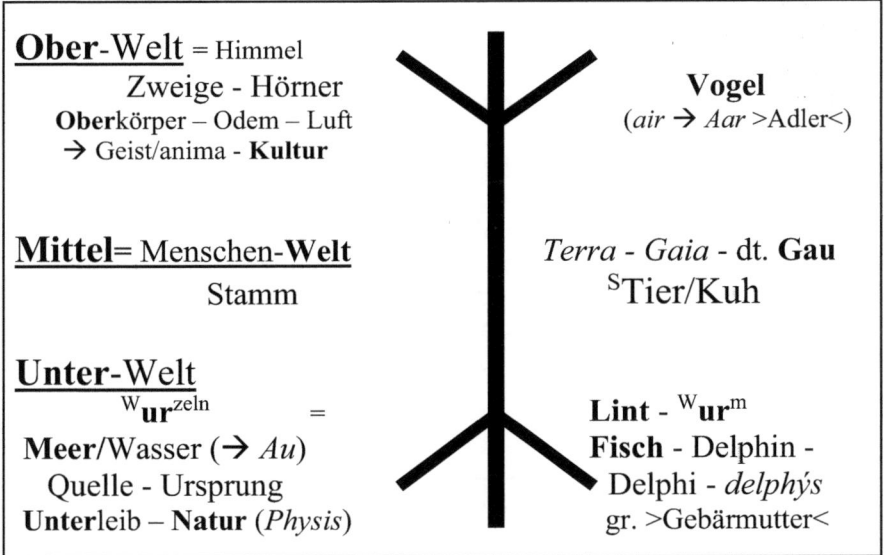

Ober-Welt = Himmel
Zweige - Hörner
Oberkörper – Odem – Luft
→ Geist/anima - **Kultur**

Vogel
(*air* → *Aar* >Adler<)

Mittel= Menschen-**Welt**
Stamm

Terra - Gaia - dt. **Gau**
[S]Tier/Kuh

Unter-Welt
[W]**ur**·zeln =
Meer/Wasser (→ *Au*)
Quelle - Ursprung
Unterleib – **Natur** (*Physis*)

Lint - [W]**ur**[m]
Fisch - Delphin -
Delphi - *delphýs*
gr. >Gebärmutter<

Zu der Weltenbaum-Symbolik:

Nord-Eurasien:

„Symbolischer >Tragpfeiler< des Weltenbildes im nordeuropäischen Schamanismus ist der Weltbaum. Diese Vorstellung geht zurück auf die kreisrunden Behausungen und die zentrale Stellung des Polarsterns: Man dachte sich den Sternenhimmel als Dach eines Welt-Zeltes, an dessen höchstem Punkt der Polarstern leuchtete und beim Orientieren half. Den Himmel hält eine gewaltige Säule, der in der Mitte (am Nabel) der Erde auf einem Berg oder Hügel stehende Weltenbaum - er ist die lotrechte Achse der Welt, Verbindung im dreifach gegliederten Universum, die Milchstraße am Himmel, um die sich der gestirnte Himmel dreht. Dieses Modell findet sich überall zwischen den Lappen und den Nanai am Amur. Den Weltenbaum ersetzt zuweilen ein mythisches Drachenechsenskelett oder die Gestalt eines Urschamanen." [5]

In indianischen Kulturen:

„Der Pfahl, der im Mittelpunkt der Tanzzeremonie steht, stellt die drei Ebenen des Universums dar. Der Adler auf der Spitze des Pfahls symbolisiert den Himmel, ein am Stamm befestigter oder ganz unten angebrachter Büffelschädel steht für die Welt der Tiere und Menschen, die Opfergaben aus Tabak und Wasser, die unmittelbar vor den Pfahl niedergelegt werden, repräsentieren dagegen die Unterwelt." [6]

---

[5] Mihály Hoppál: Schamanen und Schamanismus, S. 158
[6] Jean Clottes & David Lewis-Williams: Schamanen, S. 29

Ausschnitt einer Vasen-Malerei, Fund in der Gegend von Theben (GR), um 700 – 675 v. Chr. [7]

„In der Kunst der Vorgeschichte waren Fisch und Gebärmutter der Göttin identische und austauschbare Bilder.“ [8]

Die dargestellte Figur dürfte der eiszeitlichen Weltenbaum-Symbolik entsprechen: die Vögel repräsentieren die Ober-Welt (Himmel), der Stierkopf mit den Hörnern die Mittelwelt der *Anima* >Lebewesen< incl. dem Menschen (Stamm → *Alpha*), der Fisch die Unter-Welt des Ursprungs (Geburten) und die Wölfe die Unter-Welt der Manen (Vorfahren → *Hades*). Dieses Modell der aus drei Schichten bestehenden >Welt< war hier und auch noch bei den Germanen bekannt. In Griechenland wurde es von der >Göttin< Hekate in drei den Schichten entsprechenden >Erscheinungsformen< repräsentiert.

---

[7] Nachzeichnung nach: Marija Gimbutas: Die Sprache der Göttin, S. 259
[8] Marija Gimbutas: Die Sprache der Göttin, S. 258. Abb. S. 259

4 Zum Ende der eiszeitlichen Sprache HS

„Die Feingliederung der Sprachen, mit der wir heute leben, geht in ihren Anfängen auf die Periode der letzten Eiszeit zurück (vor ca. 12.000 Jahren). […] Die formativen Prozesse aller bekannten Sprachfamilien sind nicht älter als ca. 10.000 bis 12.000 Jahre." [9]

Diese Einschätzung des Sprachforschers Harald Haarmann entspricht in etwa in etwa meinen Ergebnissen. Die uns bekannten Sprach-Konzeptionen sind grundlegend anderer Art als die humanevolutionär entwickelte Sprache des Homo sapiens bis zum Ende der Eiszeit.

Die Ursache für das Ende der eiszeitlichen Sprache HS und der Entwicklung einer völlig neuartigen Sprachkonzeption in der Art, wie wir sie kennen, sehe ich in den ungeheuren Naturkatastrophen am Ende der Eiszeit vor. ca. 13.000 Jahren.

„Dieser grundlegende Klimawechsel, der für viele Pflanzenfresser das Aussterben bedeutete, betraf auch den Menschen." [10]
„Die letzten 5.000 Jahre der Eiszeit waren eine Periode von Klimaveränderungen geradezu apokalyptischen Ausmaßes, die alles übertrafen, was uns heute bekannt ist." [11]

Gerade auch der Nahe Osten wurde mit seinen besonders komplizierten, weitgehend wüstenartigen Verhältnissen zwischen Meeren und Hochgebirgen mitten zwischen den drei Kontinenten Afrika, Asien und Europa davon mit Versorgungsproblemen wie sonst nirgends auf der Welt getroffen.

---

[9] Harald Haarmann: Weltgeschichte der Sprache, S. 127
[10] W. von Koenigswald & J. Hahn: Jagdtiere und Jäger der Eiszeit, S. 92 f.
[11] Brian Fagan: Die Eiszeit, S. 131

Karte der Eiszeit vor ca. 20.000 Jahren: *gepunktet Eis-Vergletscherung; dunkel: Land, das mit dem Anstieg des Meeresspiegels am >Ende der Eiszeit< unterging. Es bestand eine breite Verbindung nach Amerika. Das Kaspische und das Schwarze Meer (ganz dunkel) bildeten einen Süßwasser-See. Grobskizze nach verschiedenen Angaben.*
Die damaligen Umbrüche hatten eine gänzlich andere Dimension als die, die heute im Raum stehen.

Der erste Grund für das Ende der eiszeitlichen Sprache HS liegt darin, dass man in den Anforderungen der gigantischen Naturkatastrophen nicht mehr hinreichend Zeit für das Erlernen einer wirklichen Sprach-Beherrschung und Kommunikation im Kontext der Jugend-Initiation fand. Dass man die eiszeitliche Sprache HS wie auch insgesamt den Sachverhalt >Sprache< nicht mehr zureichend verstand, belegt sich u.a. in den vielen Missverständnissen bzgl. der eiszeitlichen Mythologie, die man nun mit schlimmen Folgen in Teilen als reale Informationen über die >Wirklichkeit< verstand. Hier kam es in der Tat zu einer wahrhaft >babylonischen Sprachverwirrung<.

Der Grund für eine neue Sprach-Anlage lag jedoch auch darin, dass man für die neuen Entwicklungen insbesondere in Hinsicht auf seine Sozialorganisation, die es zur Bewältigung der Naturkatastrophen brauchte, auch eine neue Sprach-Anlage brauchte.

Die Konzeption der eiszeitlichen Sprache HS war in fundamentaler Weise mit der eiszeitlichen Kultur HS verbunden. Genau darin lag die große sprachtechnische Errungenschaft, die der eiszeitlichen Kultur über die Jahrzehntausende bei all den Wechseln der Verhältnisse ihre Stabilität bot. Doch am Ende der Eiszeit warf dies ernste Schwierigkeiten auf. Es brauchte für die neuen Kulturentwicklungen am Ende der Eiszeit auch eine neue Sprach-Technik, wie sie auch entstand und sich um 10.000 v. Chr. über die Welt verbreitete.

Wie sich mir in der etymologischen Analyse ergab, lässt sich das historisch neue Vokabular in seiner Transformation aus der eiszeitlichen Sprache HS im Besonderen auf das Stämme-Rechts-Bund-Netzwerk von Göbekli Tepe zurückführen (→ S. 164 f.). Hiermit lassen sich auch die Zusammenhänge zwischen den verschiedenen Sprachfamilien in Verbindung bringen, wie ich es in meinem Buch zu >Mebuntu< als der ersten historischen Sprachform näher gezeigt habe.

Aus der **Sintflut**-Mythologie der Delawaren (Nord-Amerika)
„Interpretation: (Als die große Flut hereingebrochen war,) fraßen große Fische (die Menschen) auf. Aber die **Mondfrau** [*Manitodasin*] rettete die Menschen und nahm sie in ihr Boot."

Nachzeichnung und Text nach: H. Haarmann: Universalgeschichte der Schrift, S. 42

Teil 2
Zur Etymologie unserer Wörter

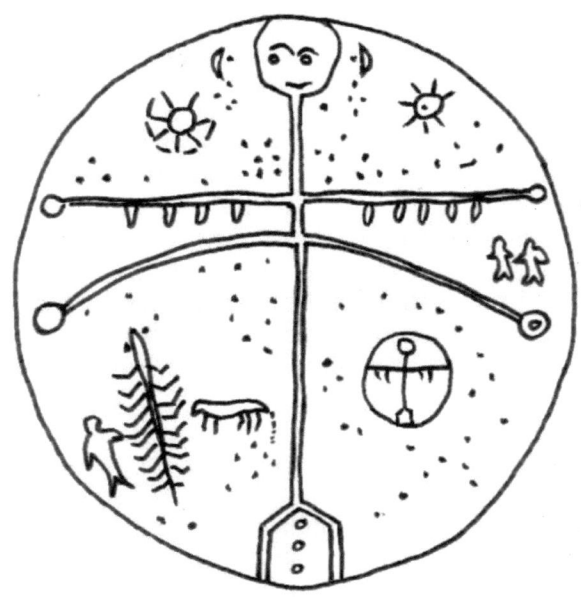

„Trommel der Abakantataren mit Weltbaum als Weltriese"

Dieses Trommelbild eines Schamanen der sibirischen Abakan-
Tataren dürfte u.a. den Sinn der eiszeitlichen Venus-Figuren, der
Mond- und der Weltenbaum-Symbolik verkörpern. Man beachte
auch die Zahl 9 an den oberen >Armen<. [12]

---

[12] Nachzeichnung und Zitat: nach: H. Findeisen & H. Gehrts: Die Schamanen, S. 123

Die Aufführung der Wörter erfolgt nach der Einschätzung ihres Ursprungs in den jeweiligen historischen Hauptphasen. Hierzu zählen:

- Eiszeit (Paläolithikum)
- (Mittleres) Mesolithikum
- Spätes Mesolithikum
- Neolithikum
- Kupfer(stein)zeit (Chalkolithikum usw.)

Es wird hierbei auch eine neue Auffassung vertreten, in der das Mesolithikum nicht nur auf die europäische Situation bezogen wird, sondern gerade auch auf die nahöstliche und die weltgeschichtliche Entwicklung. In dieser Ära setzt auch die neue historische Sprachentwicklung ein (11. Jahrtausend v. Chr.). Die Einsichten in die sprachlichen Entwicklungen und in das Vokabular am Ende der Eiszeit erlaubt hier auch völlig neue kulturgeschichtliche Aufschlüsse, die diese neue Einschätzung bestärken.

Das Späte Mesolithikum korrespondiert mit den geologischen Prozessen des Beginns des Holozäns um 9.600 ~ 9.500 v. Chr. Hier liegen die Ansätze der Nahrungsproduktion, doch weltanschaulich unterscheidet sich diese Kultur noch fundamental von dem Neolithikum, das von daher nach dem primären Kriterium nun wieder erst auf die Zeit ab ca. 8.000 v. Chr. angesetzt wird. Die Kupferzeit wird hier etwa mit dem 5. Jahrtausend v. Chr. verbunden.

1 Wörter aus eiszeitlicher Herkunft

Paläolithische „Venus"-Figuren aus Sibirien:

links eine von über 30 Figuren aus einer Siedlung bei Mal'ta, aus Elfenbein geschnitzt; rechts Fund am Baikalsee [13] (Nachzeichnungen)

Diese kleinen Objekte deuten eine Vorlage für die späteren Pfahl-Plastiken an.

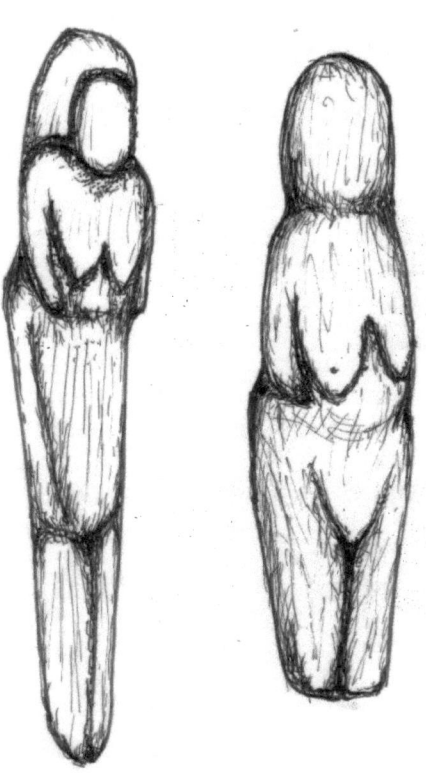

---

[13] Göran Burenhult: Illustrierte Geschichte der Menschheit I, S. 132 f.

1.1 Die Wortbildungen aus den eiszeitlichen Lautwurzeln (in der Art von *amma – MaMa – am - ma*)

Die eiszeitlichen Wortbildungen gehen, wie bereits ausgeführt, redupliziert oder gespiegelt von den grundlegenden Lalllaut-Formen der Säuglinge aus (S. 54, S. 56 ff.), und diese stehen in der eiszeitlichen Kultur HS auch noch nach dem Sprachbeginn der Säuglinge unter dem Eindruck von Sprachspielen. Alle diese Lautformen bedeuten eiszeitlich HS in **struktureller** Hinsicht als verfasstes Wort zuerst >Mutter<, doch werden sie auch auf das Kind, den >Vater< und andere Nähepersonen (>Onkel, Tante<) bezogen. Alle sind hier wie die >Mutter< und der Säugling selbst *MaMa, BaBa* usw., und genau darin liegt das Glück des Kindes.

Es ist hier zu beachten, dass die eiszeitliche Sprache HS ihre Wörter in Lautmodulationen auf diesen Ausgangsformen aufbaut. Diese Technik ist bereits damit ausgehobelt, wenn diese Wörter in **unserem** Sinn speziell nur für >Mutter< gebraucht werden, d.h. als ein „eindeutiger" Status, wie es am Ende der Eiszeit mit den entsprechenden Folgen aufkam. Eiszeitlich HS bleiben wohl die ganzen sprachlichen Ausgangsformen und also seine kulturelle Grundlage mit der kleinkindlichen Ur-Erfahrung mit der >Mutter< assoziiert (Versorgung, >Urvertrauen<).

Doch ist die eiszeitliche Sprachanlage HS aus dem Blickwinkel des Säuglings zu verstehen. >Mutter< meint in dieser Folge wohl *auch* >Mutter< (wie *auch* >Vater<), doch insgesamt eher >Schätzchen< sowie >Leben, Verbundenheit, Nähe, lat. *ama*->lieben, Liebe< usw. Es geht also im Eigentlichen um die Bewusstseinsform des Säuglings, nicht um eine bestimmte Person, die in der weiteren kindlichen Erfahrung natürlich auch mit Enttäuschungen verbunden ist, und noch weniger darum, dass diese Person >weiblich< ist (auch wenn dies im physischen Sinn der Fall ist, was beim Säugen eine Rolle spielte). Die reale Person erhält eiszeitlich HS vielmehr einen >Namen< (eine personale

Form). Hier ist unser historischer Wort-Gebrauch von insbesondere >Mutter< entscheidend anders definiert und assoziiert, was nicht auf die eiszeitliche Kultur und Sprache HS zurückprojiziert werden darf. Wie schon gesagt würde auch die Technik der eiszeitlichen Sprache HS unter dieser Voraussetzung gar nicht funktionieren.

Wir treffen hier also gleich bei den Ausgangsformen einen zentralen sprachlich-kulturellen Bereich, der etymologisch zu Buche schlägt. Tatsächlich war das Aufkommen der Heiratspolitik am Ende der eiszeitlichen Kultur HS von fundamentalen Konsequenzen. In den Notstandsproblemen in den gewaltigen Naturkatastrophen am Ende der Eiszeit insbesondere im Nahen Osten kam es dort wohl zu dem Brauch, nun gegenseitig seine Kinder zu verheiraten, um über den bisherigen >Verband< hinaus Beziehungen zur Vermeidung von Kämpfen um Ressourcen und positiv zur Bildung neuartiger größere Unternehmungen zur Besorgung von Ressourcen herzustellen. Daraus begründete sich die Konzeption des >Stamms<, die mit ihrer größeren Sozialorganisation (s. z.B. Göbekli Tepe) mit dem Mesolithikum die historische Entwicklung einleitete.

Mit dieser Heiratspolitik wurden >Mutter< und >Vater< zu einem entsprechenden *gesellschaftlichen Status*. Von hier aus sind auch *Mama* und *Mutter* bzw. *Papa* und *Vater* (bei uns) nicht gleichbedeutend und identisch, was etymologisch von Relevanz ist. Eiszeitlich HS können alle 12 Ausgangsformen (die 6 Lautwurzeln redupliziert + gespiegelt) für >Mutter<, aber auch >Vater<, >Baby<, >Onkel, Tante<, >Mensch< usw. gebraucht werden. Status und Geschlecht können daraus nicht gefolgert werden. Im Historischen werden diese >Wörter< dann z.T. auf die Geschlechter und die Verwandtschaftsgrade verteilt, z.B. *amma* = *MaMa* (z.B. sumerisch *ama* >Mutter<) bei uns als *Oma* und *Amme* (*Hebamme*).

Dies hat historisch etymologisch verschiedene Konsequenzen. Oft gibt es offiziell nur noch ein einziges Wort für >Mutter< und ein anderes einziges Wort für >Vater<. Entsprechend wird *Papa* in der gängigen Etymologie als indogermanisch (idg.) für >Vater< gedeutet, was jedoch in dieser Form falsch ist. Auch >Mutter< kann nicht als das idg. Wort für >Mutter< gesehen werden. Dies ist vielmehr eine parallele neolithische Bildung zu *Ma Ga* >Mutter Erde< (➔ *machen, Mädchen, Magie* ➔ 4.1), nämlich *Ma Ter* (lat. *terra*), von woher auch *Materie, Modder, Moder* usw. stammen. *MaTar* >Mutter< könnte entsprechend *MaGa* (>Hexe/r< ➔ *Magie/r*) und bei uns *PaPa* (> *Pope, Pfaffe, Papst*) und *Pater* ein Priester/innen-Titel gewesen sein. Demnach hat sich >Mutter< in unserem heutigen Sinn erst zu einer Zeit verbreitet, als der neolithisch weltanschaulich-religiöse Sinn dieses Wortes nicht mehr bekannt war, also wohl erst mit der Eisenzeit oder gar erst in der Antike.

Bei uns gilt *Mama* nach der gängigen Etymologie als eine Entlehnung aus dem Französischen im 17. Jh. Dies dürfte jedoch nur vom schriftlichen Gebrauch her zutreffen. Mir wurde es noch in der Grundschule vermittelt, dass man *Mama, Papa, Oma, Opa* nicht >schreibt<, sonders es >Mutter<, >Vater< usw. heißt. Von daher mochten diese anderen Wortformen auch erst später in Romanen erscheinen und nachweisbar sein.

Oft werden entsprechende Wörter in den verschiedensten Sprachen etymologisch auch einfach als kleinkindliche Lallformen und also als neuere spontane Wortbildungen eingeschätzt. Tatsächlich machen solche kindlichen und spontanen Wortbildungen aus Lauten und Nachahmungen von Geräuschen (*Wauwau, Mietze, Pingpong, bums - Bombe* usw.) einen nicht geringen Teil unseres Vokabulariums aus.

Wenn es sich auch nicht beweisen lässt, dass es sich bei Wörtern für >Mutter (Vater)< bei einem Muster entsprechend *amma – MaMa – am – ma* bereits um eiszeitliche Formen handelt, so gilt es doch, entsprechende teilweise tendenziell weltweit verbreitete Wortbildungen und Titel (z.B. *Mama* als Titel von Ahnen und Göttern der Inkas) etymologisch nicht einfach als „kindliche Lallformen" zu vernachlässigen und von daher als zufällige Entsprechungen abzutun. Wenn es auch im Einzelfall bei einem Wort (wie *Mama* im älteren Deutsch) unsicher liegt, so haben wir es bei diesen Formen dennoch mit der konzeptionellen Basis der eiszeitlichen Sprache HS zu tun.

Dass dies so ist, belegt sich in den vielfältigsten Wort-Ableitungen und Bezügen nicht nur im Deutschen. Dies gilt etwa für die grammatischen Elemente (*ge-, -chen*) und Wörter als Personalpronomen oder mit den typischen Bedeutungen >ab – von<, >an, bei – um, herum< >hin/gen – zu<, die auch in gespiegelter Form auftreten, bei uns [von *anna – NaNa* (→ *Nonne, neun*)] idealtypisch *an* = *na(h)* [engl. *near – nähren*] usw. Diese Technik belegt sich in einem über die Welt verbreiteten Bestand, wenn auch wie historisch bei >Mutter< in den unterschiedlichsten Konzeptionen, Semantiken (*ich, du, wir, die, sie* usw.) und Weiterbildungen.

Entsprechende Namen in Flüssen und Bergen sowie Weiterbildungen nach dem eiszeitlichen Muster (*Mutter* >> *Brust – säugen, trinken, essen* usw.) deuten darauf, dass nach dem Schema *amma – MaMa – am – ma* gebildete Wörter wie z.B. **KaKa –* - → **Kuchen - hegen – hecken** usw. sowohl auf einen früheren Bestand von *agga/akka – KaKa/Coco* >Mutter< hinweisen als auch im Ursprung auf die eiszeitliche Sprache HS zurückzuführen sind (s. dazu auch S. 56 ff.).

Dies soll hier unter 1.1 an einigen Beispielen gezeigt werden, ohne dass hier sämtliches allein deutsche Vokabular aufgenommen wird und alle etymologischen Fragestellungen diskutiert werden. Für ausführlichere Belege und Erörterungen dienen das Herkunftswörterbuch und anders Cûl Tura Band 2.

Die verschiedenen Wortbildungen werden hier unter den eiszeitlichen Lautwurzeln sortiert.

Ableitungen von *א wie *aja, aua – ava*

Au, Aue   A.1.4, A.1.1

EWD, *Wasser*, sieht *au-* als „indoeuropäische Wurzel" für >be-netzen, befeuchten, fließen<. Nach Duden **7**, *Au*, handelt es sich um ein im Nhd. nur noch in Flussnamen bewahrtes gemeinger-manisches Wort für >Wasser, Gewässer<: ahd. *aha*, aengl. *ēa*, schwed. *å* >Wasser, Gewässer, Flusslauf< (vgl. dt. Flussnamen *Ach, Aach, Brigach, Fulda*, so Duden). -

Ich bin hier der Meinung, dass *Au/e* und *Ache/aqua* von zwei verschiedenen eiszeitlichen Wurzeln ausgehen, die jedoch als *aha* ineinander übergehen konnten. Das eine geht von der eis-zeitlichen Wurzel *Γ wie *aga – GaGa* wie *aqua* → *Ache* und *Kocher* aus, *Au* von der eiszeitlichen Wurzel *א wie → *Aa, Ei, Aue*. Beides ist mit >Mutter< verbunden (→ *Aue*, → *auch*), in diesem Fall für >Ursprung, Mutter, Quelle< und dann für >Brust, säugen, trinken, Wasser<. Zu >Mutter< s. → *Aue* und zu >Wasser< → *Aa, Au*, frz. *eau*.

Aa, Au >Wasser<   A.1.4

Eiszeitliche *a/aa* für >Wasser, Quelle, Fluss; trinken< findet sich in dän. *aa = å* >Bach, Fluss, Flüsschen<, bei uns in *Aa* Fluss bei *Ahaus*, *Aa*-See in Münster sowie als nhd. → *Au, Aue* und als *Ei-* in → *Eiland*. Die Ausgangsform erscheint weltweit verbreitet, s. z.B.:

a	sumerisch >Wasser< (Σ146)
a.aba	sumerisch >**Meer**< [*a + aba* vgl. → **ab**]
y	Guaraní >Wasser<, im Namen *Uruguay*
u	Guaraní >trinken<
a	Khoekhoegowab (südafrik. Khoisan) >trinken<
au	Kambodschanisch >Fluss<
aua	Quiche-Maya >Wasser<
ao	chinesisch + Thai >Bucht<
ui	Jakutisch (Sibirien) >Wasser< - mit Fluss *Ui*

84

Weitere Formbildungen finden sich verbreitet in Gewässerna-men. Mitunter war diese Form nur noch als Name bekannt und wurde dann mit einem Wort für Gewässer ergänzt (was etymo-logisch und historisch auch von einigem Aufschluss ist), so z.B.

Ibach	wohl häufiger, z.B. im südl. Schwarzwald,
Eyach	Fluss in den Neckar bei Eyach [+ *ach* → *Ache*]

Analog im Finnischen - Finnland:
Ii-Joki   Zufluss im Norden des Bottnischen Meerbusen

Als Ausgangsform ist eiszeitlich *א wie *a/au/Ei* für insgesamt >Ursprung, Quelle; Mutter; Brust, säugen; Wasser, trinken< zu sehen. Von dieser *Symbolik* her erklären sich unter anderen Lautwurzeln auch unsere Wortbildungen → *Meer,* → *Titte* – (Fluss) *Theiß* – *Titi-See* → *See* – *säugen* – (Fluss) *Sieg* usw. S. auch die weiteren Ausführungen unter → *Au/e* und → *Aue.* Diese Ausgangsform wurde *neolithisch* mit R zu → *Ur, Or, Ar* (*Ahr, Aare* usw.) erweitert.

Ei   A.1.1, A.1.2

- ahd. *ei,* aengl. *æg,* schwed. *ägg.* Dies geht nach der gängigen Etymologie u.a. mit griech. *oión* >Ei< und lat. *ovum* >Ei< zurück auf etwa idg. *o(u̯)i-om* >Ei<, was eine Bildung zu idg. *au̯ei-* >Vogel< wie z.B. lat. *avis* >Vogel< wäre.-

Tatsächlich handelt es sich bei >Ei< um ein tendenziell weltweit verbreitetes **Ursprungs**-Symbol, das entsprechend schon eis-zeitlich HS bestanden haben dürfte. Es kommt z.B.

„in polynesischen, japanischen, peruanischen, indischen, phönizischen, chinesischen, finnischen und slawischen Ur-sprungsmythen vor. [...] Auch Sonne und Mond wurden mehrfach mit goldenen bzw. silbernen himmlischen Eiern as-soziiert. Allgemein wird das Ei als Symbol eines uranfängli-chen Keimes gesehen, aus dem später die Welt hervorging."[14]

---

[14] Hans Biedermann, Knaurs Lexikon der Symbole, S. 110

Ei ist eigentlich als >Ur(sprung)< zu deuten, wobei *Ei* als die ältere eiszeitliche Form erscheint (*Ur* mit neolithischem R). Das deutsche Wort erscheint also als eine höchst originale Form der eiszeitlichen Wurzel *א wie *a, ei, au, eh* für >Ur, Ursprung, Quelle<, → **Aue** >Mutter(schaf)<, *Io* – chin. *Yuè* >Mond<, woher wohl auch die Symbolik des *Oster-Eies* stammt. Das eigentliche >Oster-Ei< ist wohl der erste Vollmond im Frühling, was heute noch *Ostern* bestimmt.

In anderen Sprachen erscheinen hier die lautlich differenzierten Formen in der Reihung *a – au – ab* als Verbindung zu der Lautwurzel *Φ wie z.B. in lat. *ovum* >Ei< - *avis* >Vogel<, doch auch lat. *avia* >Großmutter<, Kalmyk (mongolisch) *ewə* >Mutter<, s. dazu weiter unter → *ab*.

Die Erweiterung wie in engl. egg >Ei< erklärt sich aus einem ursprünglichen *א (hier im Sinn von hebräisch ע *ayin*). Dass *Ei* und → **Auge** ursprünglich von dem Gleichen ausgingen, belegt sich an der doppelten Parallele *Ei* – engl. *eye* – *Auge* – engl. *egg*, was mit der Bedeutung >Aug-Ei< für >Augapfel< in Verbindung steht (engl. *eye-ball* >> **A-pfel**). Dass dieser Hintergrund besteht, zeigt sich auch in den Bildungen mit dieser Lautform im Anlaut wie in (redupliziert) → *Kugel – Kokon (- Küken) – kucken*.

Die Verbreitung dieser Ausgangsform belegt sich lautlich auch in Suaheli (afrik.) *yai* >Ei< und (genau wie engl. *eye*) in hebräisch *ayin* >Auge; Quelle [!]<. Weitere Zusammenhänge werden über das Verständnis der Symbolik ersichtlich, s. z.B. → *Aue* und → *Eiland*.

Ei = Eiland >Insel<   A.1.1

Nach der gängigen Etymologie gehen die Formen entsprechend *Ei* >Insel< wie etwa dän. ø (in *Hiddensee* aus *Hiddens-ø*), aengl. *īeg*, aisl. *ey*, in *Nordern-ey* und den weiteren Inseln *Greifwalder Oie, Langeoog, Wangeroog[e]* von dem Hintergrund von mhd. *ouwe* >Wasser, Strom, (Halb)insel, wasserreiches Wiesenland< wie in → **Au – Aue** aus. Die Verdeutlichung der Bedeutung >Insel< gegenüber *Au* >Wasser< mit der Beifügung von >Land< ging wohl vom Altfriesischen aus.-

Ich sehe hier einen komplexen Beleg für eine eiszeitliche Herkunft. Denn dass ein und dasselbe Wort sowohl für >Wasser< als auch für >Insel, Land< gebraucht wird, ist in unserer modernen Sprachauffassung ein effektiver Widerspruch. Der Zusammenhang erklärt sich aus *א wie hier *Aa/Au* für → **Ur** als dem Wort für die eiszeitliche Ursprungs-Symbolik. Im Alten Ägypten ist der Mythos noch bekannt, dass die Erde als >Ur-Hügel< aus dem Meer/Wasser erwuchs. Bei diesem >Ur-Hügel< handelt es sich freilich um den ägyptischen Gott *Ptah* (*tah* >Erde<), was ursprünglich sicher als >Mutter Erde< zu dechiffrieren ist (erst später *Pa* → **Papa** verbreitet nur für >Vater<).

Von dort leiten sich nicht nur → *Au* (und inhaltlich analog → *Meer, Moor*) ab, sondern auch → *Ei* und **eh – eher - erst** usw. Entsprechende Formen sind auch in Namen und Wörtern für >Wasser< weit verbreitet (→ *Aa, Au*). Eine *Ei* >Insel< vergleichbare Form findet sich im Hebräischen mit *ij* א' >Küstenland<, im Plural auch für die Inseln im Mittelmeer.

Aue >Mutterschaf<   A.0.2: A.1.1, B.2.1

- entsprechend engl. *ewe* >Mutterschaf<. Duden 7, Schaf, leitet *Aue* von idg. *ouis* ab, wobei auf lat. *ovis* >Schaf< verwiesen wird. Nach Stowasser, *ovis,* finden sich dazu altindisch *ávi-š* und griech. *óis* [aus *òFis*] >Schaf<. -

Bei *Aue* dürfte es sich ursprünglich ebenso wenig wie bei → *Kuh* um eine Tierart gehandelt haben, sondern wie bei *Kuh* um ein Wort für >Mutter<. Erst als >Mutter< einen bestimmten Status bezeichnete und man von daher nur noch ein Wort für >Mutter< benutzte, wurden die nunmehr überflüssigen Wörter für >Mutter< u.a. für >Muttertier< auf die verschiedenen Tierarten verteilt (s. auch → **Ziege – ziehen – zeugen**).

Ich sehe also *Aue* als eine Ableitung von der eiszeitlichen Wurzel *א wie *a, au, ei* für >Ur(sprung), Mutter, Quelle<. Es handelt sich also um den gleichen Ursprung wie von → **Au, Aa** >Quelle, Wasser, Ursprung<, von → **Ei**, auch von → **ab** wie auch neolithisch **Ur** (auch >**Auerochse**<). Das V/W/F ergibt sich aus der Reihung *a – au – av – of* → *ab*, woraus auch *awa –*

87

WaWa wie → *Weib, weben* als eine Zwischenform in Verbindung mit der eiszeitlichen Lautwurzel *Φ wie *abba – BaBa* (→ *Baby*) in der üblichen Erstbedeutung >Mutter< entsteht.

Diese Ausgangsform ist eiszeitlich (samt → *Ei* und >Aug-Ei< → *Auge*) mit der Mond-Mutter-Symbolik verbunden. Vgl. hier engl. *ewe* >Aue< mit chin. *yuè* >Mond<. Ein ähnliches *Iae* findet sich als > Mondgott< bei den südamerikanischen Kamaiura, im Alten Ägypten *Jℵ♄* (~ *Jah, Jach*) für den >Mondgott< (s. auch *Jak – Joga – Joch* → **Ochse**). S. dazu auch griech. *iaúō* >schlafen, die Nacht verbringen<.

Weitere Zusammenhänge in aller Welt können hier nur angedeutet werden. In der afrikanischen Yoruba-Mythologie gibt es eine *Aya* als „Mutter aller Götter und die Mutter all dessen, was existiert." [15] In der griech. Mythologie findet sich eine *Io,* die auch als → **Kuh** symbolisiert wird [16] und kaum zufällig mit *Argus* (-*Augen*) [*Ur-Kuh - archä-,* → *Orga*] verbunden ist, wenn auch patriarchal verzerrt. Die germ. Göttin *Hēl* ist die **Io**-*Dìs* (zu *Dìs* → **diesig**).

Weib   B.0.2   weiblich

- mhd. *wīp,* ahd. *wīb,* ndl. *wijf,* engl. *wife,* schwed. *viv.* Nach der gängigen Etymologie ist dessen Herkunft ungeklärt. […].-

Ich sehe hier entsprechend der Reihung *a – au –* dän. *av –* engl. *of = von - ab* eine lautliche Zwischenform *awa – WaWa* zwischen den eiszeitlichen Lautwurzeln *ℵ wie → *Aue* und *Φ wie *aba – BaBa.*
Sowohl *A – Io - Aue* als auch *aba, awa – BaBa – WaWa* stehen zuerst für >Mutter<, dann auch für → **Baby,** → *Papa* usw. Die Form *aba* findet sich in nganasanisch (Sibirien) >Frau; Mutter<, in der mongolischen Sprache Dagur *ewa* >Mutter<, gotisch *awō* = lat. *avia* >Großmutter<; *BaBa* in der slawischen >Mutter Erde< *Baba Yaga,* im Tagalog (Philippinen) *Babae* >Frau<, bei

---

[15] Gert Chesi: *Susanne Wenger* – Ein Leben mit den Göttern, S. 113
[16] Der Neue Pauly, Band 5: Io, S. 1053

den Tonga Ozeaniens *fefina* >Frau< und *wawa* in Quechua (Sprache der Inka) >Kind<.

Als Weiterbildung dazu deuten sich *Baby – **beben – bibbern*** mit der Parallelen engl. *quake* → **keck** und entsprechend nganasanisch (Sibirien) *bebərisị* >zittern< für **zittern** (*TiTi) an, wohl auch für die *Wehen* wie für >erregt sein< usw.

Auch mit *Weib – weben* ist historisch eine bedeutsame Symbolik verbunden, zuerst im Mittleren Mesolithikum in Verbindung mit der → **Spinnen**-Symbolik, vgl. dazu engl. *web* >Netz<, dazu **Gewebe, Wabe, Wappen**, wohl ursprünglich für >Stamm<, dann für >Clan<. Daraus wird im Neolithikum eine explizite Sexual- und Fruchtbarkeits-Symbolik, s. dazu neolithisch OrGa wie → *Orgie* und → ^{be}**wirken, Bandwirkerei - Werg** usw.

Ableitungen von *Φ wie *abba – BaBa*

ab   A.1.1, B.0.3, B.2   **aber; > Ebbe, Ufer**
- mhd. *ab(e)*, ahd. *aba*, got. *af*, engl. *of, off*, griech. *apo*, lat. *a, ab*. Dies leitet sich nach der gängigen Etymologie von idg. **apo* >ab, weg< ab, woher sich auch **aber**, → *Ebbe* und → *Ufer* erklärten.-
M.E. handelt es sich um eine grammatische Formbildung in Ableitung von der eiszeitlichen Lautwurzel *Φ wie *abba – BaBa* in der Erstbedeutung >Mutter<, dann auch für >Kind< (→ *Baby, Bube, Puppe*) und >Vater< (→ *Abt*; *Papa*) usw. Entsprechende Formen finden sich u.a. in nganasanisch (Sibirien) *aba* >Frau; Mutter<, *ebel* awarisch (Kaukasus-Sprache) >Mutter<, *hába* >Mutter< bei den Kogi-Indianern (Nordanden), *ewə* >Mutter< in der mongolischen Sprache Kalmyk, *avia* lat. >Großmutter<, *ab, av* hebräisch >Vater<, ursprünglich auch in Bezug auf Frauen gebraucht (Gesenius).

Entsprechend *abba* findet sich griech. *apó* >ab, von, weg; von...weg, von...her; von...herab; von...an, seit, wegen, durch, nach< (in *Apotheke*), griech. *epi-* >hinzu, gegen, nach; darauf, darüber< (in *Epizentrum*) und aus den Teilformen *ab-ba* > **ab** und **bei**, engl. *by*, hebräisch *bə* >bei< (ursprünglich *ba*), Quiche-Maya *pa* >bei<. Entsprechend finden sich hier auch engl. *of* = dän. *af* und umgekehrt dän. *på* - dt. **von**. Weitere Bildungen dazu sind **auf** – **oben** = dän. *på* >auf<; **ob** - polnisch *bo* >**weil**< usw.

Abt   B.0.2   Abtei, Äbtissin

>Kloster-, Stiftsvorsteher<, aus der römisch-christlichen Kirchensprache von aramäisch (semitisch) *aba'* >Vater!< (hebräisch *ab, av* >Vater<), vgl. auch **Papa** – **Pater** kirchlich >Vater< als Priester-Titel. Ich sehe den Ursprung dieser Formen in der Formel *abba* – *BaBa* der eiszeitlichen Lautwurzel *Φ in der Erstbedeutung >Mutter<, dann auch >Vater<, s. → **ab** (**von** – **her**).

Aba findet sich nganasanisch (Sibirien) für >Frau; Mutter<, in den mongolischen Sprachen Burjat, Monguor und Yugur für >Vater<, bei den nordamerikanischen *Choctaw* als Name für ihren >Schöpfergott<, als *appa* >Vater< in den dravidischen Sprache Indiens und im Tibetischen als *yab* >Vater<. Von *BaBa* leiten sich auch → **Papa, Pope, Pfaffe, Papst** ab.

Pfaffe   B.5.3

- nach der gängigen Etymologie aus spätgriech. *papās* >(niedriger) Geistlicher<, daraus auch **Pope** >niedriger Geistlicher der russisch-orthodoxen Kirche< (russ. *pop*). Nach Duden 7 ebd. kam der abschätzige Gebrauch erst nach der Reformation auf.-
Insgesamt erscheint dies als eine Ableitung von der eiszeitlichen Lautwurzel *Φ mit *abba* – *BaBa* in der Erstbedeutung >Mutter<, dann auch → *Baby*, >Vater<, >Amme< sowie für die mythologische >Ur-Mutter< usw. Dies belegt sich etwa mit (→ *ab*) in nganasanisch (Sibirien) *aba* >Frau; Mutter<, aramäisch *abba* >Papa< (→ *Abt*), *Aba* als der >Schöpfergott< der indianischen *Choctaw*; *Baba Yaga* als die slawische >Mutter Erde<, *Baba* für die sumerische Göttin der Vegetation, *Papa* als die „Erdmutter" Hawaiis sowie dt. → **Papa** >Vater<.

Wie es falsch ist, *Baba/Papa* in älteren Kontexten per se eine männliche Bedeutung zu unterstellen, so ist es umgekehrt auch falsch, *Baba, Mama* usw. in älteren Kontexten prinzipiell als weiblich zu verstehen. Es gab ursprünglich keine grundsätzliche

90

geschlechtliche Unterscheidung, wie dies auch in vielen Sprachen wie z.B. dem Türkischen heute immer noch nicht der Fall ist. Wo im mythologischen Kontext eine >Ur-Mutter< oder ein >Ur-Vater< als Ganzheits-Symbolik erscheint, so ist das im älteren Kontext auf der Erwachsenen-Ebene u.a. immer androgyn für >Mensch< zu verstehen oder auch gleichsinnig theriomorph symbolisiert (Stier, Kuh usw.).

BaBa/PaPa ist ganz entsprechend → *Magie/r/in* als >Mutter, Vater< ein Titel für die mit dem Neolithikum aufkommenden Gottheiten und ihre Priester/innen, wie wir dies – wenn auch nur noch in der männlichen Form – als *Papa* = (lat.) *Pater* („heiliger" >Vater<) kennen.
Auch griech. *Zeus* findet sich (analog zu lat. *Jupiter* – *pater* >Vater<) mit der Bezeichnung (*Zeus-*) *Papa* >Vater< verbunden. Seit *dieser* Zeit und Tradition ist *Papa* nur noch männlich, und mit der Christianisierung gab es nur noch (männliche) Priester. *Papa* – *Pfaffe* – *Pope* ist hier entsprechend *Pater* zu verstehen, doch kam von der römischen Religion her auch ein höchster *Papa* = **Papst** auf.

Baby B.0.1; B.0.2; B.3.3.4

- aus gleichbedeutend engl. *baby* entlehnt.- Mag diese Form als Lallwort keinen hochsprachlichen Gebrauch gehabt haben und sich entsprechend nicht älter schriftlich nachweisen lassen, so entspricht sie doch der Form nach wie inhaltlich der **eiszeitlichen** Ausgangsformel *abba* – *BaBa* der Lautwurzel *Φ für >Mutter< und das >Kind< (vgl. *MaMa* – *Memme* >Kind< - *mamma* >Brust<). Parallel dazu finden wir hier schwed.-norweg. mundartlich *pappe* >Frauenbrust<, lat. *papilla* >Brustwarze; Brust<, idg. *pap(p)a* als Kinderlallwort für >Speise< - davon **Pappe** (>Brei<) - **päppeln** und lat. *bibo* >trinken< usw.

BaBa für >Mutter, Frau< findet sich in **weltweiter** Verbreitung (→ *Papa*). Interessant sind hier serbokroatisch *baba* >altes Weib, Großmutter, **Amme**<, Tagalog (Philippinen) *Bobaye* „für alles Weibliche", die griech. Symbolik *Baubo*, polnisch *pępek* >Nabel<, vgl. dazu auch S*upapu* als der symbolische Mittelpunkt der Welt in **jeder** *Kiva* der Hopi-Indianer [17] und S*ipapu* „in der Sprache der Pueblo-Indianer der Eingang zur Unterwelt". [18]

Analog zu *Baby* findet sich u.a. lat. *pūpa* >kleines Mädchen, Puppe<, davon **Puppe**, sowie **Bube** (unredupliziert engl. *boy*).

beben   B.3.2.1   **Erdbeben**; > **bibbern**

- ahd. *bibēn*. Auch die gängige Etymologie sieht hier eine reduplizierte Bildung, jedoch als Ableitung von idg. **bhōi-, *bhəi->sich fürchten<.-

Ich sehe hier vielmehr einen Ausgang in der eiszeitlichen Lautwurzelwurzel **Φ* wie *abba – baba* in der Erstbedeutung >Mutter< und → *Baby*. Dies hat (neben *MaMa – Memme*) seine Parallelen unter den anderen Lautwurzeln wie z.B. **Γ* mit engl. *quake* (vgl. **keck** und **Kegel** >Kind<) und unter **ħ* mit **zittern** (*TiTi*). Dies deutet darauf, dass *beben* von *BaBa – Baby* im Sinne von *OrGa* (→ **Orgie**) von → **machen** = *zeugen* und/oder den *Wehen* ausging.

Offenbar wurde dies auch auf *Erdbeben* und *Vulkan*-Ausbrüche bezogen. Dabei könnte es sich an sich schon um ein eiszeitliches *Bild* handeln. Es hat jedoch den Anschein, dass in entsprechenden Erdbeben und Vulkan-Ausbrüchen in Anatolien der Ausgang der neuen Weltanschauung von >Mutter Erde< als dem zentralen Motiv der Neolithischen Revolution liegt. So hatte u.a. der in Sichtweite von Çatal Höyük befindliche Vulkan-Berg *Hasan Dağı* (nach Wikipedia ebd.) um 6960 ± 690 v. Chr. einen (bislang letzten) Ausbruch.

Auf jeden Fall findet sich auf Hawaii eine *Papa* als >Erdmutter<, was dem Sinn nach der >Feuer speienden< anatolischen *KiMera* → **Chimäre** entsprechen dürfte, sowie auf Hawaii auch eine (der anatolischen Form *KiBele* entsprechende) *Pele* als

---

[17] David M. Jones & Brian L. Molynaux: Die Mythologie der Neuen Welt, s. unter *Kiva,* S. 45

[18] D. M. Jones & B. L. Molynaux: Die Mythologie der Neuen Welt, S. 70

„Göttin des Vulkans, der Natur, der Unordnung, der Zeremonien und der Sexualität".[19] Dazu gibt es einen *Pillan,* Vulkan-Gott der südamerikanischen Araukaner; irisch einen *Bîle,* der in gewisser Weise lat. *Pluto* >Gott der Unterwelt< entspricht, sowie die *Bolon Ti Ku,* „die neun Maya-Götter der Unterwelt". Der griech. *Vulkan-* und *Schmiede*-Gott *Hephaistos* ist [wohl als Ableitung von der anatolischen Göttin *Hepat* (>> **heben, Haupt**)] auch mit der Geburtshilfe assoziiert. Vgl. auch die Vulkan-Symbolik → **Typhus.**

Bau   B.5.1   **Fuchs**bau; **Hochbau; Gebäude**
- *altgermanisch* ahd. mhd. aengl. *bū,* ndl. *bouw,* anord. *bū* > Wohnort, Wohnung, Haushalt, Vieh, Leute<, schwed. *bo* >Bau, Nest, Horst<, dänisch *bo* >wohnen, verweilen<. Dies geht nach Duden 7, bauen, auf idg. **bheu-* >wachsen, gedeihen, entstehen, werden, sein, wohnen< zurück, wozu auch (aus dem Griech.) *Physis* (> **physisch, Physik**) und (aus dem Lat.) **Futur** usw. gehört. EWD teilt dies soweit, entwickelt aber noch komplexere Bezüge.- Im zentralen Afrika findet sich *ba* als Bestandteil vieler Ortsnamen, [20] vgl. dän. *by* >Ort, Dorf, Stadt<.

Ich sehe hier den Ausgang in der unreduplizierten Form *ΦΝ wie *ba, bau, bo* von eiszeitlichen Lautwurzel *Φ wie *abba* – *BaBa* mit der Erstbedeutung >Mutter<. Alle diese verschiedenen Bedeutungen wie >entstehen, werden, sein; wachsen, gedeihen< wie dann auch >Nest, Lager, sich aufhalten< gehen von dieser Grundbedeutung aus. Dies ist auch mit → **Baby** – **Bube,** schwed.-norweg. mundartlich *pappe* >Frauenbrust<, lat. *bibo* >trinken<, idg. *pap(p)a* als Kinderlallwort für >Speise< wie **Pappe** >Brei< - **päppeln** verknüpft. In anderer Hinsicht steht dies auch mit der → **Bauch** – **Uterus** - **Höhlen**-Symbolik in Verbindung, was eiszeitlich auf >Neugeburt< (nach dem Tod im Drachen-Schlund) in der Jugend-Initiation hinausläuft.

Dieser Bezug von *Bau* zu >Höhle< deutet sich immer noch in unseren Wendungen *Fuchsbau, Dachsbau* an und belegt sich

---

[19] Sharukh Husain: Die Göttin, S. 55
[20] Richard Fester: Die Eiszeit war ganz anders, S. 81

z.B. im Altägyptischen in Bא (*ba*) >Loch<, Bאw (*bau*) >Hügel< und im Hebräischen (unsicheres Wort) in *babah* >Höhle<. Er findet sich in mesolithisch zu BaGa erweitert in → **Bauch – Bakken - Berg**, mit der hawaiischen „Erdmutter" PaPa, der mit Berg und Höhlen verbundenen nahöstlichen Göttin *Kubaba* und absolut explizit in der griech. *Baubo* als personifizierte Vulva, worin der Aspekt der Geschlechts-Symbolik zum Ausdruck kommt (vgl. auch *beiwohnen, bei, beide* [→ *zwei*] *Bei*schlaf). Eine der Parallelen dazu ist (mesolithisch) KaTa wie *Gat(t)* >Loch<, → *Kate, Kotten, Hütte - Haus,* engl. coat >Mantel< - *Kutte, Hut, hüten, Schutz;* ^{be}*gatten* usw.

Bemerkenswerterweise, doch von dem Kontext der neolithischen Symbolik von >Mutter Erde< (Ma Ga = Ba Ga) bestens verständlich, wird das gleiche Wort auch als → **Acker-Bau, an-bauen, Bergbau** usw. verwendet (s. auch → **pagan**; Vieh). Im Dän. findet sich die aus *Bau* erweiterte Form *bygge* >bauen, erbauen, anbauen<, dazu *byg* >Gerste<, was andeutet, dass hier die eiszeitliche Form *Bau – bau^{en}* gänzlich unter die neolithische Sicht geriet.

Ableitungen von *M wie *amma – MaMa*

S. hierzu auch die bereits aufgeführten Beispiele → S. 56, 63 f.

Amme   M.0.2

- ahd. *amma,* aisl. *amma* >Großmutter< [*Oma*$^{!}$], griech. *ámmia* >Mutter<, span. *ama* >Amme<. Die gängige Etymologie sieht hier ein Lallwort aus der Kindersprache, von dem nach Duden 7 ebd. „vermutlich auch die lat. Sippe von *amare* >lieben<" ausgeht.-
In der Tat dürfte *am(m)a* ein Lallwort aus der Kindersprache darstellen, nur bereits eiszeitlich. Denn *amma* stellt sich eine Form der eiszeitlichen Lautwurzel *⊙ wie *amma – MaMa - - anna – NaNa* mit der Ausgangsbedeutung >Mutter< dar. Diese 4 Formen und ihre 4 Teilformen *am – ma* (engl. *me*) und *an – na*

(> **nah**) sind als Ableitung von der eiszeitlichen Sprache etymologisch in dem globalen Sprachbestand als Zusammenhang zu sehen (→ S. 60 ff.).

In der Bedeutung >Mutter< findet sich u.a. sumerisch *ama,* Kott (Jenissei-Sprache) *ama,* elamisch *amma,* altnordisch *amma,* albanisch *amë,* akkadisch (semitisch) *umma,* arabisch *omi,* hebräisch *ama* für >Sklavin [als Kebsweib]<. Für >Großmutter< oder die mythologische >(Ur-) Mutter< finden sich altisländisch *amma* >Großmutter<, *Oma, imi* nganasanisch (Sibirien) >Großmutter<, *Uma* indische „nicht-vedische Muttergottheit" [21] usw. Ich deute auch die wichtige altorientalische Symbolik der *Tiamat* (in Parallele zu lat. *Diana* und griech. *Demeter*) als *Ti-Ama* >Ur-Mutter< (-t als Feminin-Endung).

Doch ebenso wie *abba - BaBa/PaPa, atta – TaTa* usw. finden sich awarisch (Kaukasus-Sprache) *emen* und georgisch (Kaukasus-Sprache) *mama* für >Vater<, *Amma* „Schöpfergott" der afrikanischen Dogon, *Amm* wichtiger vorislamischer Mondgott Südarabiens [22] und japanisch *ame* >Himmel<. Wie parallel unter → *Ahn* - lat. *anima/animus* >Geist, Seele usw.< finden sich hier bei den sibirischen Ewenken *omi* >Seele< und ggf. *emmalen* bei den Ngarinyin-Aborigines >Geist eines einzelnen Menschen, freier Geist<. [23]

Die Verbindung >Ur(sprung), Mutter, Quelle< findet sich sogar in der Formel *amma – Mama* in albanisch *amë* >Mutter< und >Quelle, Flussbett< = albanisch *mëmë* >Mutter<; >Gebärmutter; Quelle< analog zu Bedscha (afrik.) *yam* >Uterus< und >Wasser<.

Die Bedeutung >Wasser< findet sich hier in Bole (Tschadisch, Afrika) *àmma,* Guarani (Süd-Amerika) *ama,* Cherokee (Nord-Amerika) *ama* - dazu japanisch *ame = U* [→ *Au*] >Regen< und griechisch-lateinisch *ama* >Wassereimer< (> **Eimer**), >Meer< im Semitischen wie z.B. hebräisch *jam* und in Namen vieler Flüsse. Besonders schön ist hier das Beispiel *Eme, Jeme* selkupisch für den Fluss **Ob**, wörtlich >Mutter< (→ *ab*). Weitere Bei-

---

[21] Eckard Schleberger: Die indische Götterwelt, S.114
[22] Rachel Storm: Enzyklopädie der östlichen Mythologie, S. 18, zu *Anbay*)
[23] Jeff Doring: Gwion Gwion, S. 326

spiele sind u.a. *Omo* (Afrika), *Amur* (Sibirien), *Ume* (Norrland, Schweden) und im Deutschen *Emme* (Emmental, CH), *Ems, Emse, Emmer, Ammer, Ihme, Ohm, Hamme, Wümme, Jümme* usw.

Doch sind entsprechend der eiszeitlichen Sprach-Symbolik auch weitergehende Bedeutungen daraus abgeleitet, so etwa lat. *amor, ama-* >lieben<, (davon frz. *ami/e* >Freund/in<), Suaheli (afrik.) *amani* >Frieden<. Bei den Ainu (Ureinwohner Japans) findet sich *oma* >existieren<, vgl. griech. *eimi* >sein< ≈ englisch *(I) am.*

Von der Ausgangsform *amma* sind in Parallele zu *anna – NaNa* (➔ *Ahn*) auch die Bedeutungen >Mensch< und entsprechende grammatische Formen wie *am – ma* (frz. = dt. *mein*, engl. *me*) gebildet. Dies belegt sich z.B. in hebräisch *umma* >Stamm, Geschlecht<, arabisch *umma* >Volk, Gemeinde<, Quiche-Maya *amaq'* >Volk<, lat. *omnis* >alle< (> **Omnibus** >für alle<) und wohl tatsächlich von hier aus auch lat. *homo* >Mensch< (> **human**). Der Symbol-Zusammenhang belegt sich etwa in nganasanisch (Sibirien) *imi* >Großmutter< und *imi-* ➔ >Spinne<. Im Dt. dürfte sich dies in **Imme** zeigen, das bis zur Moderne für das >Bienen-*Volk*< stand, vermutl. analog auch **Ameise**.

Mama M.0.1; M.3.1, M.3.2

- familiäre Bezeichnung für >Mutter<. Diese wurde nach der gängigen Etymologie im 17. Jh. aus gleichbed. frz. *maman* entlehnt, das aus der kindlichen Lallsprache stammt und elementarverwandt ist mit lat. *mamma* >Mutter(brust), Amme, (Groß)mutter<. Nach EWD ebd. lässt sich mit griech. *mámmē* >Mutter, Mutterbrust< und den balt. und slaw. Form wie z.B. lett. *māma* und russ. tschechisch *máma* verbinden und als kindersprachliches Lallwort auf idg. **mãmā, *mammā* zurückführen, wozu auch mhd. *memme, mamme* >Mutterbrust, Mutter< (>>**Memme**) sowie **Muhme** gehören..-

Ich sehe insgesamt *Mama* als eine Ableitung von der Formel *amma – MaMa* der eiszeitlichen (Unter-) Lautwurzel **M*, die zusammen mit der Laut-Parallele **N* wie *anna – NaNa* die eigentliche eiszeitliche Lautwurzel **☉* bildet, die auf der *Wurzelbasis* nicht zwischen **M* und **N* unterscheidet. All dies hat entsprechend der Ausgangsformen unter den anderen 5 eiszeitlichen Lautwurzeln die Erstbedeutung >Mutter<, sekundär >Kind<, >Vater< und >Brust, Milch, säugen, nähren< usw.

Dies belegt sich in weltweiter Verbreitung, so u.a. in *Mama* als Namens-Bestandteil für Göttinnen oder (weibliche) Ahnen der **Inka** wie *Mama Kilya = Quilla* (die >Mondgöttin< der Inkas), *Pacha Mama*; Ngarinyin-Aborigines *mamaa* („*mamaa* heißt >oberste von den Frauen, heilige Frau<"),[24] albanisch *mëmë* >Mutter, Gebärmutter; Quelle<, lat. *mamma* >Brust, Euter< (> **Mammographie**), Ainu (Ureinwohner Japans) *mamma* >Milch< usw.

Die unreduplizierte Form *Ma* >Mutter< findet sich in aind. *mā* >Mutter<. Eine wohl schon eiszeitliche Bildung dazu ist MaNa >**Mond, Monat**< mit der Reihung *Mond* – **Mensch** – **Minne** - **mein** – **mind**. *Ma* >Mutter< findet sich auch in der neolithischen Form *Ma Ga* >Mutter Erde< (→ *machen, Mädchen, Magie*) und dazu parallel MaTar (lat. *terra*), wovon unsere Wörter **Modder, Moder, Materie, Meter** und **Mutter** usw. stammen. Es ist auch in der mesolithischen Form MaLa wie → **Mal, Mahl, mahlen, malen, Milch** und etlichen weiteren Formbildungen enthalten. Sie ist auch in der gespiegelten Form *amma* in verschiedenen Kontexten verbreitet, s. lat. *ama-* >lieben<, dt. in → **Amme** wie in Flussnamen wie *Emme, Emmer, Ammer* usw. Auch die parallelen Formen *anna* – *NaNa* der anderen eiszeitlichen Teilwurzel *N findet sich in weiter Verbreitung, s. u. → **Ahn** (*DiAna*) und *nona* → **neun** - **Nonne**.

Als weitere Ableitungen von eiszeitlich *MaMa* erscheinen **Memme** als Parallele zu *Baby,* indisch *Mama* >Onkel mütterlicherseits<, **Muhme** „in mhd. Zeit ganz allgemein >weibliche Verwandte<" (Duden 7, *Muhme*) und Suaheli (afrik.) *mume* >Ehemann, Gatte< usw.

Mond M.3.1.1 > **Montag**

- mhd. *mān(e)*, ahd. *māno*, got. *mēna*, schwed. *mane;* griech. *mēnē* >Mond<, *mēn* >Monat; Mondsichel<, lat. *mensis* >Monat, Monatsfluss< (> **Mensis, Menstruation**); aind. *māḥ* >Mond<;

---

[24] Jeff Doring: Gwion Gwion, S. 8; Zitat S. 47. S. dazu weiter S. 328

air. *mī* >Monat<. Die gängige Etymologie bringt dies mit dem Hintergrund von ➔ [1]*Mal* in Verbindung, jedoch Duden 7 ebd. hierbei mit idg. *mĕ-* >wandern<, EWD ebd. mit idg. *mē-* >messen<, was Duden 7 ebd. nicht für zutreffend hält.-

Ich sehe hier eine bereits eiszeitliche Formbildung MaNa als eine *sprachspielerische Differenzierung* zu MaMa und NaNa für die >Mond-Mutter< als dem Ausgangsmotiv der eiszeitlichen Mythologie und Sprache HS. Es ist anzunehmen, dass die Form MaNa zwecks Unterscheidung zu dem Motiv der >Mond-Mutter< als Sachbezeichnung im Kontext von >Mond< entwickelt wurde, s. in der didaktischen MaNa – *Mond* ➔ **Mensch** – **Minne** – **mein** – engl. *mind* (> **mahnen, meinen**, ursprünglich für insgesamt >Geist, Liebe, Bewusstsein, Kultur<). Ich sehe hier auch eine Verbindung zu **mono-** (- **eins** – **Ahn**) und (lat. den) **Manen** (als den verstorbenen Ahnen). Zu weiteren Belegen der Mond-Symbolik in Form von *Ma-, MaNa, NaNa* s. ➔ S. 60 ff.).

Mond – Monat ist auch mit dem weiblichen Monats➔ **Zyklus** verbunden (s. auch ➔ **neun**). Von hierher erklärt sich auch im Besonderen die Verbindung zu dem Komplex >zählen, messen< wie in nahöstlich **mana* wie sumerisch *mana*, ägyptisch *manô*, babylonisch *manû*, hebräisch *manäh* >**Mine**< als eine Gewichtseinheit, s. dazu auch ➔ *mahnen* und (wohl von eiszeitlich *Ma-* mesolithisch >) [1]**Mal** und **Maß**.

Moneten   M.3.3.3   monetarisch

- von lat. *monēta* >Münzstätte, Münze<. Dies erklärt sich aus lat. *Monēta* als dem Kultnamen der röm. Göttin *Juno*, in deren Tempel sich die röm. Münzstätte befand.-

Es spricht einiges dafür, dass sich die Verbindung von *Monēta* und *Juno* von der alten *Mond*-Symbolik her erklärt. S. dazu auch die Ausführungen unter **jung**. Dies ist auch mit **Minne, mind - mahnen** verbunden, wie *Monēta* auch mit einer röm.-griech. *Mnemosyne* verbunden ist. Diese ist (nach Wikipedia ebd.) die Tochter von *Uranos* und *Gaia* und gilt als >Göttin der Erinnerung<.

Von lat. *monēta* leiten sich auch **Münze** und davon **münzen** sowie engl. *money* >Geld< ab.

98

mahnen   M.3.3.3

- mhd. *manen*, ahd. *manōn*, ndl. *manen*, aengl. *manian*. Dies geht nach der gängigen Etymologie wie z.B. griech. *maínesthai* >aufgeregt sein, rasen, toben<, *manía* >Raserei, Wahnsinn< (→ *Manie*) auf idg. *men[ə]-* >überlegen, denken, vorhaben, erregt sein, sich begeistern< zurück.-

Mahnen dürfte in Entsprechung zu lat. *anima* (→ **animieren**) von der eiszeitlichen Mond – Mutter-Symbolik *MaNa wie engl. *mind* und → **Minne** für >Geist, Liebe, Bewusstsein< ausgehen. Dazu findet sich die Parallele *memo-* (- MaMa) – lat. *memoria* >Gedächtnis; Erinnerung; Kunde< > **memorieren.**

Im Speziellen steht dies auch mit dem weiblichen Mond-Monats-Zyklus in Verbindung. In der eiszeitlichen Jugend-Initiation wurde den Jugendlichen (männlich + weiblich) vermittelt, dass Geschlechtsverkehr Folgen haben kann. Dies hat eiszeitlich nichts mit einem Fruchtbarkeits-Kult zu tun. In der eiszeitlichen Kultur ging es um einen achtsamen Umgang miteinander, der von Verantwortung in Bezug auf die Folgen geprägt war (von dort her die Drachen-Symbolik von [frz. *cher*] >lieb – teuer< - *Herz – to care*). Im Gegensatz zu später waren in der eiszeitlichen Kultur ständige Schwangerschaften weder für die Frauen noch für das Sozialleben wünschenswert, da der Lebensstil kleine Verbände voraussetzte.

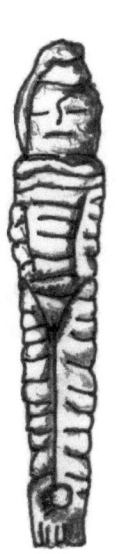

„Zeichnung, die die beiden Seiten einer weiblichen Figur aus Elfenbein zeigt (Mal'ta, Sibirien), mit einem Durchbruch für einen Anhänger und 27 Kerben, vor etwa 30.000 Jahren entstanden. Die ersten 5 Stufen sind auf dem Kopf, im Genitalbereich finden sich die Kerben 14 bis 17. Man nimmt an, dass die Statuette, als Anhänger eines Mädchens, an den Monatszyklus erinnern sollte."

E. Anati: Höhlenmalerei, S. 33

Minne   O.1.1, M.3.3.3, M.3.3.4   Minnesang

- mhd. *minne,* ahd. *minna,* ndl. *min*; ahd. *minnōn* >lieben, vereh-ren<. Nach der gängigen Etymologie war *Minne* das ursprüng-lich übliche Wort für >Liebe<. Dies ist eng verwandt mit der Sippe von schwed. *minne* >Erinnerung, Andenken, Gedächt-nis<. Dies geht mit z.B. engl. *mind* >Sinn, Gedenken<, aengl. *gemynd* >Erinnerung, Verlangen, Liebe<, anord. *munr* >Geist, Leben, Wille, Wonne, Freude< wie auch → **mahnen** auf idg. **men(ə)-* >denken, geistig erregt sein< zurück. Da *Minne* in der Zeit des *Minnesangs* stark mit Eros und Sexualität assoziiert worden war, wird *Minne* nach EWD ebd. von daher im 16. Jh. nun „als derbes, anstößiges Wort empfunden und weitgehend durch [*das Wort*!] *Liebe* ersetzt.“-

Minne dürfte schon seit der Eiszeit mit der Reihung **MaNa – Mond – Mensch – Minne –* (engl.) *mind* mit der *Mond-Mutter-*Symbolik in Verbindung stehen (→ *Monat, neun*). *Minne* ist in diesem Sinn eine Parallele zu lat. *ama-* >lieben<. Entsprechun-gen zu *Minne* finden sich z.B. mit Maori *muna* >Licbc<, Quechua (Inka) *munay* >Liebe<, in dem im Neolithikum aufge-kommenen Sinn bei dem altägyptischen Fruchtbarkeits-Gott **Min** und dt. **Muni** >Zuchtstier<.

Ableitungen von *N wie *anna – NaNa*

S. hierzu auch die bereits aufgeführten Beispiele → S. 57, 60 f.

Ahn   N.1.2; N.3.2

- mhd. *an(e),* ahd. *ano* >Vorfahre, Großvater<, fem. **Ahne** mhd. *ane,* ahd. **ana**, griech. *annís* >Großmutter<, lat. *anus* >altes Weib<. Die gängige Etymologie sieht hier „ein Lallwort aus der Kindersprache“.-

Es dürfte sich um ein Lallwort aus der Kindersprache handeln, jedoch schon eiszeitlich: als Ableitung von der Lautwurzel *⊙ (*M/N) bzw. *N wie *anna – NaNa* in Parallele zu *M wie *amma*

– *MaMa* in der Erstbedeutung >Mutter<, dann auch >Vater<, für die mythologische >(Ur-) Mutter<, die >Großmutter< und letztlich auch für >Mensch, Menschheit, Volk< sowie *animus – Geist* - **ahnen**.

Dies findet sich z.B. in proto-altanatolisch (wie z.B. Hethitisch) **anna*, türkisch *anne* >Mutter<, lat. *anus* >Großmutter<, im mythologischen Kontext in sumerisch *An* = akkadisch (semitisch) *Anu* >Himmel, Gott< und mit kennzeichnenden Zusätzen wie *De/Ti* (wie *de* >von< = *Ur*) in der >Mond-Göttin< **Diana**, vermutlich in beiden Elementen redupliziert für die mexikanische Mond-Göttin *Teteoinnan,* chin. *tian* >Himmel< oder mit der Parallele *Ur* wie ahd. *urano* >Ur-Ahn< z.B. griech. *uranos* >Himmel; (personifiziert) Uranos< (> **Uran**).

Entsprechend der Reihung *Mond – Mensch – Minne – mind* läuft dies eiszeitlich auf die Bedeutungen >Mensch< hinaus, so *ainu* >Mensch< der japanischen *Ainu* und *innu* >Mensch, Person< der *Innu* (Montagnais; indianische Kultur im Osten Kanadas), mit *Ur-* in *Orang* malaiisch >Mensch< (bekannt in *Orang Utan* >Waldmensch<), was sich insgesamt auch in etlichen Namen alter Kulturen findet, z.B. *Ona* (ganz im Süden Süd-Amerikas), *Inuit* >Eskimo<, *Ainu* (Japan), *Una* (Papua-Neuguinea) usw.
Daraus werden ursprünglich auch die Personalpronomen gebildet: so hier geradezu idealtypisch Gondi (dravidisch, Indien) mit *āna, nānna* >ich<, weiter *náá* Hausa West (afrikan. tschadisch) >ich<, **ŋa* >ich< als proto-sinotibetische Wurzel, *ana* sumerisch >er< (alte Form), *an* etruskisch >er, sie<, dt. in **uns, ihn, ihnen**, engl. *one* >ein/s, man<, *jun* Quiche-Maya = lat. *unus* = >**eins**< usw.
Der andere Sinn von **an* läuft ursprachlich entsprechend lat. *anima, animus* auf >Geist, Seele, Bewusstsein< (→ **animieren**), vgl. hierzu auch dt. **in, innen** sowie **ahnen** und **ahnden**.

animieren, animalisch   N.3.2
- von lat. *anima* >Lufthauch, Wind, Luft (als Element), Atem, Seele, Leben, Herz, Geist<.

Ich sehe den Ursprung in der eiszeitlichen Ausgangsform *anna – NaNa* in der Erstbedeutung >Mutter< (→ **Ahn**). Entsprechend der kindlichen Sprach- und Bewusstseins-Entwicklung entwickelt die eiszeitliche Symbolik über das Motiv der >Mond–Mutter< in Geschichten eine Ganzheits-Symbolik für >Welt=*All^{es}*; Leben, Geist, Liebe, Bewusstsein<, wie es sich bei uns in der Reihung *MaNa – Mond – Mensch – Minne – mind* (→ **mahnen**) belegt.

Der Begriff *animalisch* geht eigentlich von der Bedeutung >atmendes Wesen< aus, was auch den Menschen umfasst. Eiszeitlich ist das mit der Symbolik → *atmen – Luft/Himmel – Geist/Bewusstsein* verbunden. Sich als „Mensch" mit seinen Sozialkontexten für etwas >Besseres< zu halten, hat in der mesolithischen Konzeption des *Stamms* seinen Ursprung, da diese exklusiv auf seine Stammesangehörigen bezogen und dabei mit bestimmten Ritualen und Status-Formen verbunden ist. Der Gegensatz von >Geist< und >Körper<, der sich in vielen Mythologien als *Spaltung* von >Himmel< und >Erde< findet, ist der kupferzeitlichen patriarchalen Revolution als Reaktion auf die in Totalitarismus *umgeschlagene* vereinnahmende neolithische „Ganzheits-Symbolik" der Priester/innen-Herrschaft zuzurechnen (→ *Eule, rot*).

Nonne N.2.0.2, N.2.2

- mhd. *nunne, nonne,* ahd. *nunna,* engl. *nun,* schwed. *nunna.* Dies stammt nach der gängigen Etymologie von kirchenlat. *nonna* >Nonne<, spätlat. >Amme, Kinderwärterin< und insgesamt einem alten Lallwort aus der Kindersprache. Bei EWD ebd. findet sich hierzu ital. *nonna* >Großmutter<, *nonno* >Großvater<, aind. *nanā* >Mütterchen<, griech. *nánnos* >Onkel<, *nánna* >Tante<, *nínnē* >Groß-, Schwiegermutter<, russ. *njánja* >Kindermädchen, Wärterin<. Beachte auch engl. *nanny* >Kinderfrau, Kindermädchen<.-

Ich sehe hier den Ursprung in der eiszeitlichen Lautwurzel *☉ als *M wie *amma – MaMa* und als *N wie *anna – NaNa* in der Erstbedeutung >Mutter<, dann auch für das >Kind<, für >Vater<, andere Nähepersonen (Amme, „Onkel, Tante") und in der Verbindung mit der *Mond-Mutter*-Symbolik usw. (→ S. 36 ff.). Hier finden sich in den eiszeitlichen Höhlen bezeichnende Zahlzeichen >9< für >9 Monde< für >schwanger, Mutterschaft< s. → **neun** sowie **neu**.

Dies belegt sich auch außerhalb des Idg. etwa mit batsisch (Ost-Kaukasus-Sprache) *nanas* >Mutter<, Krobo (SO-Ghana, Afrika) *nana* >Großmutter<, Suaheli (afrik.) *nyanya* >Großmutter<; als *Nanna* der sumerische Mondgott; *Nana*- Akan-Kultur (Ghana) der >große Ahn<, *Nana* die Mutter des anatolischen Gottes *Attis*, *Ninni* sumerisch auch für die Göttin *Inanna*, *Nene* die erste Frau der Azteken usw.

Zu dieser Form finden sich weiterhin nganasanisch (Sibirien) *nena*- >liebkosen<, **nny* (~ *nany*) ägyptische Wurzel für >Kind<, hebräisch *nin* >Nachkommen; sprossen<, spanisch *nene* >Baby<, *niño* >Kind<, lat. *nānus* >Zwerg< (> **Nano**-Technologie) usw.

un- (= ne-)   N.0.3; N.1.1
- mhd., ahd. *un*, got. *un*, engl. *un*, schwed. *o*. Dies geht nach der gängigen Etymologie auf die Wortnegation idg. **n̥*- zurück und findet sich auch in **ne* > **nein**, **nicht**. Als eigenständiges Wort findet sich dies bei uns als **ohne**.-

Ich sehe hier eine Ableitung von der eiszeitlichen Lautwurzel **N* wie *anna* – *NaNa* in der Erstbedeutung >Mutter<, was in diesem Fall über die Mond-Mutter-Symbolik mit dem *Mond* in dem Tages- und (auch weiblichen) Monats-Zyklus verbunden ist. Von daher steht dies sowohl für >Ursprung< (→ **neu** – Neumond) als auch für >> *Ende* – **Nacht** – *ne* – **nicht** – **null** – (lat.) **Nekro**- >Tod<. So finden sich entsprechend **an** – **nah**, **uns** – lat. *nos* sowohl *un*- als auch *ne*- *nein* – *nicht* – *null*, doch auch umgekehrt wie 24 = 0 Uhr auch *ne*- → *neu*.

Eine Parallele dazu besteht unter der eiszeitlichen Lautwurzel **א* wie → *Au, Io, Aue* = engl. *ewe*, chin. *Yuè* >Mond< mit griech. *a*- (wie in *ahistorisch, Anomalie* usw.). Dass es sich hierbei nicht nur um die verkürzte Form von *an*- = dt. *un*- handelt, belegt sich u.a. in assyrisch *â, aja, ja, ê* >nicht<, hebräisch *i, ij* *אי* >nicht< sowie in der Parallele *un*- = -*ne* – **neu** in griech. *nai* >ja<, *nē* (νή) >fürwahr, wahrhaftig< = ^j**a** = engl. *aye-aye*.

Nacht   N.2.1.3

- ahd. *naht,* got. *nahts,* engl. *night,* aind. *nák* >Nacht<, lat. *nox, noctis* >Nacht<. Die gängige Etymologie sieht hier einen Ursprung in idg. *nokt-* >Nacht<.

Dazu meint EWD ebd.: „*Die weitgehende Übereinstimmung der ie. Sprachen in den Ausdrücken für* >Nacht< *(anders als bei* >Tag<, s. Tag) *wird auf die Verwendung der Bezeichnung als Zeiteinheit zurückgeführt. Man zählte in alter Zeit nach Nächten, weil nur in der Nacht die der Bemessung von Monat und Jahr zugrunde gelegte Beobachtung des Mondes möglich ist.*" Duden 7 ebd. verweist darauf, dass *Nacht* früher auch den gesamten Tag (mit 24 Std.) bezeichnete.-

Wie → *Ahn/ana,* → *neu, neun, ne - nicht* usw. zeigen, stehen *anna – NaNa* in Parallele zu *amma – MaMa* ursprachlich HS mit >Mutter< und >Mond< in Verbindung (vgl. *DiAna,* was wie *DeMeter* und *TiAmat* als >Ur-Mutter< zu decodieren sein dürfte). Dies belegt sich u.a. in **ni-* als „indogermanischer" Ausgangsform von **nieder,** vgl. dän. *næ* für >nein< und für >abnchmender Mond< oder in Bedscha (Afrika) *nai* >Bettzeit<.

Dies steht auch in den verschiedensten Hinsichten mit → *Zeit, Mal/Mahl* und → *Zyklus* in Verbindung. Auf jeden Fall wurde der >Mond< - im Zusammenspiel mit der Sonne und den Sternen – zum zentralen Anhalt der Zeitorientierung, für die Stunden (Schattenlänge), Tage, Monate und das Jahr. Das Wort **Woche** erklärt sich ursprünglich entsprechend engl. *fortnight* aus dem als **Weg/Wechsel** zwischen dem *Voll-* und dem *Neu= Mond.* Dies schuf in Verbindung mit den monatlichen >Sternbildern< einen universalen Kalender, was schon eiszeitlich für die überregionale Orientierung und Organisation von entscheidender Bedeutung war.

Die Bildung *Nacht* dürfte sich wie **nach** aus eiszeitlich *NN in der Reihung *ne/neu/na - nah – nach* erklären. Dies stand ursprünglich im Sinne von 0 – 24 Uhr **nicht** Tag gegenüber. Im Osten hat sich *NN im Proto-Sinotibetischen als **nij* = japanisch *ni* >Tag< erhalten, doch wurde dies dann *historisch* wie bei uns mit >Sonne< verbunden.

Der uns bekannte Gegensatz *Tag – Nacht* dürfte erst im Kontext der kupferzeitlichen patriarchalen Revolution aufgekommen sein und Verbreitung gefunden haben. Aufgrund entsprechender sozialer Fehlentwicklungen verlor sich die Assoziation *nah – Nacht* hin zum *Negativen* = **nichts – vernichten**, vgl. lat. *niger* >schwarz, dunkel; verdunkelnd; unheilvoll<, lat. *nox* >Nacht; Schlaf; Dunkelheit, Finsternis; ewige Nacht, Tod<, s. gar lat. *necō* >**töten**<. Die entsprechende frühere *Nacht*- → **Eulen**-Symbolik verkehrte sich – etwa außer in Athen - von der ursprünglichen Schutz-Symbolik zu einer orwellschen Überwachungs- und tödlichen *Straf*-Symbolik. Die neue patriarchale Sonnen-Herrschafts-Gott-Symbolik *Rא (Ra) → *rot* und → (Sonnen-)*Rad*, die in der Kupferzeit aufkam, trat dem nun als neue >Lichtgestalt< für **recht, richtig, gerecht, Recht** gegenüber. Doch begründete dessen militanter Kampf noch gesteigerte Gewaltverhältnisse.-

Das urtümliche *næ* im Kontext von dän. >(abnehmender) Mond< wie auch *neu* sind umgekehrt ein Anhalt, dass *Nacht* (für >Tag< als 0 – 24 Uhr) nicht speziell indogermanisch war, sondern als *Nא bereits eiszeitlich. Die Form NaGa als Basis von *nicht, Nacht, nekro*- könnte mesolithisch der *Schlangen*-Symbolik (indisch *naga* – engl. *snake*) für >Ende< und >Anfang< [des Tages usw.] entspringen.

[1]ein(s)   N.0.3; N.3.2   **Einheit, Verein, *in* allein**

- mhd. ahd. *ein,* got. *ains,* aengl. *ān,* schwed. *en,* lat. *unus.* Dies geht nach der gängigen Etymologie auf idg. **oi-no-s* >eins< zurück, die sich von dem Pronominalstamm **e-,* **i-* wie in **er** ableiten würde.-
Ich sehe hier eine Ableitung von der eiszeitlichen Wurzel *N wie *anna – NaNa* in der Erstbedeutung >Mutter<. Entsprechend ist die Reihung *eh – eher – erst(er)* eine gleichbedeutende Parallele unter der Lautwurzel *א wie *Au* wie *Ur (Aurora).* Weitere Parallelen finden sich etwa mit engl. *first* >erst/er< (vgl. **Fürst** – *Fro* >Herr< [> **Frau**] und analog dem engl. Adelstitel *Earl* - - *early* = **früh**), evtl. dän *et* >eins< wie in *ettal* >Eins(zahl)< zu dän. *æt* >Geschlecht, Familie, Sippe< → **Adel.** Dies erklärt sich daraus, dass >Mutter< (und >Vater<) schon in der eiszeitlichen Symbolik HS für >Ursprung, → **Beginn**< stand.

Dies wurde im Mesolithikum auf seine Stamm- und dann auch seine Clan-Ahnen übertragen. Das alles spricht dafür, dass *ein – eins – unus* sich von der Ausgangsform von **Ahn** ableitet, s. *Di-Ana* als Mond-Symbolik und viele entsprechende Stämme-Namen Alter Kulturen in der ganzen Welt wie *Ainu* (Japan), *Innu* (Kanada), *Ona* usw.), s. dazu unter → *Ahn*.

Sowohl aus **ein-** als auch aus (dän.) *et* = griech. *to* = ndl. *de,* engl. *the,* dt. **der – die - das** entstanden auch unsere Artikel, was nach der üblichen Abkunft der grammatischen Formen für eine Verbindung zu *anna – NaNa* spricht.

neun N.2.0.2, O.1.2

- mhd., ahd. *niun,* got. *niun,* engl. *nine,* schwed. *nio.* Dies beruht nach der gängigen Etymologie mit z.B. aind. *náva* >neun<, lat. *novem* >neun< (> **November**) und griech. *ennéa* >neun< auf idg. **(e)neuen-* >neun<.-

Diese angebliche „lautgesetztliche" Sicht übersieht hier wieder einmal die durchaus divergenten indogermanischen Lautbildungen wie hier insbesondere die Ausprägungen in der Art von *nava,* die immerhin nicht nur auf → **neu** (*Novum*) hinauslaufen, sondern auch auf → **Nabel, Neffe** usw.

In den paläolithischen Höhlen finden sich in bezeichnenden Zusammenhängen Zahlzeichen mit >neun< (Striche oder Zweige). Rechts wohl am Kopf die Zeichen ≡ **III** ≡ *(= 3 x 3 = >neun<). Vgl. dazu die Abbildung aus der Höhle im Ural S. 52.*

Dabei liegt gerade hier ein regelrechter Schlüssel in Bezug auf die eiszeitliche Symbolik und Sprache und ihre Tradierung, finden sich in den Höhlen 9er Zeichen in bezeichnenden Kontexten (s.o. Abb.).

So entspricht der Name des babylonischen Mond-Gottes *Nanna* unserem Zahlwort lat. *nona* = *neun,* u.a. für >9 Monde< als der Zeit der Schwangerschaft. Wir haben es hier also mit der eiszeitlichen Wurzel *anna* – *NaNa* für >Mond< und >Mutter< zu tun, die sich sowohl in Form von *anna* → *Ahn* (vgl. + *Di-* bei der >Mondgöttin< *DiAna* oder mit gleichbedeutend *Ur-* als *UrA^h n^{os}* >Himmel<) als auch in Form von *NaNa* belegt.

Neben dem babylonischen Mond-Gott *Nanna* findet sich u.a. in der afrikanischen Akan-Kultur (Ghana) *Nana-* als der >große Ahn< und *Nene* als die erste Frau der Azteken. Dies bedeutet, dass lat. *nona* >neun< als quasi originäre Überlieferung der eiszeitlichen Ausgangsform *NaNa* zu sehen ist, nur dass es sich ursprünglich dabei nicht nur um ein Zahlwort handelte, sondern um einen Verweis auf den Symbol-Kontext *Mond – Mutter,* der u.a. auch *Menstruation,* >schwanger< und >Kind, Nachwuchs< umfasste. Vgl. dazu → **neu**.

neu   O.1.2, N.2.1(.1)   **erneuern, Neuheit**
- mhd. *niuwe,* ahd. *niuwi,* got. *niujis,* engl. *new,* schwed. *ny*; griech. *néos* >neu<, lat. *novus* >neu< (> **Novum, Novelle, Novize**), *novare* >erneuern< (> **renovieren**) und russ. *novyj* >neu<. Die gängige Etymologie sieht hier eine indogermanische Ausgangsform **neu̯(i)o-s, *neu̯os* >neu<.-

Ich führe die Lautform und die Semantik auf die wohl schon humanevolutionär entwickelten Mond-Mutter-Symbolik zurück. Als Ausgangsform sehe ich die unreduplizierte Form von *NaNa* = **N‍א* wie **neu, nah, Nu, nie** - *ne* > **nein**, **Nacht** usw.

Von hierher steht *neu* nicht nur für den *Neumond* und nicht nur als 24 = 0 Uhr für den neuen *Tag* (japanisch *ni* >Tag, Sonne<), sondern auch für >Nachwuchs, Säugling<, so in direkterer Form in nganasanisch (Sibirien) *nua-* >Gebärende<, *ńüo* >Kind<, vermittelt in Bedscha (Afrika) *naiy* >Milch<, japanisch *nyü* >Brust, Muttermilch<, Quechua (Inka) [redupliziert] *ñu-ñu* (*n'yoo-*

n'yoo) >Milch<, weiter in → **Nabel, Nymphe, Neffe** sowie entsprechend *Nano-,* spanisch *nene* >Baby< in den Formen von → **neun**. Tatsächlich liegen hier die Bezüge so eng, dass frz. *neuf* sowohl >neu< als auch >neun< bedeutet.

Nabe, Nabel N.2.2.1

- ahd. *naba,* engl. *nave,* aind. *nabhi-* >Nabel, Nabe<. Nach Duden 7 ebd. bezeichnete idg. **(e)nebh-* >Nabel, Nabe< „ursprünglich die rundliche Vertiefung in der Mitte des Bauches und wurde, als die Indogermanen den Wagenbau kennen lernten, auf das Mittelteil des Rades übertragen." -

Tatsächlich findet sich hier in der alten Symbolik und ethnologisch oft eine sogar überaus übertrieben dargestellte **Erhöhung**. Auch griech. *omphalós* >Nabel< steht für die >nabelförmige Erhöhung, Schildbuckel in der Mitte des Schildes< (Menge). Das sicher verwandte engl. *nub* bedeutet u.a. >Knopf, **Auswuchs**<, vgl. auch **Nippel, Knuppel, Knospe** usw.

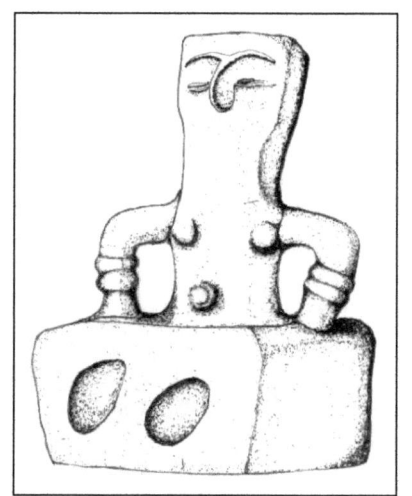

Der Nabel als *Knubbel*

Makedonien um 5500 v. Chr. [25]

Die Darstellung des Nabels könnte jedoch durchaus einen assoziativen Bezug zur männlichen Beschneidung enthalten („abnabeln").

---

[25] Nachzeichnung nach: Marija Gimbutas: Die Zivilisation der Göttin, S. 257

Naba – Nabe, Nabel dürfte sich recht dicht von der eiszeitlichen Lautwurzel *⊙ - *N wie *anna – NaNa* in der Erstbedeutung >Mutter< - >Kind< und dann auch für >Mond, Ur-Mutter< ableiten, was auch mit dem weiblichen Mond/Monats-Zyklus in Verbindung steht. So entspricht der Name des babylonischen Mond-Gottes *Nanna* unserem Zahlwort lat. *nona* = *neun*, u.a. für >9 Monde< als der Zeit der Schwangerschaft. Entsprechende Zahlzeichen findet sich in bezeichnenden Kontexten schon in den eiszeitlichen Höhlen, s. → **neun** (vgl. spanisch *nene* >Baby<, **nano-** usw.).

Der Ausgang von *naba – Nabe, Nabel* erklärt sich aus der unreduplizierten Form von NaNa, wie es sich z.B. mit → *nah, ne* → *nein* (→ *Nacht*) und → *neu* findet. Dies ist einerseits mit >neu, Geburt, Nabel(schnur)< und andererseits mit den (Mond) → *Zyklen* von Tag wie 24 = 0 Uhr (*Nacht*), Monat – *Neu*mond, *Jahr* → *Jul* verbunden und läuft eiszeitlich letztlich auf die Symbolik für die Jugend-Initiation mit >Tod< (im „Drachen-Schlund") und >Neugeburt< (zum nun „eigentlichen" = *kulturell* begründeten *Menschen* etwa in der *Weltberg*→ **Uterus**-Höhle) hinaus. Der Kontext von Schwanger- und Mutterschaft, Geburt und Kind belegt sich hier z.B. mit (nganasanisch (Sibirien) *nua*->Gebärende< und lat. *nūbō* >heiraten< (>> **Nymphe; Neffe** ursprünglich >Kind, Nachwuchs< usw.).

Ausgehend von *NaNa* entsteht in der eiszeitlichen Sprachtechnik eine lautlich differenzierte Reihung *Na* – *nah* über ^{ge}*nau*/*now* - *nava* - *Nabe/l*, vgl. dazu einerseits lat. *nona* = *novem* 9 (> **November**), frz. *neuf* >neu< und >neun< und andererseits protojapanisch **na*: >Wasser<, griech. *naō* >fließen, schwimmen<, *Nāva* lat. für die >Nahe< (Fluss), **Naue** = griech. *naũç* >Schiff< = lat. *nāvis* >Schiff< (> **navigieren**), *nibì* Algonkin (N-Amerika) >Wasser<, hebräisch *nawa'* >sprudeln<, **Nebel, Nippel, nippen** usw. Es geht hier also insgesamt um >Ursprung, Quelle, Mutter, Geburt, das Geborene, das Abnabeln< und um das → *Nähren* (japanisch *nyü* >Brust, Muttermilch< usw.).

Das >Abnabeln< ist wiederum auch ein Motiv der ursprünglichen Jugend-Initiation. *„Bei den Riten der Initiation nabeln sie* *sich von der göttlichen Urmutter ab.* " [26] Im Ursprünglichen geht es dabei um die Emanzipation vom Es und Über-Ich zum Ich der menschlich erwachsenen Selbständigkeit (nicht zu verwechseln mit Ego).

Auf dieser Symbolik und Praxis der Jugend-Initiation baut die neue historische Entwicklung in einer fundamentalen Umformung ab dem Ende der Eiszeit auf. Die Weltenbaum-Symbolik als die → *Achse* der Welt, um die sich die Erde → *dreht*, wird nun als >Nabel der Welt< zu den kultischen Zentren seiner neuartigen Sozialorganisation.

Dies kann etwa durch einen entsprechenden Stamm=Pfahl markiert werden. Doch zunächst werden hier nun die >Nabel-Berge< als die besonderen Zentren der Sozialorganisation von Bedeutung. In Israel findet sich dies wortwörtlich in dem *Har Tabor* (hebräisch >Berg< + *tabbur* >Nabel<). Es ist anzunehmen, dass >Nabel-Berg< auch der ursprüngliche Sinn von heute *türkisch* **Göbekli Tepe** ist (*göbek* >Nabel, Bauch<; *tepe* >Berg, Hügel<). Auf dem Göbekli Tepe findet sich eine gut 11.500 Jahre alte Megalith-Anlage, die „die architektonische Wucht des südenglischen Stonehenge um mehr als sechs Jahrtausende vorwegnimmt." [27] (S. → S. 165).

Meiner Einschätzung nach – die sich u.a. auf die Zusammenhänge zwischen den verschiedenen Sprachfamilien stützt (s. mein Buch zu >Mebuntu<) -, handelte es sich bei Göbekli Tepe um eine Art UNO, wo sich Vertreter der verschiedensten Regionen (= der späteren Sprachfamilien) zwecks Bewältigung der durch die Naturumbrüche entstandenen Wirren trafen. Dort könnte auch (als >Abnabelung<) der Brauch der männlichen Beschneidung entstanden sein, der sich im Weiteren wohl nicht bloß über Afrika und bis nach Australien verbreitete (dort hat sich dies lediglich historisch erhalten). Es fand sich auf dem Göbekli Tepe eine Plastik, die m.E. eine solche Beschneidung darstellt und dafür dann der historisch älteste Beleg wäre.

---

[26] Helma Marx: Das Buch der Mythen, S. 554
[27] Klaus Schmidt, in: Badisches Landesmuseum Karlsruhe, Die ältesten Monumente der Menschheit, S. 74 f.

Interessant ist weiterhin, dass sich wohl räumlich wie kultisch von dort her auch Wortformen in der Art von *Naba finden, z.B.:

Nebo, Nevo נבו   hebräisch >Berg<, als >**Gott**< in babylonisch *Nabû* (in dem Namen von König **Nebukadnezar**), [א] auch für einen Berg, von dem Mose aus das >Gelobte Land< gesehen habe

naba   נבא   hebräisch >prophezeien<, assyr. *nabû* >verkünden<

niebo   polnisch >Himmel< [ﬨ]

nb.t (nebe.t)   ägyptisch fem. >Herrin<, Göttin griech. *Nepthys*

napi   elamisch >Gott<

Nuba   Himmelsgott der afrik. Nuba-Stämme (Sudan) [28]

nebu   altägyptisch >Gold<, in *her nebu* >Goldhorn< als Königstitel [29]

Nabatäer   (Nabatu): antikes Reich im heutigen Jordanien bis Nordarabien

Zu all dem finden sich sprachlich und in kultischen Praktiken viele weitere Anhalte und potentielle Zusammenhänge. Hier nur zum Abschluss die griechische Kultstätte *Delphi* mit ihrem >Nabelstein< *omphalós* >Nabel; nabelförmige **Erhöhung**, Schildbuckel in der Mitte des Schildes, Knopf, Schlussstein in einem Gewölbe; Mittelpunkt, Mitte; ~ *der Erde*: Delphi: in dessen Apollo-Tempel der so genannte **Nabelstein** lag<. Das mit *Delphi* verbundene *delphýs* bedeutet >Gebärmutter<. Vgl. hierzu die Malerei auf einer griechischen Vase (→ S. 73):

---

[28] Helma Marx: Das Buch der Mythen, S. 435
[29] H.L. Jansen: Ägyptische Religion, in: Asmussen & Læssøe, Handbuch der Religionsgeschichte I, S. 392

all, alle, alles   L.0.2; L.1.3; L.3.1   **All**

- ahd. *al*, got. *alls*, engl. *all*, schwed. *all*; air. *oll* >groß, umfassend<, got. in *alamans* >Menschheit<. Nach der gängigen Etymologie entstand das zugrunde liegende germ. *alla*- aus idg. *al-no* >ausgewachsen, vollständig, gesamt<, einer alten Partizipialbildung zu der unter **alt** dargestellten idg. Wurzel *al->wachsen<.-

Ich sehe hier den Ursprung in der eiszeitlichen Lautwurzel *Λ wie *alla – LaLa* mit der Ausgangsbedeutung >Mutter<, dann auch >Vater, *Olle – Eltern - -* Ahnen<, vgl. >alt< = chin. *lao*. In mythologischer Hinsicht findet sich hier → **Eule – Jul** usw., nahöstlich *el* >Gott<, *Alalu, Allah, *Il-Il* > sumerisch *Enlil* sowie ♀ *Lilith*, assyrisch ♂ *Lilû*. Dieses *all – alles* entspricht auch ndl. *heel* >ganz, **heil**<, griech. *holos*. In der eiszeitlichen Sprach-Symbolik lief dies auf eine Ganzheits-Symbolik für >Leben, Weltalles, Geist/Bewusstsein< hinaus.

Dass dies von eiszeitlich *alla* >Mutter, Eltern< ausgeht, belegt sich von der Symbolik her in zahlreichen Flussnamen (*Olle* bei Bremen, *Alle* in den Masuren, *Ahle* bei Uslar, *Ellebach* bei Jülich, *Aller, Eller, Iller; Ili* im Osten Kasachstans, *Ulla* in Norwegen + in Weißrussland usw.). Dem Inhalt nach entspräche dies etwa auch *alt* > *al-* als *nähren* (Fluss *Nera* usw.). Eine frühgeschichtliche Ableitung dazu ist die mit *ba* (*Φ) zusammengesetzte Form *Elbe*, vgl. → **Alb - Elfe**; → **Alpha**, → **Alpe**/n.

Jul (Weihnacht)   A.1.3; L.1.3/.1

- altnordisch *jōl* für das alte Mittwinterfest, aisl. *jōl*, aengl. *geohol, gēol*; mit der Christianisierung zu Weihnachten umgedeutet, von daher schwed. dän. *jul* >Weihnachten, Weihnachtsfest<. Die weitere Herkunft ist nach der gängigen Etymologie dunkel und ungeklärt. -

Interessant fand ich in diesem Zusammenhang, dass in Sibirien bei den Stämmen, bei denen die *dzuli* genannten Idole weiblich sind, diese die mystische Ahnmutter darstellen, aus der der

Stamm hervorgegangen sei. [30] Denn genau dieser Inhalt dürfte sich mit *jul* verknüpfen. (Zu der Abb. → S. 79).

Den Ausgang dieser Form sehe ich in der eiszeitlichen Lautwurzel *Λ mit *alla – LaLa* in der Erstbedeutung >Mutter<, dann auch für die mythologische >Ur-Mutter< und auch für >Welt/All/es – alle (Lebewesen, Menschen)< (vgl. auch *Hēl* >ganz → *heil*<). Vgl. gleichbedeutend → **pan** (4.1).

In diesem inhaltlichen und lautlichen Kontext finden sich etwa bei den Inuit (Eskimo) *Ulu* für „die wilde Gefährtin des Mondes" und auf Papua-Neuguinea die *Uli* für die (als >Stammbäume< geschnitzten) doppelgeschlechtlichen „Ahnengeister" als der dortigen „Grundlage aller Ordnung und des Zusammenlebens".[31] Das berühmteste Beispiel für die reduplizierte Form dürfte *Lilith* sein (s. unter → *Eule*).

Es spricht einiges dafür, dass *Jul* ursprünglich mit unserem Wort **Eule** als einer Verkörperung der schon eiszeitlichen *Mond-Mutter*-Symbolik in Verbindung stand. So findet sich mhd. eine Form *iule* für >Eule<. Weitere Zusammenhänge ergeben sich in der Reihung etruskisch *hiul* >Eule< - bretonisch (keltisch) *heol* >Sonne< - altnordisch *hiol, jol* >Rad< als Sonnen-Symbol (mit dem Ackerbau scheint der Jahreszyklus in das zeitliche Zentrum gerückt zu sein).

Was sich demnach mit *Jul* und der Weih-Nacht ergibt, ist der bei uns im Norden bestimmende Jahres-Zyklus mit der schon eiszeitlichen (über die Jugend-Initiation entwickelte) Symbolik vom Ende und Neu-Anfang (nicht andersherum, auch wenn die *Geschichten* mit dem >Ursprung< beginnen). Die Weih-Nacht ist ursprünglich die Winter-Sonnen-Wende mit dem Sonnen-Tiefststand. Diese *Symbolik* belegt sich auch in der Ausrichtung der Anlage von Stonehenge und insbesondere in dem irischen Megalith-Bau *Newgrange*. In Newgrange ist ein spezieller

---

[30] Mircea Eliade: Geschichte der religiösen Ideen I, S. 30
[31] Mit Abbildungen in: Ingrid Heermann: Linden-Museum Stuttgart, S. 61

Lichtschacht eingelassen, der das Innere ausschließlich bei dem Sonnenaufgang zur Wintersonnenwende erstrahlen lässt. [32]
Diese Symbolik hat auch folgenden Hintergrund. *Jul* oder *Jol* war das einzige Fest,

> „das gemeingermanisch zu sein scheint [...]. Diese toten Vorväter [*Vorfahren*!] mit Essen zu versorgen, wenn sie in der Julnacht das Haus heimsuchen, ist eines der wichtigsten Momente in der Vorstellungswelt des Julfestes." [33]

Diese Zusammenhänge deuten an, dass eine engere Verbindung von *Jul* zu der germanischen *Hēl* = unserer *Frau Holle* bestanden haben dürfte, auch wenn sich hierbei jeweils etwas unterschiedliche historische Einflüsse zeigen. Diese mit Essen versorgten Verstorbenen = *Ahnen-Geister* finden sich etwa auch unter der Bezeichnung → **Alben** (- **Elfen**).

Eule   L.1.3.1

- ahd. *ūwila,* mhd. *iuwel, iule,* mnd. mnl. aengl. *ūle,* engl. *owl,* ndl. *uil,* dazu aind. *ulūkah* >Eule< und lat. *ulula* >Käuzchen<. Nach der gängigen Etymologie werden diese Formen ebenso wie **Uhu** als Nachahmung des Eulen-Rufs erklärt, weswegen die Unterschiede mit anderen Lautungen wie aengl. *ūf* >Uhu, Eule<, anord. *ūfr* >Bergeule<, ahd. *ūvo* >Uhu< nicht weiter beachtet werden.-

Wie fast üblich, gerät auch hier der gängigen Etymologie die weit verbreitete und einstmals überaus bedeutsame Symbolik erst gar nicht in den Blick. Es muss gar nicht bestritten werden, dass *Eule* (> **heulen**) und *Uhu* (- *HuHu, Buhu*) *auch* mit Lautformen verbunden waren. Denn exakt darin bestand bereits die Technik der eiszeitlichen Sprache in ihrem Ausgang in Sprachspielen und den Geschichten für die Kinder, und genau hier hat auch die *Eulen*-Symbolik ihren Kontext: nämlich als eine Verkörperung der Geschichte von der >Mond-Mutter<, die „nachts

---

[32] S. z.B. Newgrange, in: G. Burenhult: Illustrierte Geschichte der Menschheit, Band 2, S. 96. S. auch in Wikipedia: Newgrange
[33] Lennart Ejerfeldt, Germanische Religion, in: Asmussen & Læssøe: Handbuch der Religionsgeschichte I, S. 327 f.

aufpasst, dass uns nichts passiert". Doch ebenso wie *MaMa* und *PaPa* zuerst Lallformen sind, ändert dies nichts daran, dass daraus eiszeitlich und später auch effektiv verfasste Wortbildungen gebildet wurden (z.B. *PaPa* → *Pfaffe, Pope, Papst*). Dies ist hier auch für *Eule* zu sehen, womit sich hier höchst bedeutsame Aufschlüsse über die vorgeschichtliche Etymologie und Symbolik verbinden.

Den Ausgang sehe ich hier in der eiszeitlichen Lautwurzel *Λ mit *alla – LaLa* in der Erstbedeutung >Mutter<, dann auch für die mythologische >Ur-Mutter< bzw. das >Ur-**Eltern**-Paar< und dann als Ganzheits-Symbolik für >Welt/Alles – Alle (Lebewesen, Menschen)< (vgl. auch *Allamania* und *Hēl* >ganz, *heil*<).

Von hier aus lassen sich vielfältige Götter- und Flussnamen anschließen, die die einstige Bedeutung dieser Ausgangsform belegten. Um es hier lautlich ganz eng zu halten, finden wir z.B. bei den Inuit (Eskimo) *Ulu* für „die wilde Gefährtin des Mondes", auf Papua-Neuguinea die *Uli* für die (in den >Stammbäumen< geschnitzten) doppelgeschlechtlichen „Ahnengeister", in Sibirien *dzuli* für die mythologische >Mutter< des Stammes, einen >Himmelsgottheit< *Ulutujar Ulu Tojon* bei den ostsibirischen Jakuten, einen >Mondgott< *Ul* auf den Neuen Hebriden, im Germanischen einen entsprechenden, aber verblassten *Ull* oder *ullu-di*[os] [evtl. = *Ti, Tyr*] als >Himmelsgott< (von *Odin* verdrängt) [34] und nicht zuletzt → *Jul* - Weih-Nacht.

Das berühmteste Beispiel für die reduplizierte Form dürfte *Lilith* sein. *LiLi.t* ist mit der Endung *.t* als Femininum zu verstehen, wozu sich im Assyrischen auch die männlich Form *Lilû* findet (s. auch hebräisch *lailah* >Nacht<). Es dürfte sich hierbei ursprünglich um das Motiv der >Ur-Mutter< und des >Ur-Vaters< gehandelt haben, wobei die weibliche *Lili.t* im frühen Alten Orient in Parallele zu der sumerischen *Inanna* (>Herrin des Himmels<) und der babylonischen *Ischtar* (→ *Stern*) zu einer Version der Hauptgöttin aufstieg (s.u. Abb.).

---

[34] Lennart Ejerfeldt, Germanische Religion, in: Asmussen & Læssøe: Handbuch der Religionsgeschichte I, S. 303

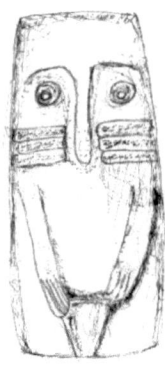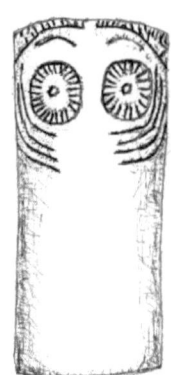

Von Marija Gimbutas mit >Eule< in Verbindung gebracht: Alteuropäische Objekte, nach: Marija Gimbutas: Die Sprache der Göttin: links + Mitte: S. 193 (Portugal Mitte des 4. Jahrtausends v. Chr.), rechts ebd. S. 56 (Spanien, frühes 3. Jahrtausend v. Chr.)

„Als Sinnbild der Klugheit wurde der Steinkauz (*Athene noctua*) Attribut der Athene/Minerva und Wahrzeichen der Stadt Athen. [...] Klugheit und Weisheit werden der Eule nachgesagt." [35]
Auch in China hat die Eule in der Zeit der *Shang*-Dynastie eine positive Bedeutung. [36]

Links auf einer Münze aus dem antiken Athen.

Eule als Verkörperung einer Gottheit findet sich auch mit *Chalchiuhtecólotl* >kostbare Eule< als der aztekischen Göttin der

---

[35] Bredrich & Bausinger; Enzyklopädie des Märchens, Band 4, Artikel *Eule*, Spalte 532 - 535
[36] Hans Biedermann: Knaurs Lexikon der Symbole, S. 126 f.

Nacht. [37] Dazu: „Überall in Nordamerika der Ureinwohner gilt die Eule als Totenvogel [...]." [38] Darunter war ursprünglich nicht gemeint, dass die *Eule* den Tod brächte, sondern dass sie (als eine Art >Seelenvogel<) die Toten in den Himmel zu der Mond-Mutter und den *Manen* brachte).

Von ihrer besonderen → **Augen-**Symbolik und als Hüterin der Nacht machte die Eulen-Symbolik wohl insbesondere im Neolithikum Karriere. Immer noch ist die Eule als Symbol-Tier der griech. Göttin *Athene* (und wohl ursprünglich als ihre Verkörperung gesehen) sowie als Inbegriff der Weisheit bekannt.

Die Abb. soll Lilitu/Lilith-Inanna zeigen (Mesopotamien, um 2000 v. Chr., Nachzeichnung),[39] was andeutet, dass Lilit *als Femininum von* *LiLi *als eine Parallele zur sumerischen In-Ana* >Herrin des Himmels< *verstehen ist, die auch als Göttin IschTar auch in absolut paralleler Darstellung erscheint.* [40]

Man beachte die Eulen- wie die *panthera*-Symbolik (→ Panther).

Zu der großen Bedeutung der Eulen-Symbolik der neolithischen Priester/innen (in der bereits patriarchal verzerrten Auffassung):

„Hexen und Teufel treten als Eulen auf; oft werden mit der Eule Zauber und Gegenzauber verbunden. Liebes- und

---

[37] D. M. Jones & B. L. Molynaux: Die Mythologie der Neuen Welt, S. 97
[38] Åke Hultzkrantz: Schamanische Heilkunst, S. 191
[39] Sharukh Husain: Die Göttin, S. 100
[40] Nachzeichnung, s. dazu z.B. in: Annie Caubet & Patrick Pouyssegur: Der Alte Orient, S. 186 f.

Glückszauber sowie Verwandlungen sind vielfältig belegt. Mehrfach tritt die Eule als → Seelentier auf. [...] In späteren Sagen und Erzählungen ist die Eule oft Künderin von Unheil und Tod." [41]

Auch in Afrika fand sich noch in jüngster Zeit das Motiv der „Eule" als „Hexenvogel",[42] hier wohl eher als Verkörperung von bösen Geistern.

Die Eule war damit also einerseits die Verkörperung der neolithischen Göttin, die mit ihrem Blick vom Himmel aus alles beobachten konnte und hierbei natürlich auch unter die Bettdecke sehen konnte (damals jedoch, ob man sich genug sexuell betätigte). Gleichzeitig konnten sich auch die Priester/innen in Eulen verwandeln und nach ihrem Belieben >nach dem Rechten sehen<.
War die Eule damit zunächst eine positive Symbolik des Schutzes, so versteht sich, dass diese Symbolik mit den immer größeren Problemen der neolithischen Priester/innen-Herrschaft seit dem späten Neolithikum u.a. auch zu einer Form einer orwellschen Überwachungs-Symbolik in Verbindung mit Todesdrohungen erwuchs und später auch in einen Inbegriff des Dämonischen umschlug.

„Im Judentum wurde der weibliche Nachtdämon Lilith in Gesellschaft des Nachtvogels Eule imaginiert, im Hinduismus gilt dieser als Reittier der schrecklichen dunklen Göttin Durga in ihrer Erscheinungsform >Camunda<; bei den yukatekischen Maya trägt der Totengott Hunhau oft einen Eulenkopf. - In China ist die Eule das negative Gegenstück des *Phönix* und kündigt Unheil an [...]." [43]

---

[41] Bredrich & Bausinger; Enzyklopädie des Märchens, Band 4, Artikel *Eule*, Spalte 532 - 535

[42] s. z.B. H. Christoph, K. E. Müller & Ute Ritz-Müller, Soul of Africa, S. 159 (Abb. auch S. 2-3)

[43] Hans Biedermann: Knaurs Lexikon der Symbole, S. 126 f.

Sprachlich belegt sich der Zusammenhang von *Eule* und der *Augen*-Symbolik insbesondere in griech. *skōps* >Ohreule, Kauz< - griech. *-skop-* >schauen<, in **Mikroskop, Horoskop, Bischof** >Aufseher< - engl. *show* > **schauen** (*s-KaPa) Dabei handelt es sich um eine umgekehrte Formbildung zu **spähen** (*s-PaKa) - lat. *specere* >sehen< u.a. in **Inspektion**.

Von hieraus könnte sich *(Till) Eulenspiegel* vielmehr (ursprünglich) als >*Eulen-Späher*< (als Familienname aus einer priesterlichen Herkunft) erklären, was dem früheren Sinn dieser Symbolik entspräche. Diese Späher-Vogel-Symbolik wurde patriarchal in „männlichen Vögeln" wie die beiden Raben Odins („der" Rabe) oder auch *dem* → **Aar** = *Adler* übernommen. Auch die reduplizierte Form *KuKu - kucken* könnte den tatsächlichen Hintergrund von **Kuckuck** stellen. Bei den sibirischen Orotschen findet sich in Verbindung mit *kaku* >Kuckuck<: „Der Vogel warnt den Schamanen vor nahenden Gefahren." [44]

Dazu finden sich weitere reduplizierte Formen. Lat. *bubo* >Uhu< könnte eine abgeleitete Form von *BaBa* >Mutter< wie etwa bei der mit der Eulen-Symbolik verbundenen *Baba Yaga* als der slaw. >Mutter Erde< sein und hierbei auch der tatsächliche Ursprung von **Pupille** (und engl. *pupil* >Schüler<). Eine Ausgangsform von *Lili.t* findet sich in Bedscha (afrik.) *līli* → >**Auge**< (s.u.).

Ableitungen von *Γ wie *agga – GaGa*

Gigant, gigantisch   K.0.2; K.3.2.1
- von griech.-lat. *Gigās*. „Die Giganten der altgriechischen Sage sind die riesenhaften Söhne der Gaia." (Duden 7 ebd.) -

Von der Form her ist anzunehmen, dass sich dies von *aga – GaGa* der eiszeitlichen Lautwurzel *Γ in der Erstbedeutung >Mutter< ableitet. Diese ist hier als *Gaia* = griech. *gē* >Erde< (> **Geo-**) bezeichnet, was *ki* → **Kuh** entsprechend *könnte* und neo-

---

[44] Mihály Hoppál: Schamanen, S. 91, mit Abbildung (No. 107)

lithisch Ma Ga >Mutter Erde< entspricht (→ **machen**). Im eiszeitlichen Sinn würde es sich hierbei um Weiterentwicklungen des Motivs der >Mond – Mutter< handeln (s. dazu auch den Weltenbaum-Riesen S. 77), wie etwa zunächst mit dem >Mond – Vater< und dann den verschiedenen Stern-Bildern (*Venus, Orion,* dem >Großen Bären< usw.).

Mit dem Mesolithikum entstanden hieraus in Vermischung mit realen bedeutsamen Vorfahren die Stamm-Ahnen etwa in der Art von >Adam & Eva< als Verkörperung der Gesetze, Rechtsansprüche und Autorität des jeweiligen Stamms. Daraus erwuchs das Motiv der >Riesen< und ab dem Neolithikum dann auch der Götter. Vgl. hierzu → **Alben – Alpen – Olymp.**

hecken K.3.4.6 **aushecken**
>Junge zur Welt bringen<, mhd. *hecken* >sich begatten< (von Vögeln), engl. *to hatch* >hecken; (aus)brüten<. -
Die Bedeutung **Geheck(e)** weidmännisch für >Brut oder Junge der Entenvögel, Wurf des Raubwildes< spricht dagegen, die Ausgangsbedeutung auf Vögel zu beschränken. Ich sehe den Ursprung in eiszeitlich *Γ wie *aka* (→ *auch*) – *KaKa* in der Ausgangsbedeutung >Mutter<, dann auch für das >Baby<, vgl. **Kegel** für >Kind<. S. auch **hegen** > **Hecke,** → **Kuchen** und **keck.**

keck K.3.1 > **erquicken, verquicken**
- mhd. *kec, quec* >lebendig, lebhaft; frisch, munter; stark, fest; mutig<, ahd. *chec(h), quec(h)* >lebendig, lebhaft<, ndl. *kwi(e)k* >flink, lebhaft<, engl. *quick* >schnell; munter, frisch; stark<, schwed. *kvick* >schnell, flink; schlagfertig; witzig, geistreich<. Dies gehört nach der gängigen Etymologie mit got *qius* >lebendig< zu idg. *guei- >leben<, wozu hier u.a. auch griech. *zōē* >Leben<, *zōion* >Tier<, *bios* >Leben< und lat. *vivere* >leben<, *vivus* >lebendig<, *vita* >Leben< gerechnet werden.-
Ich sehe hier aufgrund der weiteren Zusammenhänge und Parallelen wie etwa *viva* → **Weib** und engl. *quake* = (*BaBa* -) → *beben – Baby* usw. den Ursprung in der eiszeitlichen Lautwurzel *Γ wie *akka – KaKa* in der Erstbedeutung >Mutter<, dann auch für die mythologische >Mutter< als Verkörperung des Lebens und der Welt. S. dazu auch → **hecken** und → **auch.**

120

auch K.0.2, K.0.3

- mhd. *ouch*, ahd. *ouh*, got. *auk,* aengl. *ēac,* schwed. *ock.* Hierbei sind nach der gängigen Etymologie wahrscheinlich zwei ursprünglich verschiedene Wörter zusammengefallen: zum einen in der Art von aisl. *auki* >Vermehrung; Zuwachs; Nachkommen<, gotisch *aukan* >vermehren< und zum anderen ein Partikel in der Art von griech. *aū* >wieder, abermals, hingegen<, wie an den verschiedenen Verwendungen zu erkennen sei.-
Diese Form ist ein wichtiger Hinweis dafür, dass die Formen *aga/akka – KaKa/CoCo* der eiszeitlichen Lautwurzel *Γ in der Erstbedeutung >Mutter< noch in unserem Sprachkontext wirksam waren. Dazu findet sich etwa aind. *akka* >Mutter<, in Nordschweden ein alter Kultberg *Akka* (2015 m) samisch + finnisch >Altes Weib<; in der afrikanischen Yoruba-Mythologie *Òkè* als „Göttin der Dynamismen, die dem Felsen innewohnen" und batsisch (Kauskasus) *ag* >Großmutter<.

Hierbei gibt es auch Übergänge zu → *Aue.* Weitere Hinweise bieten die Reihung → *Auge – achten – kucken* und die Ableitungen der reduplizierten Form wie → **hecken** - *Kegel - Küken,* → Kuchen *(kochen, Keks), Kogel* → **Kugel.**
Mit *auch* verwandt sind auch lat. *augēre* lat. >vermehren<, vergrößern< und *auctor, autor* >Urheber< (> **Autor;** >> **Autorität**) und wohl auch **wachsen** (s. lat. *vacca,* frz. *vache* → >**Kuh**<).

wachen BK.1 **wach, Wache; be-, erwachen**

- ahd. *wahhēn,* got. *wakan,* engl. *to wake,* schwed. *vaka.* Dies gehört nach der gängigen Etymologie zu der mit **wecken** verbundenen idg. Wurzel *u̯eĝ- >frisch, stark sein<, wozu auch aind. *vājaḥ* >Kraft, Schnelligkeit<, lat. *vegere* >munter sein< und **wacker** zu rechnen sind.-

Mit dem Anlaut W verknüpft sich nach meiner Konzeption eine gewisse Schwierigkeit, die sich für die gängige Etymologie nicht stellt. Das W kann sich schlichtweg wie **wachsen** als (Dialekt-) Parallele zu lat. *augēre* (s. → **auch**) erklären (vgl. auch *Ochse* – lat. *vacca* >Kuh<). Es sind jedoch auch Einflüsse und Mischungen mit BaKa → *Bauch* und/oder ein ursprünglicher

Zusatz mit *א wie *Au, Ei* für >Ur< in diesem Kontext von Ur-
= Mond- Mutter vorstellbar (die nachts >wacht<).

Ich sehe hier wie bei *auch* den Ursprung in der eiszeitlichen
Lautwurzel *Γ wie *akka – KaKa* in der Erstbedeutung >Mutter<,
dann auch für die mythologische Mond-Mutter. Dafür, dass dieser Wortkomplex von der Mond-Mutter-Symbolik ausgeht, sehe
ich etliche Anhalte. Die eindeutigsten Hinweise sind **wach – wecken – aufwachen** (also der Kontext der → Nacht) und die Verbindung von **Wechsel – Woche**, ursprünglich der zweiwöchent-
liche Wechsel von Vollmond – Neumond mit den sprachlichen
Parallelen **wachsen** (Zunahme des Mondes) - **schwach –
schwinden – weg** (Abnehmen des Mondes), **wenden – wechseln** und **Weg – wandern** (des Mondes am Nachthimmel usw.).
Dazu gibt es weitere Parallelen unter anderen Wortformen wie
etwa **tauschen, mutieren** usw. Im Eigentlichen lief diese Symbolik auf den >Wechsel< (Transformation) in der Jugend-Initiation hinaus (**wagen, wacker, aufwachen** [vgl. *Buddha* >der Er-
wachte<]). Im Übrigen wäre *wach, wachen, wachsam* damit ursprünglich eine Parallele zu → **Auge – achten – achtsam**.

Ache >Fluss<   K.1.2; A.1.4

- als Parallele zu lat. *aqua* >**Wasser**< (→ *Aqua-*) als eine im
Süddeutschen in vielen Flussnamen erscheinende Form. Dies
dürfte in Parallele zu den anderen eiszeitlichen Lautformen auf
die ursprachliche Lautwurzel *Γ wie *aga/aka – GaGa/KaKa*
und Teilformen *ac und *ku (wie in *Quelle*) mit dem Bedeutungsfeld >Ur/sprung, Mutter, Quelle, Wasser< zurückgehen.

„Erst spätere Zeiten begriffen die alten Wörter als Namen.
Das geht nicht nur unseren *Aach*-Flüssen so, sondern in genau
gleicher Weise den französischen *Aigues*, den mongolischen
Ak, den altamerikanischen *Aca*, den japanischen *Ike* oder den
lappischen *Akka*. Dagegen ist für den Eskimo *Uk* noch heute
das Wort für >Wasser<; für den Römer war es *aqua*."[45]

---

[45] Richard Fester: Die Eiszeit war ganz anders, S. 155

Wie *Ache* ist *Joki* im Finnischen Bestandteil von Flussnamen. Entsprechende Namen finden sich auch in *Oka* (Fluss bei Moskau), *Oca* (Spanien), *Okawango* (im Norden Botsuanas, südliches Afrika), *Akan* Japan im >Akan-Nationalpark< auf Hokkaido usw. S. dazu die Auflistungen in CT 1 → 8.3. Vgl. auch Suaheli (afrik.) –*oga* >baden, sich waschen<.

Ein Flussname wie *Große Ohe* (Bayrischer Wald n. Vilshofen) und ahd. got. *aha* >Wasser< bilden einen Übergang zur ursprachlichen Wurzel *א wie → *Aa*, → *Au/Aue* und (neolithisch) → **Ur***(sprung)* wie in *Aar, Ahr, Ur* (= frz. *Our*) usw.

Joch   A.1.3.1   unterjochen, Bergjoch

- mhd. *joch,* ahd. *joh,* got. *juk,* engl. *yoke,* schwed. *ok;* schon ahd. auch in der Bed. >Bergrücken, Pass<, mhd. auch >(Querbalken zu einem) Brückenjoch<. Dies geht laut der gängigen Etymologie mit z.B. aind. *yugá-m,* griech. *zygón* und lat. *iugum* auf idg. *̯iugo-m* >Joch< zurück, einer Bildung zu idg. *̯ieu-* >anschirren, zusammenbinden, verbinden<, wozu z.B. auch lat. *iungere* >verbinden< und aind. *yōgaḥ* >das Anschirren; Verbindung< (> **Joga**) gehören.- S. dazu **Jak** → **Ochse**.

Ochse   S.1, K.1.3.1

- mhd. *ohse,* ahd. *ohso,* got. *aúhsa,* engl. *ox,* schwed. *ox,* toch. B *okso* >Rind, Stier<. EWD erwägt einen Ausgang aus der Wurzel von → *wachsen*.-

Ich sehe hier vielmehr eine Entsprechung zu **Jak** *(Yak)* – *Joch* – *Joga.* Dies geht m.E. zurück auf die eiszeitliche Lautwurzel *Γ wie *akka – KaKa* in der Erstbedeutung >Mutter<. *Ochse – Jak* entsprächen der gespiegelten Form *akka,* ägyptisch *Ka* >Stier< und dt. → **Kuh** unredupliziert der zweiten Form. Beide Formen finden sich auch für >Wasser< (lat. *aqua*) und in Flussnamen, gespiegelt s. → **Ache**, in der reduplizierten Form in *Titicaca*-See (Anden), *Ma-Gogo* Fluss in Afrika, *Kocher* (D) und unredupliziert z.B. in Portugal *Coa* (Fluss mit bedeutender eiszeitlicher Felskunst (Ritzungen).

Es spricht in der Tat einiges dafür, dass sich *Ochse* entsprechend der Ausgangsform von → **wachsen** erklärt (beachte auch lat. *vacca* >Kuh<). → **Kuh** selbst erklärt sich u.a. auch als >(Gebär)-Mutter<. *Stier – Kuh* sind die theriomorphe Entsprechung der eiszeitlichen Zentralsymbolen >Ur-Mutter< und >Ur-Vater< (= Ur-Ahnen - UrA^{h}n^{os} = DiAna) und im Alten Orient eine Darstellungsform der >Götter< (Stiergötter, s. auch → **Kuh**). *Wachsen* wird etymologisch mit lat. *augere* >vermehren< (> **Autor**), got. *aukan* >sich mehren< (→ *auch*) in Verbindung gebracht. Auch aind. *yugám* >Joch< bedeutet >Geschlecht, Generation; Gespann< (- Verbindung, vgl. *kon***jugieren**).

Von dem -S- her denke ich hier an eine Entsprechung zu **Achse**, was ich ebenso wie *Joch, auch, wachsen* von eiszeitlich *akka* (*Γ) ableite. Dies steht wiederum wie *wachsen* mit der eiszeitlichen *Mond-Mutter*-Symbolik wie **Woche – wachen – wecken** und **Wechsel** (Vollmond – Neumond) im Mond-Monats-Zyklus in Verbindung (s. auch → *neu – neun*).
Sofern man eine weitere Erklärung des -S- sucht, so ist dabei am ehesten an eine *lautliche* Vermischung von *aka* und *asa* zu denken (zu *axa*, nicht *ak-sa*). Ich bringe dieses *asa* mit **aus** = >Ur(sprung)< in Verbindung. Dazu finden sich etwa **Ase** >Gott< (in *Oskar, Oswald*) als dem germanischen Götter-Geschlecht der Asen, ägyptisch *Ase.t* >Isis< und awestisch (altpersisch) *aša* >die kosmische und rituelle Ordnung< usw.

Kuh   K.3.3.3

- mhd., ahd. *kuo*, ndl. *koe,* engl. *cow,* schwed. *ko,* asächs. mnd. *ko*, aengl. *cu*, anord. *kyr.* Dies beruht laut der gängigen Etymologie mit z.B. aind. *gáu-* >Rind; Kuh; Stier<, griech. *boũs* >Rind; Kuh; Ochse< und lat. *bos* >Rind, Kuh; Ochse< auf idg. *g^{u}ōus* >(weibliches, männliches) Rind<. Es wäre unklar, was dem zugrunde liegt, evtl. eine Nachahmung des Brülllautes wie bei uns *muh.-*

Ich sehe hier den Ursprung in der unreduplizierten Form der eiszeitlichen Lautwurzel *Γ wie *akka – KaKa* in der Erstbedeutung >Mutter<. Diese Formen belegen sich etwa mit aind. *akka* >Mutter< und redupliziert nganassanisch (Nordsibirien) *kojka*

>Mutter<. Dass diese Formen auch bei uns etymologisch wirksamen waren, zeigt sich in den abgeleiteten Bildungen wie *auka* >vermehren< (→ **auch**) und → **hecken** >Junge zur Welt bringen<, **hegen, kochen** usw.

In dem einem Strang der eiszeitlichen Sprach-Anlage geht *Kuh* demnach von der Bedeutung >Mutter< im Sinn von >Ursprung, Quelle, Mutter, Gebärmutter< aus, vgl. hierzu etwa auch griech. *kyéō* >schwanger, trächtig sein<. *Kuh* wurde nicht nur als *Elefantenkuh, Hirschkuh* usw. gebraucht. Es war wohl ursprünglich genau wie → **Aue** eine allgemeinere Bezeichnung im Sinn von >Mutter, Gebärmutter<, nicht nur auf >Tier< bezogen. S. dazu auch die → **Uterus**-Symbolik.

Dass *Kuh* mit Mutterschaft assoziiert werden konnte, belegt sich an Darstellungen in den eiszeitlichen Höhlen, hier ein Ausschnitt aus der Höhle von Lascaux mit dem Zahlzeichen >9< für die Zeit der Schwangerschaft, vgl. → *neun* (als 3 x 3).

In dem anderen Strang wird die Ausgangsform >Mutter< über die Mythologie entwickelt. Auf der Ebene der Ganzheits-Symbolik verschmilzt die anthropomorphe Symbolik wie insbesondere die >Ur-Mutter< mit der theriomorphen Symbolik. Letztere wird ursprünglich vor allem durch das jeweils größte → **Horn**-Tier repräsentiert, so etwa *Elefant, Wisent (Bison)*, → *Hirsch, Rind – Ren, Elch* usw. (**neolithisch** → *Ziege, Geiß, Bock* als dem damals **wichtigsten** *Tier,* was die Tierarten *Ziege, Schaf* u.a. umfasste). D.h.: *Kuh* ist die unter der Lautwurzel *Γ entwickelte Parallele zu **Tier** (*ħ) wie etwa engl. *deer* > Rotwild, Hirsch, Reh<, litauisch *tauras* >Büffel, Auerochse, Stier<, dän. *tyr* = aramäisch (semisch) *tor* = span. *toro* = *Stier* (= → **Uter**[us]).

Exakt diese Parallele findet sich in neolithisch MaGa = MaTar >Mutter (Erde)< (→ *machen, Gemächte; Mutter*) und also mit der Parallele griech. *gē (Gaia)* = lat. *terra* >Erde<. Beides geht von dieser ursprünglichen **Ganzheits**-Symbolik aus. Von dort her ist auch lat. *terra* = griech. *thēr* = dt. *Tier* (auch in → **Panther**, einer frühgeschichtlich bedeutenden und bezeichnenden Symbolik).

Genau wie bei *Tier* geht es hier nicht an sich um eine bestimmte Tier-Art, sondern um die theriomorphe Symbolik in Entsprechung zu >Mutter Erde<, für die >Mittelwelt< (zwischen Ober- und Unterwelt) oder = den >Stamm< (s. auch → **Alpha** sowie S. 71). Das *Element* >Kuh< belegt sich (als **Ga*) neben MaGa = BaGa (→ **Bauch**, **Bakken** – **Berg**, *Bucht, Bogen*) auch in dem verbreiteten mythologischen Motiv der >**Ur-Kuh**<, von woher auch die Bildungen lat. *or^{i}go* (**original**) und z.B. → *Orgia – Organ* usw. und → ^{be}*wirken* her zu verstehen sind. Die >**Ur-Kuh**< war *Ur* (= **Auerochse**) = der >Ursprung< = die *Quelle* (insofern auch lat. *aqua* = *aTar* → **Wasser** = → **Meer** >Mutter< → *Uterus*).

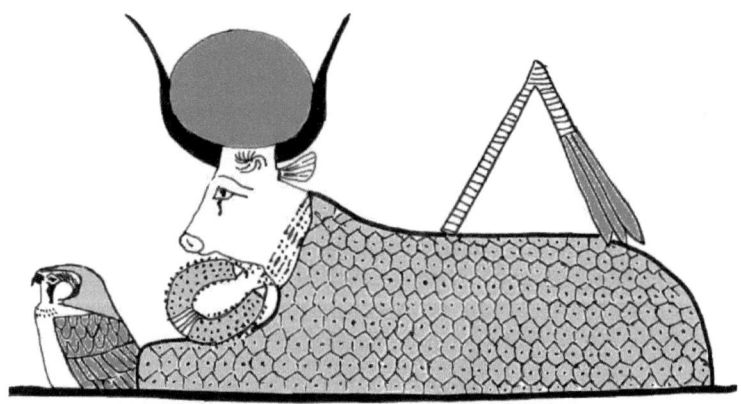

Die „Kuh" = >Göttin< *Hathor* [46] **ist** hier die >Welt<. Sie ruht hier (nicht abgebildet) auf dem >Ur-Meer< (= Unterwelt) und trägt die >Oberwelt<, hier als die Sonne. Der Horus-Falke, der den Pharao repräsentiert, ist die Schutz-Macht der menschlichen Ordnung. Hierbei kommt noch etwas von dem Sinn von *(Ur-) Kuh – Ur-Mutter* in dem Aspekt der eiszeitlichen Ganzheits-Symbolik zum Ausdruck.

---

[46] Nachzeichnung nach: Rose-Marie & Rainer Hagen: Ägypten, S. 181

Diese Zusammenhänge in der eiszeitlichen Symbolik sichern hier auch die Identifizierung der Wörter, Lautformen und ursprünglichen Semantik. Es lässt sich von hierher sagen, dass *Kuh* lautlich von der **unreduplizierten** Form der eiszeitlichen Lautwurzel *Γ redupliziert *KaKa – CoCo – GoGo* usw. und ihre Bedeutung von >Mutter<, >Ur(sprung), Quelle<, >Tier< sowie im Sinne der Ganzheits-Symbolik für >Welt, Leben; Mutter Erde – Gott; Geist< ausgeht (s.u. die Abb. der Göttin *Hathor* als >Kuh<). Die gleichbedeutende **gespiegelte** Form ~ *aka findet sich hier etwa in der slaw. *Baba* **Yaga** – → *Jak*, → *auch*, → *wachsen* - lat. *vacca*, frz. *vache* >Kuh<, → *Joch, Joga – Konjugation*, → *Ochse* und lat. *equus* >Pferd< (vgl. → **Mähre** – *mére* >Mutter<). Auch nganasanisch (Sibirien) *kəu, kəuk'a* >Elch< und vermutlich auch *Elch* als *all-ku* (z.B. >All-Mutter<) dürften sich von hierher erklären.

Kuchen   K.0.2; K.3.1.2

- mhd. *kuoche*, ahd. *kuocho*, ndl. *koek*, engl. *cake* (> **Keks**), schwed. *kaka* >Kuchen<. Nach der gängigen Etymologie geht dies auf germ. *kōka-, kaka-* für >Speise, Brei< zurück. Nach Duden 7 ebd. handelte es sich hierbei wahrscheinlich ein Lallwort aus der Kindersprache (wie etwa *Mama* und *Papa*).-

Tatsächlich dürfte diese Form praktisch original aus der eiszeitlichen Lautwurzel *Γ wie *agga – GaGa/KaKa* mit der Erstbedeutung >Mutter< stammen, wie sie in der Entsprechung von → **Auge – achten** und → **kucken** zu sehen ist. Aus dieser Ausgangsform sind auch hier wie unter allen anderen eiszeitlichen Lautwurzeln (*BaBa* → *Pappe, päppeln, MaMa* (**Mammographie**), → *Mahl, Milch, TiTi* → Titte, Zeit, säugen) in vielfältiger Form Wörter für >Brust, säugen; essen, trinken, Brei< gebildet wurden. Dieses *KaKa* >Brei< ist neben → *Kuh* ein weiterer Beleg, dass hier einst auch weit nach der Eiszeit noch *KaKa* auch für >Mutter< bestand (vgl. *Kegel*, zu *aga* → **auch**).

Eine entsprechende Form findet sich in weiter Verbreitung für >Nahrung<, so etwa *Couscous*, lat. *cucumer* >Gurke<, in → *hegen*, → *kochen*, recht grundlegend mit *koke* als gesamt-altaische Wurzel für >Herz; Brust, saugen< (z.B. altkoreanisch *kokai*, altjapanisch *kəkəra*), vgl. auch japanisch *chichi* >Brust, Muttermilch<. Von hierher erklären sich eiszeitlich auch die

Wörter für >Wasser<, zu *agga* → *Ache, aqua* → *Aqua(rell)*, entsprechend *Kuh/GaGa* vgl. etwa *Coa* (P), in Afrika *Ma-Gogo, Kakoka, Kongo* – Indien *Ganga/Ganges* (auch eine Göttin), dt. *Kocher.*

Auge - kucken   A.1.2.1, K.0.2   äugen, > ereignen

- mhd. *ouge*, ahd. *ouga*, got. *augō*, engl. *eye*, schwed. *öga*; russ. *oko* >Auge<, lat. *oculus* >Auge< [> **Okular**], griech. *optikós* >zum Sehen gehörig< [> **Optik**]. Dies geht nach der gängigen Etymologie auf *ok^u-* >sehen, Auge< zurück. **Kucken**: norddeutsch, auch **kieken**, ndl. *kijken*, oberd., mitteld. *gucken*. -

Wir finden hier *Auge – kucken* ganz nach der Formel *agga – GaGa* der eiszeitlichen Lautwurzel *Γ sowie auch die bezeichnende Parallele *Auge* – engl. *eye* – *Ei* – engl. *egg*. Letzteres bedeutet zum einen, dass hier ein Laut bestand bzw. besteht, den wir etwa im Gegensatz zu dem Semitischen nur nicht mehr beachten. Dieser Laut findet sich im Hebräischen als ע *ayin,* was als Wort >Auge< bedeutet. Dieser hebräische Laut wurde früher als G transkribiert, so in dem berüchtigten *Gomorra,* was auch als *'Amora* transkribiert werden könnte. Tatsächlich besteht diese Lautform bei uns etymologisch auch im Anlaut, daher sowohl *kucken* als auch **Kugel** (= *Ball* = *Ei*). Dies bedeutet, dass *Auge* und → **Ei** als eiszeitlich *א von dem Gleichen ausgingen. Eine Verbindung ergab sich aus der Bedeutung >Aug-Ei< für >Aug-Apfel<, wobei *Aug-Ei* der Sache sogar besser entspricht. Der entsprechende englische Ausdruck *eye-ball* für >Augapfel< deutet darauf, dass **Apfel** aus *Ei-Ball* ableitet (*A-pfel*).

Ei – Auge erklären sich aus einer Verbindung zwischen der eiszeitlichen Lautwurzel *א wie *Ei, Au* und der Lautwurzel *Γ wie *aga/aka* – *GaGa/KaKa*. Beides geht typischerweise von der Erstbedeutung >Mutter< aus, hier evtl. im Sinn einer zusammengesetzten Form wie etwa *A-GaGa* als >Ur-Mutter< der *Mond – Mutter*-Symbolik. Von hier aus ergibt sich die Reihung *Ei –* engl. *egg – eye – Auge* → **achten** - *kucken – Kugel* (> **Zyklus**) – *Ball* usw. S. dazu auch die → **Eulen**-Symbolik, nach der die *Mond-Mutter* nachts aufpasst, „dass uns nichts passiert". S. dazu von der *Mond*-Symbolik auch **Woche – wachen** usw.

Doch bedeuten engl. *eye* auch >Öhr, Öse, *Knospe*< und lat. *ōs, ōris* >**Mund**, Rachen, Mündung, Öffnung, **Eingang**, **Sprache**, Rede, Antlitz, **Augen**, Gegenwart, Maske, Larve, Frechheit<. Hierbei wird noch vieles der eiszeitlichen Sprach-Symbolik deutlich. Ein solches Bedeutungs-Spektrum entspricht nicht dem, was die herkömmliche Etymologie mit ihrer inadäquat modernen eindimensionalen Sprachauffassung sieht.

[2] Acht, achten   K.0.2, A.1.2.1, A.1.5

Acht: mhd. *ahte,* ahd. *ahta,* ndl. *acht,* aengl. *eaht.* Dies gehört nach der gängigen Etymologie u.a. mit gotisch *aha* >Sinn, Verstand<; *ahjan* >meinen<. Die außergermanischen Beziehungen sind unsicher.- Weitere Ableitungen sind: **Achtung, beachten, beachtlich, erachten, verachten, achtbar, achtsam** usw.

Ich sehe hier den gleichen Ursprung wie bei → **Auge**.

eigen   K.0.3/.1, A.0.3.1   **Eigentum; Eigensinn**

- ahd. *eigan,* ndl. *eigen,* aengl. *āgen* (engl. *own*), schwed. *egen.* Dies stammt nach der gängigen Etymologie von einem untergegangenen Verb ahd. *eigan,* got. *aigan,* schwed. *äga* mit der Bedeutung >haben, besitzen<.-

Den Ursprung dieser Form sehe ich wie bei *Ei – Auge* in der Verbindung der eiszeitlichen Lautwurzeln *א wie *Ei, Au* und *Γ wie *aga – GaGa.* Beides geht von der Erstbedeutung >Mutter< aus, dann auch als >Mond – Mutter<, woraus auch die Bedeutung >Mensch, Person< und entsprechend die Personalpronomen gebildet werden, so hier z.B. lat. *ego* = engl. **I**, Ainu (Japan) *a* = dt. **ich** = poln. *ja* = Tauya (Neuguinea) *ya* und Mofu-Gudur (Afrika tschadisch) *ya* >ich<, in anderen Sprachen auch >du< (vgl. **euch**).

Mesolithisch wurde dieser eiszeitliche Ausgangsbereich mit gravierenden Konsequenzen wesentlich auf die **eigenen** Stamm-Ahnen und den eigenen Stamm sowie im Späten Mesolithikum auch auf die eigenen Clan-Ahnen (wie etwa >Adam & Eva<) bezogen. Schon mit dem Frühen Mesolithikum verknüpfte sich dies im Nahen Osten mit einem Anspruch auf ein Territorium und bestimmte Ressourcen, aber noch flexibler. Aufgrund weiterer Zuspitzungen kommt mit dem Späten Mesolithikum mit dem Ahnen-Toten-Kult im Raum Jericho eine wohl im Umfang überaus begrenzte, aber dafür eine absolut strikte Auffassung von >**Eigentum**< *an Gebiet* auf: als das „heilige Land" der Grabstätten seiner Ahnen (s. dazu die historisch bedeutsame Symbolik → **Hades**).

Ein wichtiger Anhalt, der diese Einschätzung weiter bekräftigt, verknüpft sich mit der wohl aus diesem Raum stammenden Wurzel *se* wie **sich - selbst** – lat. *sibi* > **Sippe** sowie → *säen* und *set* → **sitzen - Sitte, siedeln, sesshaft, Besitz, Gesetz** usw. Weitere Zusammenhänge finden sich in dem Kontext von → *Gens,* → **Eid,** → **Adel** und **Idiot**.

Ableitungen von *ᚺ wie *adda/atta* – *DaDa/TaTa*

zwei   T.2.1.3   **zwie-, zwanzig**

- mhd., ahd. im Neutrum *zwei* (männlich mhd., ahd. *zwēne*, weiblich *zwō, zwā*), got. *twai, twōs, twa*, engl. *two*, schwed. *två*. Dies beruht nach der gängigen Etymologie mit aind. *dvau* >zwei<, griech. *dýo-* >zwei<, lat. *duo* >zwei< auf idg. *duō(u)*, *duai* >zwei<.-

Die Symbolik >zwei< ist schon eiszeitlich (s. Abbildung). Doch ist es ein Irrtum, dies schon älter als ein abstrakt für sich stehendes allgemeines >Zahlwort< zu begreifen, ist dies nach Einsichten von Historikern erst eine Entwicklung der griechischen Antike, was demnach in dieser Form nicht auf die Ebene des >Indogermanischen< zurückprojiziert werden darf.

Ich sehe den *sprachlichen* Ursprung in der eiszeitlichen Lautwurzel *ᚺ wie *atta* – *TaTa* in der Erstbedeutung >Mutter< (→ **Titte**), hier im Sinn von *NaNa* → *neun* als >schwanger, Mutterschaft< (vgl. **zeugen, ziehen** → **Ziege**). Eine weitere **Parallele** dazu findet sich unter *abba* – *BaBa* als **bei, bi- 2 (Biathlon, Bigamie** usw.) für >Paar, paaren<.

130

Von diesem *ti/de* stammen auch unsere grammatischen Elemente wie lat. *de* >von – her<, altsächsisch *te, ti,* ndl. *te* >zu, bei<, engl. *too* >hinzu, → **auch**<, *to* = dt. **zu** (erweitert *until* >bis<, *till* >bis (zu)< = dt. **Ziel** = griech. *telos* [> **Tele-** in **Telefon, Television, Teleskop** usw.). Im Sinn von >Ur(sprung)< dürfte dies die erste Silbe von *DiAna – DeMeter – TiAma.t* und eigenständig die Wörter und Namen lat. *dea/us* >Gott, Göttin<, *Zeus,* ahd. *Ziu,* dän. *Ti,* aisl. *Tyr* (davon **Dienstag**) ergeben haben.

Ursprünglich dürfte dieses >Zwei< schlichtweg eine Symbolik für >Partnerschaft<, Liebe und Sexualität gewesen sein. Demgegenüber ist die mesolithische Paar-Symbolik mit der Heiratspolitik zum Zweck von Stammes- und/oder Clan-Bündnissen verbunden. Im Neolithikum läuft dieses >Zwei<, wie es in → **Giebel – Gabel** zum Ausdruck kommt, auf den Fruchtbarkeits-Kult mit >vereinigen; paaren, *magis* – mehren, ver**zweig**en< hinaus.

Angesichts dieser tückischen Übergriffigkeit der neolithischen Priester/innen-Herrschaft, die sich anmaßen, das persönliche Geschlechtsleben zu bestimmen und so als >Hirten< ihre Schäfchen züchten, ist die patriarchale Symbolik von >zwei< wesentlich von >trennen, unterscheiden< = **entzwei** geprägt, vgl. etwa lat. *dis-* (wie in *discordia* >**Zwietracht**<), was aber das Problem nur auf den Kopf stellte, statt es zu lösen. Es gibt hier also m.E. zwei verschiedene Formen von >zwei<: eine ältere wie etwa *di, bi,* die *zwei* als >verbindend< sieht, und eine jüngere wie *dis, duis,* die *zwei* eher trennend und unterscheidend meint. So sehr dies sprachlich auch verschwimmt, sollte dies nicht einfach gleichgesetzt werden.

Titte   T.0.2, T.2.1.1, T.2.1.3
- mnd. *titte,* mndl. *tette, tet,* ndl. (älter) *titte,* aengl. *titt,* schwed. mdal. *tiss, titt* >Brustwarze<, mhd. *zitze* → **Zitze**. Dies ist nach Duden 7: *Zitze* ein Lallwort der Kindersprache, „vgl. dazu armen. *tit* >Mutterbrust< und griech. *titthē* >Brustwarze, Mutter-

brust<." Nach EWD: Zitze finden sich ahd. *tutto, tutti,* entsprechend auch mhd. *tut(t)e* nhd. *Tutte, Dutte, Tüttel*: „Alle Formen sind aus Lallausdrücken der Kindersprache hervorgegangen. Oder besteht eine Verbindung zu der unter **Tüte** behandelten Wortgruppe, so dass von einer gemeinsamen Grundbedeutung >Spitzzulaufendes, Hervorragendes< ausgegangen werden kann? Als Entlehnungen aus germ. **titt-* können afrz. *tete,* frz. *tette,* ital. *tetto.* span. port. *teta* >Brust(warze), Zitze< angesehen werden." -

Diese heute leider eher als vulgär empfundene alte Form, die in der gängigen Etymologie unter → **Zitze** behandelt wird, erscheint als bedeutender Aufschluss, weswegen sie hier aufgenommen ist. Ich sehe *Titte* als Ableitung von der eiszeitlichen Lautwurzel **ħ* mit *atta/ada – TaTa/DaDa* in der Erstbedeutung >Mutter< wie u.a. bei den Ewe (West Afrika) *dada* >Mutter<, georgisch (Kaukasus-Sprache) *deda* >Mutter<, bei den Ainu (Ureinwohner Japans) *totto* >Mutter<, *Aditi* indische „Göttermutter" und in griech. *Aphro**diti*** >Göttin der Liebe<.

Von dieser Ausgangsform leitet sich nach dem Aufbau der eiszeitlichen Sprache entsprechend *MaMa – mamma* die Bedeutung >Brust, säugen; trinken, Wasser< ab, hier also neben *Titte, Zitze* auch **säugen, Saft, versiegen** mit vielen weiteren Ableitungen. Entsprechende Formen finden sich in assyrisch (semitisch) *zizê* >Zitzen<, hebräisch *ziz* >Euter, Zitze<, assyrisch *didâ* >Zitze, die weibliche Brust<, Dobu-Inseln (Südsee) *susu* >Muttermilch<, japanisch *chi, chichi* >Muttermilch, Brust< usw.

Diese Formbildung spielte in der älteren Mythologie eine wichtige Rolle: neben der eben genannten *Aditi* auch in einer indischen *Diti* und in *Aphrodite*. Mit *Wasser – Meer* verbunden finden sich wie **Tide** auch lat. *Thetis* >Meernymphe (Meer)<, lat. *Tethis* >Meergöttin, Gemahlin des Oceanus<, im Schwarzwald der *Titi=See*. Vermutlich ist auch der Name des südamerikanischen *Titicaca*-Sees ursprünglich von hierher zu verstehen. Mir erscheint es wahrscheinlich, dass *See* eine unreduplizierte Ableitung von *Ti (TiTi)* analog zu → **Meer**, *Maar* in Parallele zu Mongolisch *nor, nuur* >See< (s. **nähren**) ist. Dazu gibt es unter allen Formen auch vielfältige Flussnamen (s. CT1 → 8.3).

132

Zeit   T.2.1.2   **zeitlich, zeitigen, zeitlos**

- ahd. *zīt* >Zeit; Tages-, Jahreszeit; Lebensalter<, ndl. *tijd* >Zeit<, engl. *tide* >Gezeiten<, schwed. *tid* >Zeit<. Dies gehört nach der gängigen Etymologie mit armenisch *ti* >Lebenszeit, Alter, Jahre<, aind. *dāti* >schneidet ab; mäht; trennt; teilt<, griech. *daiesthai* >(ver)teilen< und engl. *time* im Sinne von >Abgeteiltes, Abschnitt< zu idg. **dā(i)-* >teilen; zerschneiden; zerreißen<, nach Duden 7 ebd. wahrscheinlich auch **Zeile** (als >abgeteilte Reihe<) und vielleicht → *Ziel*.-

Ich sehe hier vielmehr eine Ableitung von der eiszeitlichen Lautwurzel **Ꮏ* wie *atta – TaTa* in der Erstbedeutung Mutter, wie z.B. Ewe (West Afrika) *dada* >Mutter<, bei den Ainu (Ureinwohner Japans) *totto* >Mutter< usw. Daraus wird in einem zweiten Schritt die *Mond-Mutter*-Symbolik gebildet (vgl. die indische Götter-Mutter *Aditi* und *Aphrodite*), die in vielfältiger Weise mit **Mal – Mahl–Zeit** (*Tag – Nacht, Monat, Jahr*) wie auch mit → **Meer, See, säugen** verbunden ist – s. hier insbesondere → **Titte - Zitze**, aber auch *Titi-See*, lat. *Tethis,* >Meergöttin< und >Gemahlin des Oceanus<, wie im Übrigen *Tide* = die **Gezeiten** tatsächlich auch mit dem *Mond* in Verbindung stehen.

Die Form wie engl. *time* dürfte in der Tat mit griech. *dēmos* (→ *demo-*) in Verbindung stehen, nämlich im Kontext der mesolithischen *Stämme*-Bildungen als Ableitung aus der eiszeitlichen Sitte, sich zu Vollmond im Gesamtverband zu treffen (vgl. litauisch *pilnatìs* >Vollmond, Plenum<), s. dazu → **Ding** (*Ting*).

Atem, atmen   T.1.1.1   (N.3.2)

- mhd. *ātem,* ahd. *ātum,* ndl. *adem,* aegl. *ǣđm.* Dies ist verwandt mit aind. *ātmán-* >Hauch, Seele<. Nach Duden 7 ebd. sind die weiteren Zusammenhänge dunkel, nach EWD, *ahnden,* gehen *Atem* und *Odem* auf indogermanisch **an(ə)* >atmen, hauchen< zurück.-
Es mögen sich insgesamt auch Verbindungen zu **ana* darstellen, vgl. hier → **Ahn - animieren.** Doch im Konkreten stellt sich mir hier vielmehr eine **analoge** Bildung aus der eiszeitlichen Lautwurzel **Ꮏ* wie *atta – TaTa* dar, s. neben **Odem** auch altin-

disch *atma* >Hauch, Seele< und griech. *atmís, atmós* >Dampf, Dunst, Rauch, Duft< (> **Atmosphäre**) dar.

Atta - TaTa dürfte auch die Ausgangsform sein von **TiTi (Diti)* und **dusa* (wie in *Medusa*) wie in altslawisch *duša* >Atem<, polnisch *dusza* >Seele< in dem großem Komplex von → **diesig, dösen – duseln, duster, Dunst, Duft** usw. Eiszeitlich wurden aus dem Motiv der mythologischen >Ur-Mutter< über die didaktische Symbolik von *atmen/Atem – Luft – Himmel* die kulturellen Spitzenbegriffe wie *Geist/Bewusstsein* mit den Aspekten >Leben – Liebe, Herz, Seele< geschaffen, vgl. dazu die Reihung **MaNa – Mond – Minne – mind.*

wissen　　　T.1.1　　　　　　**gewiss, Wissenschaft; Gewissen**
- mhd. *wiʒʒen*, ahd. *wiʒʒan*, got. *witan*, aengl. *witan*, schwed. *veta*. Dies führt nach der gängigen Etymologie mit z.B. griech. *ideīn* >sehen, erkennen<, *eidénai* >wissen<, *idéa* >Erscheinung, Gestalt, Urbild< (> **Idee, Ideal**), lat. *vidēre* >sehen< (> **Video, Vision**) und russ. *videt'* >sehen< auf idg. **u̯eid-* >erblicken, sehen<, dann auch >wissen< (eigentlich >geŝehen haben<). Dazu auch **weise**, **weissagen**, **weisen** (> zeigen, leiten führen<), **Hinweis, Verweis**; **Witz** und **Weise** (eigentlich >Aussehen, Erscheinung<) usw.-
Ich sehe hier den Ursprung in der eiszeitlichen Lautwurzel **Ħ* wie *adda – DaDa* wie *ei-tei-tei, du-du-du,* **du,** *dada* >Mutter< bei den Ewe (West Afrika) und **Dady**. Dies beginnt bei dem Säugling etwa mit dem zeigenden Universalwort **da,** woraus auch **das, die, der, dort** und → **Zeh** (Finger) – **zeigen, sehen** usw. wird. Die reduplizierte Form findet sich in → **deuten**.

Wissen scheint demgegenüber von der gespiegelten Form *adda* auszugehen. Dies findet sich in griech. *oīda* >wissen, verstehen, kennen<, *eīdō, ideīn* >sehen, erkennen< (auch > → **ideal, Ideologie; Idol, Idyll**) sowie in hebräisch *jada'* יד׳ע >kennen **lernen**, kennen, wissen; bemerken; (durch Reflexion) erkennen; verstehen; achtgeben, sich kümmern; geschlechtlich verkehren<. Dies ist mit *jad* >Hand (auch für *Schwur*), Denkmal; Kraft, Macht< verbunden, was einen Aufschluss für die eiszeitlichen Hand-Symbolik bieten kann (s. → **Eid**).

134

>Wissen, zeigen, sehen, verstehen< ist eiszeitlich ohne Zweifel schon ein allgemeines Wort für die Kinder. Doch im Eigentlichen ist dies in der eiszeitlichen Symbolik mit der Aufklärung in der Jugend-Initiation verbunden. Erst mit der Geschlechtsreife ist die Bewusstseins-Entwicklung so weit, die (für die persönliche und soziale Selbststeuerung) entscheidenden Grundlagen der menschlichen Existenz und also Sprache und Kommunikation hinreichend zu verstehen und beherrschen zu lernen. Das zu schulen und zu trainieren war der Sinn der Jugend-Initiation, um das menschlich evolutionär notwendige Niveau für Kultur für ein fähiges Sozial- und Beziehungsleben zu erreichen.

dösen T.2.2.2 **dösig**
>gedankenlos dasitzen; halb schlafen<: mhd. frühnhd. *dösen* >schlummern<, engl. *to doze* >schläfrig sein<, dazu **dösig** >schläfrig, stumpfsinnig< von mnd. *dösich,* entsprechend aengl. *dysig* >töricht, blödsinnig<. Diese Wörter gehören nach der gängigen Etymologie wie **Dusel – duseln** zu der dort unter **Dunst** behandelten Sippe idg. **dheu-, *dheuə-* >stieben, wirbeln, blasen; dampfen<.- S. hier weiter unter **diesig** >>

diesig T.2.2.2
- niederdeutsch *dīsig*, ndl. *dijzig* >nebelig<, schwed. *disig* >dunstig, trüb, diesig<. Dies gehört nach der gängigen Etymologie zu der Wortgruppe von **Dämmerung**.-

Die Verweise auf **duster, dösen, Dunst, Tier** usw. wären m.E. treffender gewesen. Ich sehe hier insgesamt den Ausgang in der eiszeitlichen Lautwurzel **ħ* mit *atta – TaTa* in der Erstbedeutung >Mutter<. Von ihrem mythologischen Sinn her erscheinen in der gespiegelten Form **Odem → Atem**. Altslawisch *duša* >Atem<, polnisch *dusza* >Seele< und die einstmals bedeutsame Symbolik *Medusa* (wohl >Mutter-, Großer, Welten- Geist<) sehe ich als die entsprechenden Bildungen der reduplizierten Form.

Für diese Bildungen mit S erscheint mir eine konsonantische Modifikation wie auch bei der indischen *Diti* (auch bei *Aphro-*

dite) der reduplizierten Form wie *TaTa* (auch → **Titte, Zitze**) zwecks Bedeutungsunterscheidung als bislang beste Erklärung. Interessant in diesem Kontext ist auch der Befund von nordgermanisch *Dis* >Geist, Göttin< (*Wana-Dis* [> **Wonne**] für >Freia<, vgl. *Venus*). Bei *Dis* nehme ich eine Entsprechung zu der Form von *Medusa* an. Interessant in diesem Kontext ist auch das **dösen** entsprechende dän. *dysse* >**Dolmen, Hünengrab**<.

Insgesamt erscheint hier demnach ausgehend von eiszeitlich *ħ ein Komplex von *Odem – Geist – Nebel – Dampf – Tau (- Wasser – säugen, trinken*), wovon auch *duster – dämmern – duseln – dösen – schlafen – taub, betäubt* abgeleitet sind.

tot　　　　　T.2.2.3　　　**töten > Tod, tödlich, todkrank**
- mhd. ahd. *tōt,* got. *dauþs,* engl. *dead,* schwed. *död.* Dies ist nach Duden 7 ebd. eine Bildung zu ahd. *touwen,* asächs. *dōian,* aisl. *deyja* >sterben< (engl. *to die*) und gehört im Sinne von >betäubt, bewusstlos werden; hinschwinden< zu der dort unter **Dunst** behandelten Wortgruppe und idg. Wurzel **dheu-, **dheuə-* >stieben, wirbeln, blasen; rauchen, dampfen; in heftiger Bewegung sein<. EWD sieht hier vielmehr idg. **dheu-* >hinschwinden, bewusstlos werden, sterben<.-

Dies wird trotz der engen lautlichen Entsprechungen aufgrund der gängigen etymologischen Sprachauffassung nicht mit **Tau, tauen** und **verdauen** (>auflösen<) in Verbindung gebracht, die durchaus bestehen könnte. Ich sehe hier den Ursprung in der eiszeitlichen Lautwurzel *ħ wie *atta – TaTa* in der Erstbedeutung >Mutter<, dann auch für die mythologische >Mond-Mutter< bzw. das mythologische Ur-Eltern-Paar entsprechend Adam & Eva, vgl. dazu **Mord** (dän. *mor* >Mutter<) und dem röm. Kriegsgott *Mars* (als dem >Stammvater< der Römer). Dies steht eiszeitlich für >Welt, Leben, Ursprung, Geist, Bewusstsein<, doch in den Geschichten für die Kinder auch dafür, von woher man auf die Erde kommt und wohin man hinterher wieder zurückkehrt, „wo wir uns alle wiedersehen werden."

In der alten Symbolik wird dies (in der Tat) auch über >Geist, Odem; tauen, Dampf, Feuer; Tau< erläutert: wie die Sonne den

Schnee >verdampft<, der Magen die Nahrung **verdaut** und das Feuer Materie in >Geist< verwandelt, der in den >Himmel< steigt. Umgekehrt materialisiert sich der >Geist< im *Nebel, Odem* und *Tau* (woher sich in der alten Symbolik neben dem Geschlechtsverkehr die >Empfängnis< und die *Seele/Persönlichkeit* eines Kindes erklärt). Dazu findet sich ein ganzer Komplex an Wortbildungen, wie z.B. **tosen, duster, Dunst, Dampf** usw.

Insgesamt hat es den Anschein, als hätte es eine *Vorstellung* von Tod in *unserer* Form ursprünglich nicht gegeben und wäre diese erstmalig am Ende des Mesolithikums in kriegerischen Disflikten mit dem Bedürfnis aufgekommen, seine >Feinde< (nicht nur [leiblich] zu >töten<, sondern auch endgültig) >vernichtet< zu wissen. Die ursprüngliche Vorstellung von Tod verglich sich auf der Erwachsenen-Ebene eher damit, dass das Individuum wie ein Tropfen im Meer aufgeht, aus dem wieder Tropfen entstehen, oder besser (s.o.): als >Seele< in dem >Odem< einzugehen, von wo man dann wieder einen Körper annehmen konnte. Insofern galt es bis zur Neuzeit als das Entscheidende und als das Wichtigere gegenüber der leiblichen Existenz, nicht seine >Seele< zu verlieren.

[1] **Tau** (der)　　　T.2.2.2　　　[1] **tauen**

- mhd., ahd. *tou,* ndl. *dauw,* engl. *dew,* schwed. *dagg.* Dies gehört nach der gängigen Etymologie zu idg. **dheu-, *dheu̯ə-* >stieben, wirbeln, blasen; rauchen, dampfen; in heftiger Bewegung sein<. -

Ich sehe hier eine Ableitung von der eiszeitlichen Lautwurzel **ħ* wie *atta – TaTa* in der üblichen Erstbedeutung >Mutter<. Daraus werden über das mythologische Motiv >Ur-Mutter< Begriffe für >Odem, Leben, Atem; Geist, Liebe, Bewusstsein< entwickelt. Die Wörter *Odem – Atem* entstammen der gespiegelten Form (**ata*). Bei *Tau* dürfte es sich um eine unreduplizierte Form von *TaTa* (→ **dösen**) handeln. Dies wird auch zu einem mesolithischen Element der historischen Wortbildungen wie TaPa, von wo etwa **Dampf, Duft, Tabak, taub - Taube** und die einstmals bedeutsame Symbolik hinter → **Typhus** ausgehen dürften.

toben   T.2.2.2   **Toben, Toberei, Tobsucht**

- ahd. *tobōn, tobēn,* aengl. *dofian.* Dies gehört nach der gängigen Etymologie zu → *taub* [- *doof*] und meinte ursprünglich etwa >taub, dumm, unsinnig werden<. **Tobsucht** >ungezügelte Wut< mhd. *tobesuht* >Wahnsinn, Raserei<, **tobsüchtig** mhd. *tobesühtic* >wahnsinnig; rasend<.-

Ich sehe hier einen ursprünglich vergleichbaren Sinn wie unter **toll - tollen** unter der mesolithischen Formbildung TaBa wie → **taub, dumpf, Dampf** und vor allem dem Symbolkomplex → **Taube** und unter → **Typhus**. Der Ursprung läge in *mesolithisch* TaBa.

Taube   T.2.2.2

- mhd. *tūbe,* ahd. *tūba,* got. *dūbō,* engl. *dove,* schwed. *duva.* Nach der gängigen Etymologie ist die Herkunft dieser Form nicht sicher geklärt. -

Tatsächlich ist bei uns die *Taube* mit der Symbolik des >Seelenvogels< bzw. als Darstellung des >Geistes< bekannt, woher sich auch das Wort erklären dürfte, so gotisch in der expliziten Bezeichnung >Leichentaube< (EWD: Taube).

Dies spricht dafür, *Taube* in Verbindung mit ***taub – betäubt*** und z.B. lat. *stupere* >betäubt sein, starr sein< (> **stupid**) zu sehen. Dies dürfte auf die schamanischen Rituale mit *Trance* → **toben – tüfteln - toll***)* – *Seelenwanderung* sowie auf die eiszeitliche Symbolik von *Tod – Wiedergeburt* im Kontext der Jugend-Initiation zurückgehen, wie das Vogel-*Symbol* auf dem zentralen Schachtbild in der Höhle von Lascaux zu deuten sein dürfte (s. Abbildung). Das Motiv des >Seelenvogels< ist vor allem vom Alten Ägypten bekannt (als *Ba*). Hierbei könnte *Ba* durchaus das zweite Element (Silbe) von *Taube* sein (zum ersten Element s. → **[1]Tau**). Weiterhin dürften ursprünglich **tief** und von dort her lat. *tubus* >Röhre< (> **Tuba, Tube**) und *tepe* türkisch >Berg< aus dem Kontext der *Berg- (= Tepe-) Höhle* damit verknüpft sein. S. hierzu auch **Tabak** und → **Typhus** (4.2.1).

138

Totem T.0.2, T.1.2, T.1.3.1

- nach EWD ebd. von *ote, otem* der Algonkin-Indianer für >Sippe, Clan< bzw. >Stammeszeichen<. Das anlautende T erklärt sich nach EWD ebd. aus einem indianischen Possessivum >sein<, also zusammen für etwa >seine Verwandten<.-

Entsprechende Bildungen finden sich z.B. mit japanisch *udi* >Sippe<, griech. *etēs* >Angehöriger; Geschlechts-, Stammesgenosse, Landsmann; Freund<, *éthnos* >Menge, Schar; Stamm, Volk< (> **ethnisch. Ethnie, Ethnologie**), dän. *æt* >Geschlecht, Familie, Sippe<, s. → **Adel** und → **Eid**. Den Ursprung dessen sehe ich in der eiszeitlichen Lautwurzel *ħ wie *atta – TaTa* in der Erstbedeutung >Mutter, Vater<. Aus dem mythologischen Kontext von >Mutter, Vater< werden mit dem Frühen Mesolithikum die Stamm-Ahnen und mit dem Späten Mesolithikum (auch) die Clan-Ahnen, die jeweils den Stamm bzw. den Clan repräsentieren.

total T.1.2 totalitär, Totalitarismus

- von mlat. *totalis* >gänzlich< von lat. *tōtus* >ganz, in vollem Umfang, völlig<.-
Von den gängigen Herkunftswörterbüchern wird dazu keine weitere Rückführung geboten. Ich sehe hier den Ursprung in der eiszeitlichen Lautwurzel *ħ wie *atta – TaTa* in der Erstbedeutung >Mutter<, dann auch >Vater<. In dem mythologischen Kontext stehen die >Ur-Mutter< bzw. das >Ur-Paar< für >Welt/Alles, Leben; alle Lebewesen, Menschen<, woraus sich lat. *totus* (von *TaTa*) erklären dürfte.
Mit dem Mesolithikum werden aus dem ursprünglich rein mythologischen >Ur-Paar< die wie >Adam & Eva< auch real verstandenen >Stamm-Ahnen<, die den jeweiligen >Stamm< repräsentieren. S. dazu den keltischen Gott *Teutates*, gedeutet als *Touto-tati-s* >Vater des Stammes<, dazu air. *tūath* >Volk, Stamm, Land<, lit. *tautà* >Volk, Nation<, **deutsch** (auch *Alla-Man-*) und → **deuten**.

deuten T.4.2 andeuten, eindeutig, bedeutsam

- ahd. *diuten* >zeigen, erklären; übersetzen; ausdrücken, bedeuten<, ndl. *duiden* >zeigen, erklären, auslegen<, aengl. *(ge)đie-*

dan >übersetzen<, schwed. *tyda* >auslegen, erklären, hinweisen<. Dies beruht nach der gängigen Etymologie auf einer Ableitung von germ. **þeudō-* >Volk< (> **deutsch**). Weitere Bildungen zu *deuten* sind **deuteln, verdeutlichen, bedeuten, Bedeutung**.-

Ich sehe hier einen Ausgang aus der eiszeitlichen Lautwurzel *Ṱ wie *atta – TaTa* in der Erstbedeutung >Mutter<, dann auch >Vater<. Diese Lautwurzel geht wohl schon in den Anfängen der Evolution von Sprache vor über 2 Mio. Jahre auf die ersten Wortbildungen wie **da – du - sieh** und >Finger – **zeigen**< zurück, s. → **Zehe – zehn**.

Die mit der humanevolutionär entwickelten Sprachkonzeption verbundenen mythologischen Motive wie z.B. *atta – TaTa* für die >Ur-Mutter< und den >Ur-Vater< wurden mit dem Mesolithikum in der Begründung der neuen Organisation des >Stamms< auf entsprechende >Stamm-Ahnen< z.B. in der Art von >**Adam** und Eva< übertragen (s. dazu auch → *Albe/n – Elfe*). Damit verknüpften sich auch entsprechende Wortbildungen für >Stamm< und spätmesolithisch (auch) für >Gens< (Clan). Beispiele dafür wären hier der keltische Gott *Teutates*, litauisch *tautà* >Volk, Nation< und nganasanisch (Sibirien) *tausə* >Stamm<. Formen in der Art von *atta* finden sich unter **Ethnie**, → **Adel** und → **Eid**.

Von diesen **frühgeschichtlichen** Zusammenhängen kann wohl als *atta – TaTa* ein Bezug zwischen >Stamm, Volk< und **deuten – zeigen** hergestellt werden. Insgesamt deutet sich dabei ein Bezug zwischen **Stamm – Stimme – Abstimmung / Mitbestimmung** an, doch entsprechend **Zunge** (>Sprache<) auch ein Übersetzen in Kontakten zwischen den Sprachen. Weiterhin ist hier an ein *Deuten* von Orakeln wie etwa der Runen-Würfe zu denken.

Zehe   T.3.1.2

- ahd. *zēha*, ndl. *teen*, engl. *toe*, schwed. *tå*. Nach EWD ist die etymologische Zuordnung unklar. Nach Duden 7 ebd. gehört

dies vermutlich zu idg. *deik- >zeigen< und würde dann eigentlich >Zeiger< bedeuten, vgl. auch lat. *digitus* >Finger, Zehe<.-
Doch ließe sich diese Form mit dem „Urwort" *Tik* für >Finger, einer< verbinden, das laut Richard Rudgley nach den Linguisten Ruhlen & Bengtson, „in allen Sprachen [*Sprach-Familien*] der Welt" auftaucht, etwa auch als *tika* im indianischen *Katembri* für >Zeh<.[47] Dazu ließen sich weitere Beispiele und Bezüge anführen. Doch trifft das angebotene „Urwort" nicht den Kern. S. etwa japanisch *te* >Hand< (in **Karate** >leere Hand<) und *tô* >zehn<.

Ich sehe hier den Ursprung in einer Ableitung von der unreduplizierten Form der eiszeitlichen Lautwurzel *Ħ mit *atta* – *TaTa* wie **da, du, sieh**! Diese Lautwurzel ist mit der Pfeil-Symbolik wie etwa **zeigen, Stock** (Speer), **Zacke** und **Ziel** verbunden. Von *zeigen* her ergeben sich auch die Bedeutungen für die Zahlen wie >eins<, *ti* → **zwei** und *Zehe* – **zehn**.

Die erweiterte Bildung TaKa bzw. abgeleitet etwa TiKa, die den ausgeprägteren Formbildungen wie *zeigen, Zehe* und dem „Urwort" *Tik* zugrunde liegt, dürfte jedoch von der Verbreitung her aus dem mesolithischen Mebuntu stammen. Hingegen könnte die reduplizierte Form spanisch *dedo* >Finger, Zehe< und unredupliziert japanisch *te* >Hand< eiszeitlicher Herkunft sein. Spanisch *dedo* >Finger, Zehe< und frz. *vingt* (- *Finger*) >20< zeigen, dass früher nicht *unbedingt* zwischen >Finger< und >Zehe< unterschieden wurde.

zehn   T.3.1.2

- mhd. *zehen,* ahd. *zehan,* got. *taihun,* engl. *ten,* schwed. *tio.* Dies geht nach der gängigen Etymologie mit Entsprechungen in den meisten anderen idg. Sprachen wie z.B. aind. *dáśa* >zehn<, griech. *déka* >zehn<, lat. *decem* >zehn< auf idg. *deḱm >zehn< zurück. Nach EWD ebd. ist jede weitere Deutung der **Ausgangsform** ungewiss. -

Doch s. japanisch *tô* >zehn<, vgl. dän. *ti* >zehn<, dt. **Zeh**, *ti* → **zwei**; koreanisch *teki* >eins<, afrikanisch Gur *dike* >eins<. Das

---

[47] Richard Rudgley: Abenteuer Steinzeit, S. 76

Wort stammt weder ursprünglich aus dem Indogermanischen, noch geht es von der Form *dekm noch von der Bedeutung >10< aus. Diese Form ließe sich eher dem zuordnen, was laut Richard Rudgley nach den Linguisten Ruhlen & Bengtson als eine Ausgangsform *tik für >Finger, eins< erscheint, was „in allen Sprachen [Sprach-Familien] der Welt" auftaucht, so auch in lat. digitus >Finger< (s.o. → Zehe).

Ich sehe hier den Ursprung in einer Ableitung von der unredupli-zierten Form der eiszeitlichen Lautwurzel *ħ wie dt. da, du, sieh!, was auch mit Finger → Zeh, zeigen (- nehmen engl. to take), **zu - Ziel** verbunden ist. Die erweiterte Form sehe ich als TaKa bzw. TiKa in mesolithisch Mebuntu begründet. Zu zehn findet sich auch **-zig** und vom Griechischen her → deka- >zehn< in **Dekan, Dekade, Dekalog** usw.

Sibirische Trommel: Nachzeichnung nach: M. Hoppál: Schamanen, S. 131

Am Himmel vermutlich die >Mond-Barke<, die die Kinder auf die Welt und die Toten wieder >heim< in den Himmel bringt.

142

1.2 Historisch modifizierte Wörter aus eiszeitlicher Herkunft

Eine Reihe von Wörtern erscheint in einer historischen Form, obwohl die Wörter wohl auf eine eiszeitliche Symbolik zurückgehen und nicht als spezifisch historisch erscheinen.

Dies gilt etwa für die mit -R gebildeten Wörter wie *Ur, Aar, Bär, S/Tier – Tor, drei – drehen* usw. Mit Ausnahme von spätmesolithisch **Kara* (→ S. 205) tritt das R allgemeiner erst in dem Vokabular der anatolischen >Sprache der Neolithischen Revolution< in Erscheinung (→ S. 228). Es ließe sich entsprechend annehmen, dass die hier genannten mit -R gebildeten Formen neolithisch geprägt sind. In Teilen ist dabei auch eine neolithische Vereinnahmung dieser Symbole anzunehmen oder auch handfester erkennbar. Doch gibt es in dem hier aufgenommenen Kontext keinen Anlass, sie als solche erst auf das Neolithikum zurückzuführen.

mehr   M.3.1.5.2; M.3.2.1   **ver/mehren**
- mhd. *mēr* (*mēre*), ahd. *mēr* (*mēro*), got. *mais* (*maizō*), engl. *more,* schwed. *mer* (*mera*). Laut der gängigen Etymologie ist dies eine Komparativform von idg. **mē-* >groß, ansehnlich<.-

Ich sehe hier die Ausgangsform in der unreduplizierten Form M𐤔 der eiszeitlichen Lautwurzel (*⊙ >) *M wie *amma – MaMa* aus dem Kontext der *Mond-Mutter*-Symbolik. Dieses M𐤔 wie etwa *Ma* findet sich z.B. in MaNa >Mond< und – auch für sich selbststehend - für >Mutter< wie etwa auch bei griech. Ma Ga >Mutter Erde< (→ **Magie**). Von den Bezügen in der eiszeitlichen Symbolik ergibt sich, dass *Ma Na* u.a. sowohl als >Mutter Mond< als auch umgekehrt als >Mond-Mutter< übersetzt werden kann, sind unter der Lautwurzel *⊙ in den Ausgangsformen *anna* – *NaNa* = *amma* – *MaMa* identisch. Dies bedeutet auch, dass >Mond-Mutter< = >Ur-Mutter< = >Groß-Mutter< (*Magna Mater* >die Große Mutter< als die >Mutter aller/alles Lebenden<) ist. Ursprünglich kann *ma* wie „idg. *mē-*" also selbst schon >groß< bedeuten. Vgl. auch **mega-** mit den Parallelen **Giga- > Gigant** und BaGa – engl. *big* >groß<.

Die hier ersichtlichen Formbildungen gehen jedoch offenbar auf die >Sprache der Neolithischen Revolution< zurück. Hierbei finden wir den Ausgang in MaGa, MaTar und eine von *Ma* abgeleitete Form *MR wie *mar, mer, mor,* die von der eiszeitlichen Symbolik >Mutter< im mythologischen Sinn ausgehen. *MR wie *mar, mer, mor* wie etwa in dän. *mor* >Mutter< ist insgesamt nicht bloß als eine umgangssprachlich verkürzte Form von (dän.) *moder* = *Mutter* zu sehen, sondern auch als eine eigenständig verbreitete neolithische Wurzelform, die in → **Mähre, Mahr, Meer, Moor,** indisch *Meru* – ägyptisch *mer* = → **Pyramide** usw. steckt.

Diese Entsprechung neolithisch MaGa - *MR belegt sich in lat. *magis* = dt. *mehr.* Von neolithisch MaGa sind die unterschiedlichsten Wortbildungen abgeleitet, s. dazu → **machen**, hier dän. *megen* – engl. *much* >viel< - mhd. *michel* >viel, groß< (in **Michelstadt, Mecklenburg**) – (griech.) **mega** - lat. **maxi-.**

Dies bedeutet hier **1.**), dass hier ein viel älterer Komplex als >indogermanisch< vorliegt und **2.**) dass *magis* – *mehr/en* von dem Sinn >muttern< als >(ver)mehren, (Nachwuchs) hervorbringen, gebären< ausgeht. Es handelt sich bei *mehr* und *magis* ursprünglich nicht in unserem Sinn um einen Komparativ, sondern um normale Wortbildungen. Die grammatische Konzeption mit Komparativ und Superlativ erscheint jüngeren Datums (schon ursprünglicher Bestandteil der >Flexionssprache<?). Doch wie *magis* – *mehr* >Mutter< zeigen, ist der neolithische Kult um >Mutter Erde< in sich selbst von Anfang an mit dem expansiven Imperativ von >seid fruchtbar und mehret euch< samt einem entsprechenden Wirtschaftswunder-Wachstum (= *Materialismus*) verbunden (s. auch → **Magie**). Historisch hat dies den Hintergrund, dass man damit die vorausgehenden kriegerischen Disflikte nach dem Zusammenbruch von Göbekli Tepe (vom Zerfall

144

und Depressiven) nach außen ins Manisch-Expansive zu wenden vermochte (s. dazu z.B. → **Panther**).

Mahr M.3.1.5.4

- mhd. *mar(e)*, ahd. *mara*, ndl. in *nacht-merrie*, eng. *nightmare*, schwed. *mara*. Dies ist nach der gängigen Etymologie mit der slaw. Sippe von russ. *mora* in *kikimora* >Nachtgespenst< und mit air. *mor-rígain* >Vampir, weiblicher Unhold (eigentlich >Albkönigin<)< verwandt. EWD ebd. sieht hier eine idg. Wurzel *morā f. >Albe<. Nach der gängigen Etymologie lässt sich dies zurückführen auf idg. *(s)mer[e]- >aufreiben< wie in **mürbe** und **morsch** usw.-

Ich sehe hier den Ursprung in neolithisch *MR >Mutter< wie wohl auch in → **mehr/mehren, Meer, Moor, Mähre**. Inhaltlich geht dies auf die eiszeitliche Sprach-*Symbolik* der >Mond-Mutter< (wie *DiAna*) zurück. Aus diesen ursprünglich rein didaktischen, sprachlichen und neuropsychogrammatischen Motiven >Ur-Mutter< und >Ur-Vater<, die didaktisch in fantastischen Geschichten zuerst mit dem Mond und der Sonne verbunden wurden, entstanden mit den mesolithischen Stämme-Bildungen die nun auch real begriffenen >Stamm-Ahnen<. Hierbei verschmolzen die Mythologien und erinnerte reale Vorfahren zum Zweck der Begründung seiner Rechtsansprüche, Stammesgesetze und der Autorität der Stammesführer (→ **Alpha, Alpen, Olymp**). Dies wurde im Späten Mesolithikum zu der Ahnen-Kult-Kultur weitergebildet, s. → **Hades**, → **Albe/n – Elfen**. **Mahr** stellt sich hierzu als eine Parallele dar (s. auch → **Mähre**). Ob dies hier allein als neolithisch >Mutter< zu dechiffrieren ist oder wie *Alben = Manen* seine >verstorbenen Vorfahren< als *Paar* oder in der ganzen vorherrschenden Lineage bezeichnen konnte, muss hier dahingestellt bleiben.

Auf jeden Fall stellt sich dar, dass bei *Mahr* ebenso wie bei der Parallele *Alp, Alb* (-Traum) dieses Verhältnis umgekippt ist. Dies erklärt sich auch aus dem christlichen Aberglauben. Doch belegen sich hier schon ältere Probleme, s. → **Eule** sowie **Mord** (von [wie dän.] *mor* >Mutter< für ursprünglich >Himmel<, s. dazu → **tot**).

Mähre   M.3.3.2

>schlechtes Pferd<, ursprünglich >Stute<: mhd. *merhe,* ahd. *mer(i)ha* >Stute<, ndl. *merrie* >Stute<, engl. *mare* >Stute<, schwed. *märr* >Stute, Mähre<. Dies beruht nach Duden 7 ebd. (ähnlich EWD) auf der weiblichen Form zu einem den Germanen und Kelten gemeinsamen Wort für >Pferd<, das im Dt. noch in **Marschall** und **Marstall** bewahrt ist: mhd. *marc(h),* ahd. *marah,* aengl. *mearh,* aisl. *marr* >Pferd< und die kelt. Sippe von air. *marc* >Pferd<. Ohne weitere Rückführung. Nach EWD ebd. kommt die Bed. >altes, schlechtes Pferd< erst Ende des 17. Jh. auf.-

Dieses Wort dürfte genau wie → **Aue - Kuh** ursprünglich schlichtweg >Mutter< bedeutet haben und entsprechend mit neolithisch *MR wie *mehren, Meer,* engl. *more, Moor* (= → **Au**/*e*) für >Mutter< identisch sein. Dass sich dies auf die Pferde bezog, könnte sich ursprünglich aus dem Nomadischen erklären, doch wahrscheinlich eher von daher, dass später in der herrschenden Schicht (wie noch später bei den Rittern) die Pferde wichtiger waren als die Rinder und zuvor die Schafe, deren Zucht man längst den Bauern überlassen konnte.

Diese Verbindung zu *Kuh* (lat. *bos*) wie zum Weiblichen belegt sich etwa in lat. *equus* >Pferd< mit der Parallele zu keltisch *epos,* was sich bei den Kelten als *Epona* als >Pferdegöttin< findet. Ich vermute, dass dies ursprünglich keine >Pferdegöttin< meinte, sondern wie im Nahen Osten männlich *Stier* und weiblich *Kuh* schlichtweg der *Ausdruck* bzw. die z.B. plastische *Symbolik* für >Gott/Göttin< war. Einen *gleichartigen* Hinweis dürfte die Formbildung *marc-* bieten, s. auch **Mark, Marke** (>> Ma Ga >Mutter Erde<). Möglicherweise spielte eine Erinnerung an die matriarchale Form eine Rolle, dass *Mähre* wie *Mahr* zu diesem verächtlichen (oder gar dämonischen) Begriff wurde, der in *Marschall* nicht nachvollzogen wurde.

Chimäre   K.3.2: K.3.4.4.3

- über lat. *Chimaera* >Feuer speiendes Ungeheuer in Lykien< als Ableitung der griech. Mythologie von *Chímaira* als der „Personifikation der vulkanischen Natur" von Lykien (Anatolien, Türkei).-

Interessanterweise bedeutet griech. *chimaira* >Ziege< (s. die Symbolik → **Ziege – Geiß - Bock**). Doch wird die *Chimära* in Plastiken aus Ziege, *Löwin* (→ *Panther*) und Schlange (als dem Schwanz) zusammengesetzt dargestellt, [48] was analog zu der kretischen Doppelaxt und anders mit den lat. *fasces* für >Ursprung, Fruchtbarkeit, Leben< und >Herrin über Leben und Tod< stehen dürfte. Eine wohl an sich gleichbedeutende Symbolik findet sich im Alten Orient als Kombination aus → *Fisch* und *Ziege* (s.u. Abb.).

eine Ideographie des sumerischen >Gottes< *Enki*

Ausschnitt von einem Kalkstein aus der Kassiten-Dynastie, Susa. Nachzeichnung nach: A. Caubet & P. Poussegur, Der Alte Orient, S. 176 f.

Chimaera dürfte sich als neolithisch *KiMera* >Erd-Mutter< analog zu MaGa, BaGa, GaBa, MaTa/*terra* >Mutter Erde< erklären. Die an die Form *KiBele* (*Bele* >Herrin<) erinnernde Göttin *Pele* von Hawaii ist „die Göttin des Vulkans, der Natur, der Unordnung, der Zeremonien und der Sexualität".[49] In Südamerika findet sich *Pillan* als Vulkan-Gott der Araukaner. [50]

Es ist nicht einmal unwahrscheinlich, dass die neolithische Revolution in Verbindung mit Erdbeben durch einen Vulkan-Ausbruch ausgelöst wurde, der wie die spätere Deutung der „Sintflut" in der Priesterherrschaft als eine Drohung der Gottheit interpretiert worden wäre. Es kam z.B. in der Nähe von Çatal

---

[48] S. dazu Bilder unter Wikipedia: **Chimära**. Die antike Mythologie beschreibt jedoch eine schon verselbständigte Vorstellung.
[49] Sharukh Husain: Die Göttin, S. 55
[50] Wikipedia: Huecuvus. 9.3.21, 15:02. Jedoch dort keine weiteren Infos.

Höyük um 7550 v. Chr. (nach neuerer Angabe freilich 6960 ± 690 v. Chr.) zu einem (bislang letztmaligen) Ausbruch des *Hasan Dağı*. Der nicht zu entfernte ca. 3.916 m hohe Ex-Vulkan *Erciyes Dağı* soll noch um 6880 v. Chr. eine Eruption gehabt haben (s. Wikipedia ebd.). Die Bedeutung des türkischen Namens entspricht übrigens *Libanon* → *Alpen* = *Olympos* als >der Weiße<. Doch ist die Vulkan-Symbolik auch mit Sexualität (s.o. *Pele*) und Geburt (bei dem griech. Vulkan-Gott *Hephaistos*) verbunden.

Meer   M.3.1.3, O.1.2

- mhd. *mer,* ahd. *meri,* got. *mari-saiws* (>See<, eigentlich >See-See<), engl. *mere* >Meer, Binnensee, Sumpf<, dän. (mdal.) *mare* >Moor, Sumpf, Morast<. Dies geht nach Duden 7 mit verwandten Wörtern im Keltischen, Lat. wie *mare* und Baltoslaw. wie russ. *more* >Meer< auf westidg. **mōri* >Sumpf, stehende Gewässer, Binnensee< zurück. -

Ich sehe hier den Ursprung in neolithisch **MR* >Mutter< in Ableitung der eiszeitlichen Mythologie und Lautwurzel **M* (von **O*) wie *amma – MaMa* für >Mutter, Quelle, Ursprung, Wasser<. Diese Zusammenhänge belegen sich in der Symbolik und sprachlich weltweit. S. dazu etwa aus einer indianischen Symbolik und Mythologie:

> „Am Anfang der Zeit herrschte überall Dunkelheit. Es gab kein Land, keinen Gegenstand, nur Wasser, soweit das Auge reichte. Das Wasser war die >Große Mutter<, der Ursprung aller Dinge." [51]

Bekannt ist dies auch (wenn auch patriarchal verhunzt) von der altorientalischen Tiamat-Mythologie her. Dieses *Tiamat* (**Ti-Ama*) entspricht sumerisch *Nammu*:

> „Die Göttin Nammu (deren Name mit jenem Bildzeichen wieder gegeben wird, das >Urmeer< bedeutet) wird gedacht

---

[51] Gerardo Reichel-Dolmatoff: Das schamanische Universum, S. 39 – 41

als >Mutter, die Himmel und Erde gebar<, sowie als >Ahnmutter, die alle Götter gebar<." [52]

Die Ausgangsform *amma* – *MaMa* für >Mutter, Ursprung< und >Wasser, nähren< belegt sich z.B. mit:

mëmë	albanisch >Mutter<; >Gebärmutter; Quelle< [α]
yam	Bedscha (afrik.) 1) >Uterus<, 2) >Wasser< [BJ]

Eme, Jeme	selkupisch für den Fluss **Ob**, wörtlich >**Mutter**<
Jamm	altsyrischer Gott der Gewässer (s.u.),
	wohl ursprünglich =
Tiamat	das >Urmeer< = babylonische Göttin (s.o. + Ti-)
jam ‏ם׳‏	hebräisch >Meer, See<, auch für *Nil, Euphrat, Tigris*
Jümme	Fluss bei Leer („Ammerland")

àmma	Bole (Tschadisch, Afrika) >Wasser<
ama	Cherokee (indian.) >Wasser<
ama	Guaraní (Paraguay, Süd-Brasilien) >Wasser<
umi	japanisch >Meer<

Die Bildungen wie in den Flussnamen *Amur* (Sibirien), bei uns ***Ammer*** (2 x), *Emmer* könnten sich als Mischform aus *amma* und *MR/mer >Mutter<* erklären. Beachte dazu die Parallele unter *N wie griech. *Nereus* >Meer; göttlicher Meergreis<; germ. *Nerthus – nähren* und Flussnamen wie *Nera, Niers* (NRW), mongolisch *nor, nuur* >See< und das interessante Bedeutungsfeld von dän. *nor* >Haff, Bucht; **Säugling**<. Eine weitere Parallele hierzu findet sich unter *Ŧ wie etwa *TeTe, De* in lat. *Tethis* >Meergöttin<, s. hier insbesondere → **Titte** – [TiTi-] **See – säugen** und als Flussnamen *Theiß, Düssel* bzw. *Sieg*.

Pyramide

- eine Bildung aus griech. *pyramis* in der (lautlich verdrehten) Aufnahme von ägyptisch *p'mr* >Grab, Pyramide<. [53] Dies er-

---

[52] Mircea Eliade: Geschichte der religiösen Ideen I, S. 63
[53] laut Wikipedia: Pyramide (Bauwerk), abgerufen am 19.02.21 um 11:51

scheint als erweiterte Form von (älter?) ägyptisch *mr* (*mer*) für ihre Pyramiden. [54]

Diese Formen finden sich in **Pamir**-Gebirge sowie in (*Su-*) **Meru** als einer Bezeichnung für den >Weltberg< in der indischen Mythologie. Möglicherweise entspricht das *Pa-* dem indischen *Su-* für evtl. >Ur< als einer verstärkenden Charakterisierung für den hier mythologisch gemeinten >Weltberg<, wie es ihn in der ägyptischen Mythologie in Verbindung mit *Ptah* als >Urhügel< gibt. Dieser erwuchs (in der Art eines *Vulkan*-Bergs) aus dem → Ur-*Meer* (vgl. hierzu auch → *Au/Ei* (für >Wasser; Quelle< *und Ei*-Land >Insel< wie dän. ø).

Es ist entsprechend interessant wie im Übrigen auch für die eiszeitliche Symbolik bis in das Neolithikum hinein charakteristisch, dass wir mit **Meer** und **Meru** den ursprünglich gleichen Wortausgang finden, nämlich hier neolithisch *MR für die mythologische Ur- >Mutter< als dem Inbegriff für >die Welt, das Leben, die Lebewesen, den Menschen, die Menschheit; Liebe, Geist [→ *Mut*], Bewusstsein, Kultur<.

Neben *Pamir* findet sich auch die Form von *Meru* verbreitet, so z.B. *Meru* (Tanganjika, Afrika), *Mera* (Indien), (*Dschebel* = Berg -) *Marru* (Sudan), *Marapi* (> Su*Matra*<!), *Merapi* (**Java**, Indonesien), *Mer*baba (neben dem *Merapi*), *Kamerun* (in Kamerun, Afrika) usw. Es handelt sich hierbei um recht hohe Berge und in Teilen auch um Vulkan-Berge. Eine vergleichbare Form findet sich im Hebräischen mit *marom* מרום >Höhe (in Bezug auf Berg), hoch gelegener Ort, Himmelshöhe< und *Moriah* als dem Namen des >Tempelberges<.

Entsprechende Bergnamen finden sich auch in anderen Formen der Wortbildungen für >Mutter<, so als *ama* in japanisch **Yama** (mit Mythologie verbunden, in z.B. *Fujiyama*), in Deutschland **Ohm**-Gebirge (es gibt auch Fluss Ohm), **Ammer**-Gebirge mit Fluss **Ammer** (auch in weiteren Flussnamen); MaMa in *Moma* als einem sibirischen Hochgebirge (→ *Mammut*), Ma Ga >Mut-

---

[54] *Mer*: Harald Braem: Die Geheimnisse der Pyramiden, S. 106; *mr* in EWD, *Pyramide*

ter Erde< (→ **Magen**) u.a. in *Makay* (Madagaskar), MaTar
>Mutter (Erde)< in *Madara* (bei Israel), *Mandara* als indischer
Weltenberg und **Matterhorn** (dän. *horn* auch >Bergspitze).

Mord   M.3.1.5.4   morden, Mörder

- mhd. *mort,* ahd. *mord,* ndl. *moord,* aengl. *morđ,* schwed. *mord.*
Dies stammt nach der gängigen Etymologie mit aind. *mṛta-*
>Tod< und lat. *morī* >sterben<, *mors, mortis* >Tod<, *mortuus*
>tot< von idg. **mer(ə)* >sterben<, eigentlich entsprechend
mürbe >aufgerieben werden<.-

Zu lat. **mors** >Tod, Leichnam< findet sich *Mors* bzw. *Morta* [55]
auch personifiziert als >Todesgöttin<. Weitere Entsprechungen
dazu sind z.B. litauisch *Moré* [56] >Göttin des Todes<, bretonisch,
irisch *Maro* >Tod; Todesgöttin< (ebd.), griech. *Moīra* >Schick-
salsgöttin<, griech. *móros* >Schicksal, insb. Tod, Untergang<,
→ **Mahr** und dazu in Parallele → *Alb, Alp* (-Traum).
Es kann von der Alten Symbolik her kein Zweifel daran bestehen, dass dies in der neolithischen Form *MR wie *mer/mar/mor*
von der eiszeitlichen *Mond-Mutter*-Symbolik ausgeht. Nach diesen für die Kinder bestimmten Geschichten kommen die Kinder
von der *Mond-Mutter* auf die Erde und dann nach ihrem Aufent-
halt auf der Erde wieder zu ihr in den >Himmel< (im Sinne von
engl. *heaven* entsprechend *Hēbē, Hepat* s. **Haupt**).

Diese Symbolik ist ursprünglich mit **sterben** → **tot** und nicht
etwa mit *morden - töten* verbunden. Doch kippte diese Symbolik
mit gewaltsamen Disflikten und Kriegen um. Interessant in diesem Kontext sind die (älteren) **Moor**-Leichen, die als Boten oder
als rituelle Opfer in den Lebensraum der *Mor* >Mutter< gebracht
wurden (in jüngeren Fällen ist jedoch schlichter *Mord* nicht ausgeschlossen). Der lat. **Mars** erscheint als ursprünglich als eine
männliche Parallele (von der eiszeitlichen *Mond – Vater*-Sym-
bolik). Darauf deuten auch seine oskische Parallele ***Mamers***
(evtl. Mischform von *MaMa* und **Mer*) und seine ursprüngliche
(neolithische) Bedeutung als >Gott des Landbaues< (Stowasser). Er war zunächst >Schirmherr im Krieg< und vermutlich die

---

[55] Julius Pokorny: Idg. Etymologisches Wörterbuch, S. 735
[56] Marija Gimbutas: Die Sprache der Göttin, S. 275

männliche Parallele zur weiblichen *Mors* (als Mond-Mutter und -Vater, wo die >Verschiedenen lebten<). Dies ist nicht mit >Kriegsgott< und dem *Morden* gleichzusetzen, wozu *Mars* in Spiegelung der Drehung von der Verteidigung hin zu den römischen Eroberungszügen mutiert. Von diesem Aspekt her **martialisch**.

Bär B.5.2.4 bärbeißig, Bärendienst

- mhd. *ber,* ahd. *bero,* ndl. *beer,* engl. *bear,* aisl. *bjorn,* schwed. *björn* (auch im norw. Ortsnamen *Björndal* >Bärental<), aisl. *berin* in *Berserker.* Dies bedeutet laut der gängigen Etymologie eigentlich der >Braune<, da man aus Tabu-Gründen den eigentlichen „Namen" des Bären nicht aussprechen wollte.-

Soweit ich sehe, stützt sich diese *Vermutung* darauf, dass entsprechend griech. *árktos* das eigentliche idg. Wort für >Bär< auf idg. *h_2rtk-* zurückgegangen wäre (Wikipedia: Bär). Doch besteht bei dieser *Annahme* die übliche Problematik. Man geht von der modernen Sprachauffassung aus, nach der es *ursprünglich* ein bestimmtes festes eigenes und zumal idg. einheitliches Wort in der eindimensionalen Bedeutung >Bär< gegeben hätte. Die andersartigen Wörter werden dann als >Ersatz< aus Tabu usw. bezeichnet.

Dabei ist mit *Bär* eine höchst bedeutsame Symbolik verbunden, auf die die nicht nur im Germanischen andersartigen Wörter für >Bär< hinweisen. Allerdings sind die genaueren Einzelheiten nicht so klar und eindeutig, da wegen ihrer Bedeutung die vermutlich schon auf die Eiszeit zurückgehende Symbolik den verschiedensten Umformungen unterlag.

Als Ausgang lässt sich vielleicht das auf der folgenden Seite abgebildete Relief aus Çatal Höyük nehmen. Es wurde zusammen mit weiteren Motiven im Gefolge des Archäologen James Mellaart als >gebärende Göttin< gedeutet. Diese Sicht wird aber in Verbindung mit einer Plastik in Göbekli Tepe in Frage gestellt. [57] Brüste und Geschlechtsmerkmale sind hier nicht erfind-

---

[57] S. dazu in: Klaus Schmidt: Sie bauten die ersten Tempel, S. 54 f.

lich. Von hier aus kommt das Bären-Motiv ins Spiel. Der markierte Bauch steht nicht zwangsläufig direkt für >schwanger<, sondern im Gefolge von Göbekli Tepe für die → **Nabel**-*Berg*-Symbolik als der unteren **Nabe** = **Pol** der Weltenbaum-**Achse** als der Markierung des (Ober-) Zentrums seiner Sozialorganisation. Das **Netz**-Muster könnte für das hier immer noch gewünschte globale Rechts-Bund-Netzwerk von Göbekli Tepe stehen (vgl. dazu auch die *web*→ **Spinnen**-Symbolik).

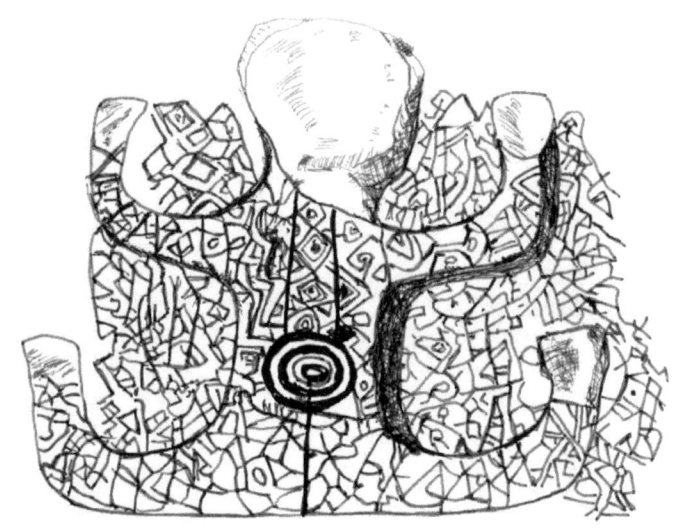

Neolithische Relief-Plastik aus Çatal Höyük

Nachzeichnung nach Marija Gimbutas: Die Sprache der Göttin, S. 253

Das Bären-Motiv ist insofern interessant und von Bedeutung, als dass der Bär in der aufgerichteten Stellung in besonderer Weise eine **Verbindung** der **theriomorphen** und **anthropomorphen** Symbolik in Entsprechung zu der Weltenbaum-Symbolik erlaubt (*tree* = → **drei - drehen**). Das heißt, dass es sich um eine Entsprechung der >Ur-Mutter< als Ganzheits-Symbolik meint, wie es sich in Identifikation der mit >Bär< verbundenen griech. *Artemis* mit der Hekate andeutet (s. auch S. 73). Auf diesen Kontext verweisen auch die Wortbildungen zu *Bär*.
Das germanische Wort *Bär* stellt sich als Entsprechung zu → *Ur – Ursprung* wie frz. *ours* >Bär< dar, wie sich griech. *árktos* >Bär< (> **Arktis**) von *archē* >Ursprung< her erklären dürfte (→

archä-). Man beachte, dass das alte Wort für >Gebärmutter< *Bärmutter* war. Der weitere Kontext wird in frz. *ours* >Bär< ersichtlich, was nämlich im Plural >Regel, → *Zyklus*< bedeutet. Von Zyklus aus bestehen die Zusammenhänge zu → *Nabel – Achse – Weltenbaum.* Die untere Nabe verknüpft sich mit der → **Uterus**-Unterwelt (= *Arktis = Norden* als >Ursprung + Ende< → *Jul - Weihnacht*), die obere mit dem Polar-Stern, was mit dem Sternbild des *Großen* und des *Kleinen Bären* verbunden ist. Der >**Große Bär**< verknüpft sich im Lateinischen mit der **weiblichen** Form *ursa* >Bärin< (männlich *ursus*).

Gemeinschaftshaus der Tlingit an der Nordwestküste Nord-Amerikas

Nachzeichnung nach Foto in:
Sharukh Husain: Die Göttin, S. 97

Eine interessante Entsprechung findet sich im Indianischen und zwar in Verbindung mit einer von den Cheyenne und den Lakota *Mathó Thípila* genannten außergewöhnlichen Berg-Fels-Formation. Sie besteht aus 366 m aufragenden erstarrten Lavasäulen und ist in den USA unter >**Devils** Tower< bekannt geworden. „Alle Stämme dieser Gegend verehren diesen außerordentlichen Felsen: die Kiowa, die Arapaho, die Schoschonen, die Crow, die Cheyenne und die Lakota Sioux." [58]

---

[58] David M. Jones & Brian L. Molynaux: Die Mythologie der Neuen Welt, *Devil's Tower,* S. 33

Die Kiowa nennen diese Formation >Baumfels<, was den japanisch *Yama* entsprechenden gleichzeitigen Bezug zu der Weltberg- und der Weltenbaum-Symbolik zum Ausdruck bringt. *Mathó Thípila* bedeutet hingegen >Haus/Tipi des Bären<, was die Verbindung zu der Bären-Symbolik zeigt.

Hierbei ist *Mathó* das Wort für >Bär<. Dem entspricht „urkeltisch" *matu-*, altirisch *math* >Bär<, wozu es einen keltischen >Bären<-Gott *Matunus* gibt (s. Wikipedia ebd.). In den slawischen Sprachen lautet das Wort für *Bär* z.B. slowenisch *medved*. Dies bedeutet >Honigesser<, könnte aber eine volksetymologische Umdeutung sein, da man evtl. das ursprüngliche Wort nicht mehr verstand. Ich sehe hierbei einen Ursprung in mesolithisch MaTa für z.B. >Mutter< (vgl. **Met**), was aber bis zu den Anfängen des Neolithikums noch ganz anders in die alte Symbolik eingebunden war und also auch >Bär, Bärin< bedeutet haben könnte.

Doch gibt es wohl schon von Anfang an hierbei nicht nur das weibliche Motiv. Es spricht einiges dafür, dass dies ursprünglich mit der *Weltberg-Uterus-Höhlen*-Symbolik der Jugend-Initiation verbunden. Hierbei erscheint *Bär* oft eine Parallele zu der >Drachen<-Symbolik (von dorther erklärt sich wohl z.B. auch die Aufnahme als >Devils Tower<). Hierbei ließe sich an den mächtigen eiszeitlichen Höhlenbären (Größe 3,5 m) und den Brauch der Bären, in Höhlen zu überwintern, denken. Die Bären sind durchaus sehr gefährliche Tiere (das Problem der Höhlenbären bestand nur darin, dass er in seinem Winterschlaf sehr leicht zu töten war). Dass *Bär* insofern auch eine Krieger-Symbolik war, belegt sich in dem Ausdruck *Berserker,* was sich als >Bärenfell< erklärt:

„Berserker wurde man nach einem Initiationskampf. So schnitt sich bei den Chatten, wie Tacitus schreibt, der Anwärter weder die Haare, noch rasierte er sich, bis er einen Feind getötet hatte. Bei den Taifalern musste der junge Mann ein Wildschwein oder einen Bären erlegen [...]."[59]

S. hierzu mehr unter *Werwolf.*

---

[59] Mircea Eliade: Geschichte der religiösen Ideen, Band I, S. 144

Aar >Adler<   A.1.2, A.2.2

- mhd. *ar* >Adler, Bussard, Sperber<, für speziell >Adler< dann mit + *Edel* gekennzeichnet, sodass aus *Edel-Aar* > **Adler** wurde.-

Dass *Aar* für >Adler< und andere (*Raub-*) Vögel erscheint, ist Ausdruck einer alten, höchst bedeutsamen Symbolik, die vielfältige etymologische und historische Aufschlüsse ermöglicht.

Adler auf einem **dreifachen** Schamanenbaum [60]
(doch auch 3 x 3 [= 9]!)

Der Ursprung von *aar* >Adler< dürfte in der eiszeitlichen Lautwurzel *א im Kontext der eiszeitlichen **Ur**= *Mond*= *Ur-Mutter*- und >Ursprungs<-Symbolik liegen, hier in Verbindung mit (engl.) *air* – *Himmel* – *Odem* (Geist, Leben, Seele), vgl. griech. *aér* >Luft, Luftraum, Luftreich (als dem Raum, wo die Götter und Dämonen leben)< (> **Aero-**[Dynamik]).

Dieses *א findet sich bei uns in → **Au** (*Aue,* >Wasser<) und → **Ei** und entspricht hierbei der neolithisch mit R gebildeten Form >**Ur**(sprung)<. Auch → **Aa** – **Au** >Wasser< finden sich bei uns mit dieser neolithischen R-Erweiterung in Flussnamen wie *Aar, Ahr, Aare, Ohre* (3 x, einmal tschechisch für die *Eger*), *Ur* (= frz. *Our*) usw., noch einmal erweitert in (2 x) *Würm* sowie **Wurm**, wo die *Drachen*→ *Schlangen*-Symbolik zum Ausdruck kommt (→ **Lindwurm**, auch *Leine, Lenne* → **Schlange**).

Auch → (Vogel-) *Ei* ist eine – gut nachvollziehbare und allgemein verbreitete – Ursprungssymbolik, da aus dem Ei z.B. **Küken** (*KuKu*, auch > **Kugel, Kokon, Kogge** wie auch →

---

[60] „Stickerei auf dem Band der Kopfbedeckung eines ewenkischen Schamanen. Dreifacher Schamanenbaum (*turū*) im Opferhain, darüber Adlervögel. Das dreistufige Gestell war einmal ein typisches Bauwerk der heiligen Haine." Text und Zeichnung nach M. Hoppál: Schamanen, S. 160

[Schild-] **Kröten** usw. schlüpfen. Ein wichtiger etymologischer Anhalt ist hier die doppelte Parallele *Ei* – engl. *egg – eye* → **Auge – kucken – Kugel**. Dies findet sich als *KuKu* verbreitet für >Vogel< (**Kuckuck**, *cock* – **Gockel**, **Häher** usw.) wie auch in **Höhe, hoch, Hügel**. Damit ist auch eine differenzierte *Vogel*-Symbolik verbunden (s. hier z.B. → **Taube**, → **Eule** wie etwa auch der *Storch,* der „die Kinder bringt").

Unter *אr wie *Aar* findet sich dies in Amerika mit *Ara* (Papageien) und *Arassaris* (redupliziert *aras-aras*?) für Vögel der Tukano-Art; im Alten Ägypten wohl in *Horus* (-*Falke*) oder in griech. *ornis* >Vogel, speziell Huhn, Henne< (von daher **Ornithologie** >Vogelkunde<, evtl. ursprünglich = *uranos* >Himmel<).
Aar – Adler dürfte sich von dem Kontext der *Himmels-* (und *Sonnen-*) Symbolik her erklären (→ *Jul,* → *Jahr*). S. dazu:

„Was für Ägypten der Falke, ist für zahllose andere Kulturen (die von den Naturvölkern bis zu den Hochkulturen reichen), der *Adler*. Als König der Lüfte, der den obersten Luftraum beherrscht, ist er nicht nur der Königsvogel par excellence, sondern der Repräsentant des höchsten Gottes oder sogar dieser selbst. Weil er aus dem fernsten Himmel, der seine Wohnung ist, herniederstößt, wird er häufig in Beziehung gebracht zu Donner und Blitz.
Nordamerikanischen Indianerstämmen ist er der >Donnervogel<, dessen Flügelrauschen den Donner erzeugt oder aus dessen Schnabel der Blitz kommt. Insofern der einschlagende Blitz häufig Brände verursacht, gilt der Adler nicht nur bis hinaus zur griechischen Hochkultur als >Hüter des Blitzes< und Begleiter des obersten Gottes Zeus; er ist auch – wie in vielen indogermanischen Mythen – der Bringer des Feuers. So wird der indische Gott des Feuers, Agni, als Adler vorgestellt; und der Gott Indra, der häufig mit dem Donnerkeil als Attribut erscheint, verwandelt sich in einen Adler, als er den Soma raubt; dieses Motiv findet sich ebenfalls in der griechischen Mythologie, wenn Zeus die Gestalt des Adlers annimmt, um Ganymed in den Himmel zu entführen.
Über Feuer, Blitz und höchsten Himmel führt die Symbolkette weiter zur Sonne, die bei vielen Völkern in religiösem Zusammenhang gesehen wird mit dem Adler. […] Dieser Glaube lässt sich ebenso in Sibirien finden, wenn der Adler als Sonne gedeutet wird, in

Nord- und Südamerika, wenn mit kreisförmig angeordneten Adler-federn die Sonnenscheibe dargestellt wird (Hopi-Indianer), oder in Japan, wo er das Tier der Sonnengöttin Amaterasu ist." [61]

Bestimmte Symbol-Momente sind von den weiteren Zusammenhängen her wohl bereits eiszeitlicher Herkunft, so der Zusammenhang zwischen *Vogel – Himmel – Mond-Mutter*. Doch wie sich mit der neolithischen R-Erweiterung andeutet, handelt es sich bei etlichen Ausprägungen um historische Entwicklungen. Die Konzeption eines speziellen sowie eines männlichen >Sonnen-Gottes< als ein Gott unter anderen Göttern dürfte erst im 4. Jahrtausend v. Chr. aufgekommen sein (s. z.B. → **rot**).

drehen   T.5.3(.1)   **Drehbank, Drehbuch**
- ahd. *drāen*, ndl. *draaien*, aengl. *đrāwan* (engl. *to throw* >werfen<). Dies beruht nach der gängigen Etymologie auf idg. *ter(ə)-* >drehen, (drehend) reiben, bohren<, wozu u.a. auch *drechseln, drillen* → *drohen, drücken, dringen* usw. gehören würden.-

Ich sehe hier eine historisch gebildete Ableitung von der schon eiszeitlichen Symbolik des Weltenbaums als *Achse*, um die sich die Welt *dreht* (s. auch → **Nabe**). Dazu findet sich entsprechend zu *drehen* engl. *tree* >Baum<. Dass sich zu dieser Symbolik auch noch das Motiv → **drei** findet, bestärkt die Annahme dieses Zusammenhangs, ebenso die mögliche Verbindung *Achse – Ochse* – → *S*/**Tier**.

drei   T.5.3   **Dreieinigkeit**
- ahd. *drī*, got. *þreis,* engl. *three,* schwed. *tre.* Dies ginge nach der gängigen Etymologie auf idg. *trejes* >drei< zurück.-
Das Wort *drei* könnte eine unmittelbare Ableitung der eiszeitlichen Weltbaum-Symbolik als der >Achse der Welt< sein – vgl. dazu engl. *tree* → **drehen** und die Konzeption der >**drei** Weltschichten< mit Unter-, Ober- und Mittelwelt (s. die Graphik → S. 71). Falls sich die Annahme halten lässt, bedeutete dies einen

[61] Gerhold Becker: Die Ursymbole in den Religionen, S. 195 f.

wichtigen Schlüssel für die kulturellen und sprachlichen Zusammenhänge in diesem Kontext.

Mit diesen drei Weltschichten ist auch die trinitarische Konzeption der **drei** *Moiren, Parzen* oder *Nornen* verbunden (s. auch → **Bär**). Die >Drei< erscheint hierbei – so auch in dem ursprünglichen chinesischen Zeichen für >Baum< mit 3 Wurzeln und 3 Zweigen. Als 3 x 3 (s. die Zeichnung bei → **Kuh**) ergibt dies die verbreitete Symbolik *NoNa* → **neun** für >neun Monate< für >schwanger, Mutterschaft< oder bei den 9 Musen.

durch   T.0.3; T.5.5.2.3   **hindurch, Durchgang**
- mhd. *dur(ch)*, ahd. *dur(u)h*, ndl. *door,* engl. *th(o)rough.* got. *þairh* >durch<. Nach der gängigen Etymologie sind hiermit z.B. aind. *tiráh* >durch, über, abseits< und lat. *trans* >jenseits, über – weg< (> **Trans** [*-formation*]) damit verwandt. Mit der Vorsilbe *durch-* sind viele Wörter gebildet wie etwa **Durchgang, Durchfall, durchdrehen, durchforsten, durchsetzen, durchtrieben** usw.-

Ich sehe hier in Verbindung zu *Tor* eine zentrale Formbildung der eiszeitlichen → *Drachen*-Symbolik, nämlich in dem Sinn, dass wir eine Verkörperung des Lebens sind; dass das Leben durch uns **hindurch** geht und wir das Leben **durch uns** durchreichen (weitergeben). Dieses Hindurch wird etwa in der *Drachen*-Symbolik der Jugend-Initiation in der Form zum Ausdruck gebracht, dass man zuerst von dem *Drachen* (im *Schlund*) verschluckt werden und „sterben" muss, um dann (in der Weltberg-Uterus-Höhle) neu geboren zu werden.

Diese Symbolik ist auch mit dem Thema Sexualität verbunden: in der in der Jugend neuen Erfahrung des sexuellen *Drangs* (**drängen**) wie dann in der orgastischen Erfahrung der *Macht* des Lebens, wie man im Paaren und Gebären das Leben weitergibt. Es versteht sich demnach, dass hierbei Sexualität früher als etwas sehr Spirituelles begriffen wurde (vgl. auch → **Orgie** >Gottesdienst<), evtl. gar als Inbegriff von Spiritualität (vgl. *kaddesch* >heilig< → *Hades*). Hier ist auch der Ursprung der neolithischen Symbolik von MaGa >Mutter Erde< zu sehen (→ **machen, Magen, Gemächte**).

159

Ich halte diese Form auf jeden Fall für ursprünglich identisch mit **Tor, Tür** (ndl. *door* >durch< - engl. *door* >Tür<), s. auch kymrisch (keltisch) *tor* >Bauch, Unterleib<, vgl. (als **ter-*) > un*ter* (*-Leib, -Welt*) und → **Uterus**. Hierbei dürfte mit der erweiterten Formbildung *durch* = **TorKuh – DraCo* auch ein alter Bezug zu **Drache** wie etwa auch in litauisch *draikà* >Brunstzeit<, serbokroatisch *drāga* >Schatz, Geliebte< und **tragen, trächtig** bestehen.

Uterus T.5.5.1.2 (auch T.5.1)

- lat. *uterus* >Mutterleib, Schoß; Bauch; Leibesfrucht, Sohn<, dazu aind. *udáram* >Bauch<; griech. *hystéra* >Gebärmutter<.-

Ich deute diese Bildung als eine zusammengesetzte Form. Der Hauptteil entspricht kymrisch (keltisch) *tor* >Bauch, Unterleib< wie auch aramäisch *tor* (span. *toro* – lat. *taurus*) >Stier<. S. dazu auch → (*das*) **Tor**.

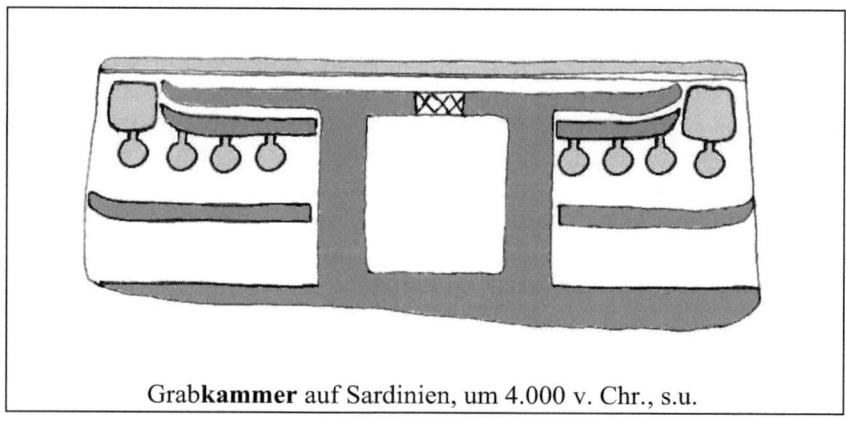

Grab**kammer** auf Sardinien, um 4.000 v. Chr., s.u.

Der anlautende Teil von lat. *uterus* = griech. *hystéra* dürfte sich wie in vielen anderen unserer Formen von ursprünglich **as-* entsprechend **aus** für **Ur** wie >Ursprung< erklären.

160

Damit handelte es sich bei lat. *uterus* - griech. *hystéra* ebenso wie = **Stern** und **Stier** um eine Ausgangsform wie *Astarte – Ischtar – Ostern* und griech. *astēr* = **Astro-** (nomie) = **Stern** für >Ursprung<, wie es sich parallel dazu in MaTar > *Mutter* und *Ur – UrKuh* > *archä-* → *Orgie* darstellt. Die Verbindung zu *Stier* erklärt sich *auch* daraus, dass, wie die Archäologin Marija Gimbutas bzgl. der alten Symbolik zeigt, die Gebärmutter einem Stierkopf mit den zwei Hörnern ähnelt (M. Gimbutas: Die Sprache der Göttin, S. 265, vgl. die Abb.).

Diese Symbolik geht auf das eiszeitliche Motiv der Weltberg- (= *Taurus, Tauern*) *Uterus*-Höhle der Jugend-Initiation als dem Ort der >Neugeburt< (nach dem >Tod< im >Drachen-Schlund<) zu dem nun *er*wachsenen Menschen zurück. Diese *UTerus-Höhlen*-Symbolik belegt sich später noch baulich im Kontext der Megalith-Grabstätten wie auch in Grabkammern (auch Höhlen, s. auch → **Berg**) mit entsprechenden Dekors:

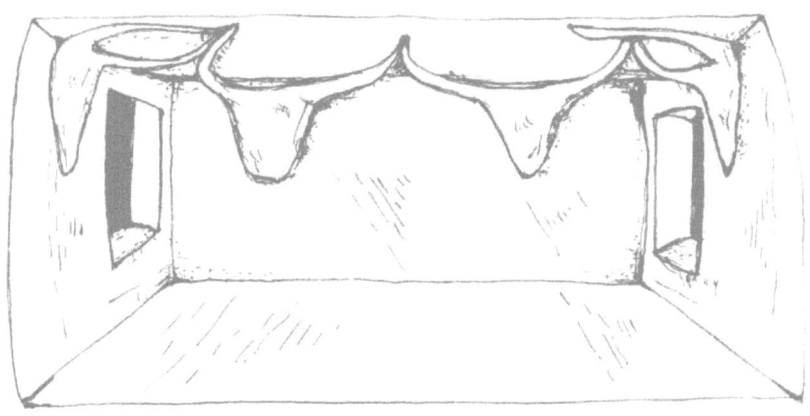

Eine andere Grabkammer auf Sardinien, um 4.000 v. Chr. [62]

---

[62] Nachzeichnung nach: M. Gimbutas: Die Zivilisation der Göttin, S. 291

Im Verlauf des Mittleren Mesolithikums treten um ca. 10.000 v. Chr. hier und dort in Felsmalereien Geister-Kulte in Erscheinung. Hier aus Australien ein >Mimi-Geister-Paar<. Angabe und Nachzeitung nach E. Anati, Höhlenmalerei, S. 373

2 Wörter mesolithischer Herkunft

Die Bedeutung des Mesolithikums für die Entstehung der historischen Entwicklung hat sich selbst in der Geschichtsforschung noch nicht allgemeiner herumgesprochen. Noch immer hängt man verbreitet einem über 80 Jahre alten und an sich schon lange überholten Modell von Neolithikum an. Es ist schon erstaunlich und in Bezug auf die historische Forschung im Grunde auch unglaublich, dass die gewaltigen Natur-Umbrüche am Ende der Eiszeit als Auslöser für die neuen historischen Entwicklung bislang nicht wirklich in den Blick gekommen sind. Dass es im Nahen Osten damals zu Versorgungs-Problemen wie sonst nirgends auf der Welt gekommen ist, dass dort die Körpergröße um satte 15 cm abnahm, erklärt sich nun wirklich nicht aus besonders günstigen Verhältnissen eines „Fruchtbaren Halbmondes", bei dem es sich in Wirklichkeit lediglich um einen relativ recht schmalen Streifen zwischen Wüste und Hochgebirgen handelt.[63]

Es trifft wohl zu, dass das Mesolithikum als der Zwischenphase zwischen der eiszeitlichen Kultur des Homo sapiens (Paläolithikum) und dem Neolithikum von Krisen gekennzeichnet ist, die auf diese Natur-Umbrüche zurückgehen. Doch waren es gerade diese Krisen, die im Mesolithikum zu völlig neuartigen Entwicklungen führten, die den historischen Prozess begründeten, dass hier von einer regelrechten >Mesolithischen Revolution< zu sprechen ist. Hierbei ging es zunächst nicht um Nahrungsproduktion, sondern um eine neuartige Sozialorganisation mit einer neuen Sprach-Anlage, wie uns dies bekannt ist. Darin liegt auch der Grund für die historische Entwicklung. Erst diese erheblich größeren Sozialverbände stellten bei der späteren Nahrungsproduktion auch das Potential, das historisch überhaupt erst von Bedeutung werden konnte.

---

[63] S. zu all dem ausführlicher in meinem Buch >Die kopernikanische Wende unseres Geschichts-Bildes<

Die Mesolithische Revolution ging um recht grob 11.000 v. Chr. im Nahen Osten aus von den gewaltigen Natur-Umbrüchen verursachten sozialen Problemen hervor. Da man in diesen Problemen keine Lösung auf der Basis von Kommunikation fand, begründete hier eine eigenmächtige Initiative die menschheitsgeschichtlich neuartige autoritärere Sozialorganisation namens >Stamm<, die aus einer Reihe der früheren selbständigen >Verbände< bestand.

Diese Konzeption des >Stamms< stützte sich auf die Proklamation von >Stamm-Ahnen<. Hierbei wurden erinnerte Vorfahren real genealogisch auf die ursprünglich rein mythologischen Figuren der Mond- oder Ur-Mutter und des Ur-Vaters zurückgeführt, um die Autorität seiner Stammes-Organisation und der Stammes-Führung zu sichern.

Diese neuartige Stammes-Konzeption war mit ihrer deutlich größeren Zahl an Mitgliedern in der Lage, durch eine straffere Organisation der Bevölkerung die entstandenen Versorgungs-Probleme zu lösen. Von da aus machte diese Konzeption im Frühen Mesolithikum im Nahen Osten Karriere. Allerdings kam es hier nach wenigen Jahrhunderten zu Disflikten zwischen den Stämmen im Anspruch auf Gebiete bzw. Ressourcen.

Nach einer Zeit von Auseinandersetzungen, die immer stärker eskalierten, fand man mit dem Mittleren Mesolithikum die Lösung darin, eine Meta-Ebene der Konzeption des Stamms zu schaffen: einen weltweit gedachten Stämme-Rechts-Bund. Als Zentrum für diese übergeordnete Ebene, wo sich die Vertreter der Stämme zwecks gemeinsamer Koordination trafen, gründete man eine Kult-Stätte auf dem Göbekli Tepe.

Dieser Stämme- oder Völker-Rechts-Bund sollte zunächst im Nahen Osten nicht nur die Lösung der entstandenen Disflikte um Gebiete bedeuten, sondern war in seiner Koordination zu völlig neuen Initiativen und Entwicklungen in der Lage. Der Bau der uns bekannten gewaltigen spätmesolithischen Megalith-Anlage von Göbekli Tepe ist dafür (nur) ein Beispiel.

Dieser Stämme-Rechts-Bund ging sehr schnell weit über den Nahen Osten hinaus. Die weltweite Verbreitung der Konzeption der Stämme erklärt sich nicht durch die Stämme selbst – dazu waren sie viel zu konfliktträchtig -, sondern als die organisatorische Basis dieses Stämme-Rechts-Bundes.

Von hier ging auch die neuartige historische Sprach-Entwicklung aus, die sich in dem folgenden Vokabular findet. Es spricht einiges dafür (s. dazu mein Buch zu >Mebuntu<), dass der Sachverhalt der >Sprachfamilien< aus der organisatorischen Form dieses Stämme-Rechts-Bundes hervorging.

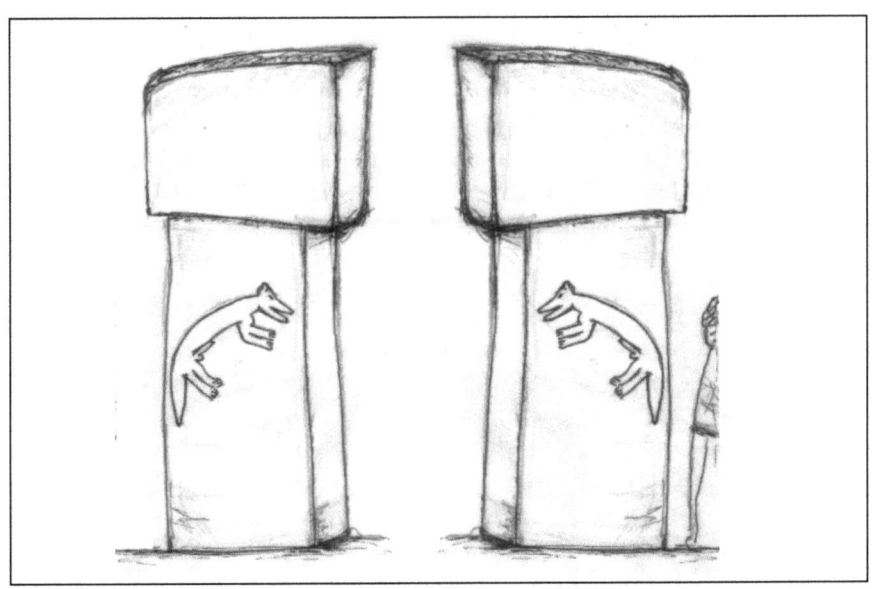

Das >Stonehenge< von **Göbekli Tepe**, ca. 9.600 – 8.000 v. Chr.

Ein zentrales Pfeiler-Paar (hier Höhe ca. 3,60 m) einer von „wenigstens 20 Anlagen" [64] (s. dazu das Beispiel S. 202) mit auf gut 200 geschätzten Stein-Pfeiler. S. dazu auch → **Nabel** und das Zitat S. 110

---

[64] Klaus Schmidt, in: Badisches Landesmuseum Karlsruhe: Vor 12.000 Jahren in Anatolien: Die ältesten Monumente der Menschheit, S. 84

Als typisch für einen mesolithischen Ursprung unserer Wörter als dem Beginn der **historischen Sprachentwicklung** stellte sich mir in der etymologischen Analyse dar, dass sie gemeinhin auf einer Zusammensetzung von zwei bestimmten Lautelementen in der Art von LaNa wie *Leine* basierten. Offenbar ist es hier zu dem Phänomen der >**Silben**< gekommen.

Interessant war, dass auf der frühen mesolithischen Stufe nur sehr bestimmte Lautelemente („Silben") in Erscheinung traten. Von hier aus ergab sich die Schnittstelle, wo sich die historisch neue Art der Wortbildungen mit der eiszeitlichen Technik der – lediglich sechs – Lautwurzeln berührte, obwohl sich die Techniken an sich fundamental unterschieden.

Als Hintergrund für die historisch neue Technik der Wortbildung ergab eine die neue Sprachauffassung, wo nun anders als zuvor Vokabular und Grammatik für sich selbst standen, ganz wie wir dies kennen. Auch gab es von den damaligen Entwicklungen her einen Bedarf an neuen Wortbildungen, insbesondere für die neue Konzeption von >Stamm< mit Stammesgebieten (*TaNa wie in *Britannien, Afghanistan*), mit >Bund, Bündnissen< (*BaNa → Band) usw. (→ 2.2). Da bestimmte Wörter über größere Entfernungen eindeutiger verstanden werden mussten, waren lautlich einfachere zweisilbige Wörter sicherer verständlich als die „einsilbigen", aber lautlich diffiziler entwickelteren Formen der eiszeitlichen Sprache HS, die noch über Variationen wie *nah, ne-, nie, nu, neu* hinausgingen, ggf. auch mit Tonhöhen-Unterscheidungen wie u.a. im Chinesischen.

In gewisser Weise geht diese neue mesolithische Technik schon auf die eiszeitliche Sprache HS zurück. Schon die realen Ausgangsformen der Lautwurzeln wie *amma* – MaMa oder *anna* – NaNa sind quasi >zweisilbig< - aber Lallformen der Säuglinge und nicht aus >Silben< *gebildet*. Ihre Elemente *an* und *na(h)* wurden eiszeitlich zur Entwicklung neuer >Differenzierungen an Bedeutung< genutzt.

Demgegenüber werden diese Elemente in der mesolithischen Technik zu im Prinzip rein formalen Elementen (>Silben<), aus denen das nun eigentliche Wort zusammengesetzt wird.

166

Im Stil schließt dies wohl an die eiszeitliche Sprache HS an. Ich gehe davon aus, dass die Wortform MaNa für >Mond< schon eiszeitlicher Herkunft ist. Doch dort wäre es eher ein Sprachspiel. MaNa >Mond< zeigte dem Kind an, dass hier weder die *MaMa* Mutter< noch die/der *NaNa* (als >Mond – MutterVater<) gemeint ist, sondern (aus dem Blickwinkel der kindlichen Sprach- und Bewusstseins-Entwicklung) eine höhere Ebene wie z.B. *Monat* und der *Monats-Zyklus* und dann weiter (die von dorther abgeleiteten Wörter) **Minne, mind** >Geist, Bewusstsein, Liebe< (dt. in **mental, mein, meinen, mahnen** usw.).

Dieses eiszeitliche Prinzip HS ist noch in der >Sprache der Neolithischen Revolution< wirksam (→ 4.2). *Ma Ga* bedeutet (vor)griech. >Mutter Erde< (*Ga* wie *Gaia* und griech. *gē* >Erde< in *Geologie* usw.). *Ma Tara (terra)* [älter mesolithisch *MaTa*] dürfte dazu eine Parallele sein. Dies verschmilzt wie schon seit dem Mesolithikum zu den erst eigentlichen Wörtern, wie bei uns **Mutter** bzw. → **Magen**, *magad* >Mädchen<, *machen*, keltisch *magen* >Feld< in *Remagen, Dormagen* usw. Auch die mit R erweiterten neolithischen Wortwurzeln wie **MR* wie → **Mer* >Mutter< wie in *mehren, Meer, Moor, *ΦR* wie → *Bär, gebären, Beere, paaren, Frucht* basieren im Prinzip noch immer auf den **sechs** eiszeitlichen Lautwurzeln (→ 4.2).

Als Prinzip der mesolithischen Elemente kann gesehen werden:

Eiszeitliche Ausgangsform			**historische** Ausgangsform	
Lallformen der Säuglinge			der **Wortelemente**	
gespiegelt	redupliziert		(im Mebuntu)	
*⊙	amma/anna	MaMa/NaNa	Am/An	Ma/Na
*ℵ	ajja	JaJa	Aj	ᴶa
*Λ	alla	LaLa	Al	La
*ℏ	adda	DaDa	Ad	Da
*Γ	agga	GaGa	Ag	Ga
*Φ	abba	BaBa	Ab	Ba

Das eiszeitliche Prinzip HS der vokalischen und der konsonantischen Modifikation (→ S. 55) dürfte auf der frühen Ebene zunächst noch analog zu sehen sein, unterliegt aber bald den grammatischen Formbildungen (z.B. *binden – band – gebunden*), wo der Vokal keine semantische Funktion mehr hat, sondern eine grammatische erhält. Diese Weiterentwicklungen werfen etymologisch einige Probleme auf, weil hier lautliche Unterschiede zwischen Wörtern unterhalb von Dialektvarianten liegen können.

Mit **Mebuntu** bezeichne ich den ersten bislang auszumachen neuen historischen Sprachbestand am Ende der Eiszeit. Diese Ausgangsformen gehen erst mit dem Mittleren Mesolithikum über den Nahen Osten hinaus. Als Kriterien für eine Zuordnung zu dem Mebuntu bzw. Mittleren Mesolithikum nehme ich neben dem angegeben lautlichen Bestand bestimmte Semantiken, die typisch für die Entwicklungen des Mittleren Mesolithikums sind (*Stamm, Stammesgebiet, Bund, Lineage*), eine Verbreitung *dieser Art von* Wortbildungen weit über die Welt, sowie, dass sich gleichbedeutend Zusammensetzungen in der umgekehrten Reihenfolge finden (KaLa – Höhle - - *LaKa – Loch).

Die → **Spinnen-**Symbolik

„Abdruck eines Stempelsiegels aus Tell Sabi Abyad. Das Motiv wird als stilisierte Wiederholung des Spinnenmotivs vom Göbekli Tepe gedeutet […].“ Zitat + Nachzeichnung nach: Klaus Schmidt: Sie bauten die ersten Tempel, S. 206

2.1 Das typische mesolithische Wortbildungs-Schema (wie KaLa > Höhle)

hohl   K.3.4.4.2

- mhd., ahd. *hol*, ndl. *hol*, aengl. *hol* (engl. *hole* >Loch<), aisl. *holr*. Die Herkunft ist laut der gängigen Etymologie nicht sicher geklärt. -
In der gängigen Etymologie wird *Höhle* als Ableitung von *hohl* aufgefasst. Dies mag soweit zutreffen. Doch ist dies bereits mit der eiszeitlichen Höhlen-*Symbolik* in Verbindung zu bringen, die allerdings auch(die) *Hülle* einbezieht. Siehe weiter   >>

Höhle   K.3.4.4.2; K.4.3.1.1

- mhd. *hüle*, ahd. *huli*. Dabei wird in der Art von *Höhle* laut Richard Rudgley von den Sprachforschern *Ruhlen* und *Bengtson* aufgrund der weiten Verbreitung ein >Urwort< *K'olo* >Loch< präsentiert: [65]

K.3.4.2.1   K'olo >Loch<

hole	>Loch< im Englischen als Beispiel für das Idg.
kxolo	>Nüster; Nasenlöcher< in der südafrikanischen *Khoisan*-Sprachgruppe
kuli	>Anus< in der nilosaharanischen Sprache *Kanuri*
kulkul	>Achselhöhle< in ostsudanisch *Nandi*
kolo	>Loch; Riss< im *Finnischen*
kul	>Höhle< im *Koreanischen*
akkul	>Achselhöhle< im dravidischen *Tamil*
kilikili	>Achselhöhle< im austrischen *Tagalog*
kur	>hohl; ausschöpfen< im *Japanischen* [L-R-Parallele!]
kor	>Höhle in der Erde< im sinotibetischen *Westtibetisch* vgl. dazu lat. *cor* → *Hart, Herz*

---

[65] Richard Rudgley: Abenteuer Steinzeit, S. 75 f.

Ich sehe den Ursprung aufgrund der Wortform jedoch in mesolithisch Mebuntu **KaLa**, die sich wie einige andere Wortformen
über das Stämme-Rechts-Bund-Netzwerk von Göbekli Tepe in
dieser Weite über die Welt verbreitet hat.

Dieses KaLa geht von dem Komplex der eiszeitlichen (*Bauch-*)
Höhlen-Symbolik aus, wozu aus dem Kontext der ursprüngli-
chen Jugend-Initiation auch → **hehlen** (in Parallele zu *Bauch -
Bakken - Berg – verbergen*) und insofern auch → *Hölle* und lat.
cella > **Keller, Zelle** zu rechnen ist. Dazu gibt es auch die me-
solithisch umgekehrte zusammengesetzte Form LaKa wie →
Loch, aber auch → *liegen, Lager, Liga;* engl. *lake* – → *Lache,
Lauge* usw.

Höhle ist mit dem ganzen Komplex von **hohl** (Hohles, Ausge-
höhltes wie **Kelle, Schale, Kelch**) verbunden, auch mit *Bauch*
mit **Schutz – Hülle**, woraus sich entsprechend *Schutz* (^{s}KaTa)
→ **Hütte, Kate, Kutte** (*coat*) >Mantel<, **Hut – hüten** ergeben.

In Verbindung mit der *Weltberg-Bauch-Höhlen-Uterus*-Symbo-
lik der Jugend-Initiation) ist dies auch eine Geschlechts-Symbolik, vgl. (*historisch!*) etwa *Gatt - be/gatten, Schoss – Schote*
(span. *vaina* >Hülse, Schote > *Vagina*) sowie griech. *koilía*
>Leibes*höhle*, Bauch, Magen, Organ der Fortpflanzung, bes.
Mutterleib<, „bezeichnet das Geheimste, weil Innerste im Menschen". Dazu weiter dän. *kuld* (sprich *kul*) >Geschlecht; Wurf,
Brut<, lat. *cūlus* → >*After*<, **Kalb**; **wölben** (Duden 7 ebd. zu >)
griech. *kólpos* >Busen; Mutterschoß; Bucht; Talkessel; (Schiffs)
Bauch; innigste Nähe< (> **Golf** → *Bucht*) usw.

hehlen　　　　K.3.4.4.2　　　　**Hehl, Hehlerei**
- mhd. *heln,* ahd., asächs., aengl. *helan* >bedecken, verbergen,
verstecken<. Dies ist nach der gängigen Etymologie im Germ.
mit den Wortfeldern von **hüllen, Hülse, ¹Helm, Halle, Hölle**
(wohl eigentlich >die Bergende<) und außergermanisch z.B. mit
lat. **celere* in *ok-culere* >verbergen, verstecken< (> **okkult**),
cella >(Vorrats)kammer< (> **Keller, Zelle**) und griech. *kalýptein*
>umhüllen, verbergen< (> **Eukalyptus**) verbunden, was insge-
samt von idg. **k̑el->bergen, verhüllen, schützen< ausginge.-

Ich sehe hier eine Verbindung mit insbesondere → **Höhle** und zwar im Besonderen in der eiszeitlichen Symbolik für die Jugend-Initiation. In Parallele zu *Höhle – hehlen* findet sich z.B. *Berg – verbergen – bergen,* wobei sich in Letzterem auch lautlich der neolithische Einfluss andeutet. *Höhle – hehlen* dürften von mesolithisch Mebuntu KaLa ausgehen. Hierzu findet sich auch die umgekehrte Zusammensetzung LaKa wie (engl. *hole* =) → **Loch**.

Hölle   K.3.4.4.2

- mhd. *helle,* ahd. *hell(i)a,* got. *halja,* engl. *hell,* aisl. *hel.* Dies bezeichnete bei den Germanen (mit einer gleichnamigen Göttin) den Lebensraum der Verschiedenen [vgl. → *Hades*]. Dies gehört nach der gängigen Etymologie zu der unter *hehlen* dargestellten idg. Wurzel *kel-* >verhüllen, verbergen, schützen<. Nach Duden 7 ebd. ist dies „identisch mit *Hölle* als veraltete und mdal. Bezeichnung eines Raumes, in dem man etwas bergen kann, z.B. der Raum zwischen Ofen und Wand, vgl. auch niederd. **Hellegat(t)** >Vorrats-, Gerätekammer auf Schiffen<."

Wie EWD ebd. erwähnt, dürfte dieses Wort auch mit der germ. Göttin *Hēl* als der Hüterin des Lebensraums der Verschiedenen verbunden gewesen sein. Dieses *Hēl* entspricht ndl. *heel* >heil, ganz< >> **heil, heilig**. Auch **Walhall** ist ein entsprechender >Lebensraum<, nur als patriarchal besonders privilegierter Ort bei Odin für die im Kampf gefallenen (*val*) Krieger. Dort wird *Hall* jedoch mit ahd. *halla* auch >Tempel< > **Halle** in Verbindung gebracht, was den gleichen Ursprung haben dürfte (vgl. lat. *cella* → *Keller, Zelle*).

Das bei uns bekannte >Hölle< ist also das germanische Wort für >**Himmel**< im Sinne von dem inhaltlich und kulturell verwandten engl. *heaven* (wohl zu GaBa wie z.B. *Chawwah* >Eva< → **Gabe**). Dies zeigt, wie der (vermeintliche) >Himmel< der einen den anderen zur >Hölle< werden kann (vgl. auch → *Alb*[-*Traum*]). Im Ursprünglichen ging es hierbei jedoch (→ *hehlen*) um die *Weltberg-UTerus-Höhlen*-Symbolik der Jugend-Initiation als dem Ort der Neugeburt zum nun ganzen, nämlich menschlich erwachsenen Menschen.

Loch L.4.2

- ahd. *loh* >Verschluss; Versteck; Höhle, Loch; Gefängnis<, engl. *lock* >Verschluss, Schloss, Sperre<, schwed. *lock* >Verschluss, Deckel<. *Loch* gehört nach der gängigen Etymologie zu einem im Dt. untergegangenen Verb mit der Bed. >verschließen, zumachen< wie ahd. *lūhhan* von germ. **lūkan* >schließen< (engl. *to lock*), womit die unter → **Luke** und **Lücke** behandelten Wörter eng verwandt sind.-

Ich sehe hier eine Ableitung einer mesolithischen Formbildung LaGa/LaKa wie u.a. auch → **Lage/r,** *lake* - **Lache** in Aufnahme der eiszeitlichen Sprache und Symbolik. Zu LaKa findet sich die umgekehrte Zusammensetzung KaLa wie → **Höhle** - *hehlen* >verbergen< und z.B. engl. *to close* [- **Klosett, Klo**] = (dt. mit S-Erweiterung) → (*ver*)**schließen** – **Kloster** - **Schloss** - **Entschluss**. Dies deutet auf einen Ausgang in der eiszeitlichen Jugend-Initiation, was historisch in verschiedensten Formen verändert weitergeführt wurde, vgl. z.B. lat. *cella* > **Zelle** und *Kloster*.

Luke L.1.3.1

- ahd. *lūhhan* >schließen<, engl. *to lock* >verschließen< (> **Lock-Down**). Dies ist nach der gängigen Etymologie mit **Loch** verbunden, sodass *Luke* wie *Loch* ursprünglich >Verschluss< bedeutete.-

Ich sehe hier den Ursprung in mesolithisch LaKa wie z.B. → **Loch** als eine umgekehrte Bildung zu mesolithisch KaLa wie → *Höhle, hohl, Zelle* sowie (als spätere Verkürzung *KLa-) wie engl. *to close* → **Kloster, Klause,** auch mit Verlust des Anlauts (Augen-) **Lid** und – (als *sKLa) **schließen, einschließen, Entschluss**. Dies deutet semantisch im Besonderen auf einen Ursprung in der eiszeitlichen Symbolik der Jugend-Initiation. Diese Tradition wurde einerseits für Rückzugsorte wie das *Kloster, Klo – Klosett* oder *Schloss* aufgenommen, andererseits auch wie **Käfig** und **Verlies** für Formen des Gefangen-Haltens von Tier und Mensch. Doch hat sich dies für den Kontext des Schließens verallgemeinert, s. auch **Schlüssel**.

172

Lache L.4.2

- ahd. *lahha,* mnd. *lake* (> **Lake**), aengl. *lacu.* Nach Duden 7 ebd. kann es sich dabei um eine alte Entlehnung aus lat. *lacus* >Wasseransammlung, See< handeln oder zu der nordischen Sippe von aisl. *lækr* >langsam fließender Bach< und der unter **leck** dargestellten Wurzel **leg-* >tröpfeln, sickern< gehören. EWD ebd. hält hierbei das Zweite für gegeben und eine Ableitung von der nicht einmal als verwandt eingeschätzten lat. Form für unwahrscheinlich.-

Auch hier stellt sich mir wieder einmal die Problematik der gängigen Etymologie dar, die viel zu eindimensionale Verbindungen sucht und andererseits dann wieder sehr großzügige Verbindungen herstellen kann, so zwischen *laben – Lauge,* wo ein Bezug zwischen *Lache – Lauge* lautlich und semantisch deutlich näher liegt.

Die wohl tatsächlich anzunehmende Ausgangsform findet sich z.B. in den Flussnamen *Luhe, Lech, Laucha* sowie in **leck,** lat. frz. *lac* >Milch<, **lecken** und lat. *lacus* – engl. *lake* >See< usw.

Deren Ursprung ist in der eiszeitlichen Lautwurzel **Λ* wie *alla – LaLa* in der Erstbedeutung >Mutter< zu sehen. Daraus leiten sich nach der gängigen eiszeitlichen Sprachanlage Wörter für >Brust, säugen, Milch; Wasser, trinken (- Fluss)< und hier **laben, lösen** >baden – waschen< - **Lache, Lauge** usw. ab. Die gespiegelte Form *alla* wie >Olle< (→ *alt, Eltern; Eule*) findet sich in den Flussnamen *Alle, Olle, Aller.* Klassisch tibetisch *lu* >Fluss< geht von der unreduplizierten Form eiszeitlich **Λא* wie *la, lo, lu* usw. aus.

Diese unreduplizierte Form ist auch die Grundlage der mesolithischen Bildungen LaKa, LaBa und LaNa wie *Lenne, Leine, Lahn* usw. Zu LaKa finden sich lat. frz. *lac* >Milch<, *Lache, leck, lake - Loch* (auch *Loch Ness* mit dem [*Hydra-*] Ungeheuer >Nessie<), die umgekehrte Form KaLa wie griech. *gála* >Milch< (> **Galaxie**) usw., zu LaBa – *laben, Liebe* und umgekehrt BaLa wie z.B. **buhlen** und der Komplex **Pfahl, Phyle** griech. >Stamm<. [a]LBa wie → *Alpha, Alpen, Elbe* dürfte damit in Verbindung stehen, aber eine eigene (spät-) mesolithische Formbildung sein.

Lachs   L.4.2

- mhd. ahd. *lahs,* mnd. *lass,* aengl. *leax,* schwed. *lax*; tocharisch B *laks* >Fisch<. Dies geht nach Duden 7 ebd. auf idg. **laƙso-s* >Lachs< zurück, wobei nicht sicher geklärt wäre, welche Vorstellung der Benennung des Lachses zugrunde liegt. -

Ich sehe den Ausgang in mesolithisch Mebuntu LaGa u.a. für >Wasser<, auch für >Milch< wie lat. frz. *lac,* u.a. in engl. *lake,* dt. in **Lache, Lake, Lauge** und in den Flussnamen *Lech, Laucha,* in Afrika z.B. *Lukuga, Lugogo.* Dazu findet sich die umgekehrt zusammengesetzte Form GaLa wie griech. *gála* >Milch< (> **Galaxie**) und wohl auch **Quelle.** Beide eiszeitlichen Elemente dieser Zusammensetzungen finden sich auch allein für >Wasser<, vgl. z.B. klassisch Tibetisch *lu* >Fluss< und eiszeitlich **Γ* wie *aga* wie lat. *aqua* → *Ache.* Die Semantik von tocharisch B >Fisch< erscheint soweit originär und in Analogie zu dt. (der) **Otter** und wohl auch **Biber** als mit >Wasser< assoziiertem Tier. Bei uns scheinen früher Lachse als Fische und Nahrung sehr verbreitet gewesen zu sein.

[2] lecken   L.4.6.1   lecker

- ahd. *lekōn,* ndl. *likken,* engl. *to lick,* mit S-Anlaut **schlecken** (**schlucken,** *schlingen* – *Schlund*). Dies stammt nach der gängigen Etymologie mit z.B. griech. *leichein* >lecken<, lat. (nasaliert) *lingere* >lecken< und russ. *lizat'* >lecken< von idg. **(s)leiĝh-* >lecken<.-

Ich sehe hier den Ausgang in mesolithisch LaKa wie einerseits *Liga, Lager* und andererseits lat. frz. *lac* >Milch<, wozu sich absolut parallel die umgekehrte Bildung KaLa wie einerseits **Höhle, Hals, Kehle** und andererseits griech. *gála* >Milch< und *Kloß* usw. finden (*Laib* - **kleben**). Weitere *lecken* entsprechende Formen sind etwa hebräisch *laqaq* >lecken<, *lacham* >essen<, *lächäm* >Speise, Brot<.

Liga   L.4.6.3, L.4.8.2   Ligatur

- von span. *liga* >Bund, Bündnis<. Dies geht laut der gängigen Etymologie auf lat. *ligāre* >binden; vereinigen< zurück. Den

174

gleichen Ursprung haben - jedoch via frz. *lier* - **liieren, Allianz, Liaison, Rallye,** vermutlich auch **Liane.**

Ich sehe hier den Ursprung in mesolithisch Mebuntu LaGa entsprechend engl. *like* = **gleich**/*en* - **-lich, Leiche** als Parallele zu z.B. engl. *same* → *zu*sammen, wie es auch in den Stämme-(Bund-) Namen *Samen, Samojeden* enthalten sein könnte. Dies dürfte (im Sinne des mittelmesolithischen Stämme-Rechts-Bundes) auch mit *lex – logos* >Festge**leg**tes, Gesetz< in Verbindung stehen. S. auch die unter → **liegen** genannten parallelen Wurzelformen mit dem gleichen Hintergrund.

liegen L.1.2

- mhd., ahd. *ligen,* got. *ligan,* engl. *to lie,* schwed. *ligga.* Dies geht nach der gängigen Etymologie mit z.B. mittelirisch *laigid* >legt sich< und russ. *ležat'* >liegen< auf idg. **legh-* >sich legen, liegen< zurück, wozu auch → **Lage, Lager** und [1]**löschen** (eigentlich >sich legen [machen]<) gehörte.-

Ich sehe hier den Ursprung in mesolithisch LaGa mit den Parallelen LaBa wie → *lieben, leben, bleiben, erlauben,* LaTa wie >sich (nieder-) *lassen<,* engl. *late – (zu)letzt* → *letzen* und LaNa wie z.B. engl. *lane* >Band<, *Linie, Lineage.*

Lage L.1.2 Anlage, Gelage, Niederlage

- mhd. *lage* >lauerndes Liegen, Nachstellung; das Liegen, Gelegensein; Zustand, Umstände; Art, Beschaffenheit; (Waren-) Lager<, ahd. *lāga* >Hinterhalt, Nachstellung<. Zu → *liegen, legen, Lager.* Auch: **Auflage, Unterlage, Umlage** usw.

Lager L.1.2 lagern, verlagern, belagern

- mhd. *leger,* ahd. *legar,* engl. *lair,* schwed. *läger.* Zu *liegen, legen, Lage,* s. mehr unter → *liegen,* doch s. auch die Kontexte von **Laich**

Dach T.3.2.2 Dachdecker, überdachen

- zu *decken.* Dies ist nach Duden 7 ebd. „eng verwandt z.B. mit griech. *tégos* >Dach, Haus< und mit der kelt. Sippe von kymr. *to* >Dach< und bedeutet eigentlich >das Deckende<. Das deckende, schützende Dach ist eine Urform des Hauses, wie sie z.B. noch die wandlosen Schafställe der Lüneburger Heide zeigen." -

Ich sehe hier den Ursprung in mesolithisch Mebuntu DaGa/DaKa/TaKa >Decke, Zelt, Hütte, Unterkunft< wie in sumerisch *duku*, japanisch *daiku, taku* und etwa mittelamerikanisch *takku* wie übrigens auch in (griech.) *Archi*tekt, (lat.) **Textilien, Ziegel** usw. Dies findet sich auch in der umgekehrten Zusammensetzung KaTa wie in finnisch *Kota*, baskisch *guda, goite*, dt. → **Kate, Kotten, Hütte** und **Haus**, *casa* usw. wie übrigens auch in (engl.) *coat* - **Kutte** und **hüten/Hut** – **Schutz**. Eine weitere Formbildung findet sich mit mesolithisch KaBa wie **Koben, Kober**, engl. *to cover* = **bedecken**.

Deck   T.3.2.2   >>

decken   T.3.2.2; T.2.1.3   **Decke, Deckel**

- dies leitet sich nach der gängigen Etymologie zusammen mit lat. *tegere* >(be)decken< (> **Detektiv, Protektion**), griech. *stégein* >(be)decken< von idg. **(s)teg* >decken< ab.-

Ich sehe hier einen Ursprung in mesolithisch Mebuntu TaKa für >Decke, Zelt, Hütte, Unterkunft<. Eine umgekehrte Zusammensetzung findet sich in Mebuntu KaTa wie → *Kate, Hütte, Hut, hüten, Schutz*. S. dazu mehr → *Dach*.

Kate   K.3.4.4.3

- (norddeutsch) >Kleinbauernhaus<, eine Nebenform zu *Kote* norddeutsch >Häuslerwohnung, Hütte<, ndl. *kot* >Hütte, Schuppen<, engl. *cot* >Hütte<, *cote* >Stall, Schuppen<, schwed. *kåta* >Hütte, Lappenzelt<. *Kate* bedeutete nach Duden 7 ebd. „ursprünglich wahrscheinlich >Höhle, Loch, mit Flechtwerk abgedeckte Wohngrube<", was von idg. **gēu-* >biegen, krümmen; Biegung, Rundung, Wölbung, Höhlung< (Duden 7: **Keule**) stammen würde. EWD hält Entsprechendes für möglich.-

Ich sehe den Ursprung in mesolithisch Mebuntu KaTa für z.B. >Schutz; Unterkunft, Lager< wie finnisch *kota*, ostjakisch *kåt, kat*, tscheremissisch *kude*, baskisch *guda*, ägyptisch ḥwt (~ *hut*) >Haus<, *kat* altägyptisch (fem.) >Bau<, omotisch (am Omo-

Fluss, Afrika) *keett-* >Haus<, Ainu (Ureinwohner Japans) *cise* >Haus, Heim<, spanisch *casa,* dt. → *Hütte, Haus, Hut, hüten, coat* – *Kutte, Schutz* usw. Dazu gibt es auch die umgekehrte Formbildung TaGa wie → *Dach, Decke, Tuch,* für >Unterkunft< sumerisch *duku,* mittelamerikanisch *takka,* japanisch *taku, daiku* usw. Beide Formen existieren also in diesem Sinne in weiter Verbreitung. Weitere entsprechend anlautende mesolithische Bildungen finden sich mit KaBa wie → **Kabine, Koben**, umgekehrt BaKa → *Bauch,* sowie KaLa → *Höhle, Halle, Keller* usw., umgekehrt LaKa → *Lager, Loch* usw.

Haus   K.3.4.4.3

- mhd. *hus,* ahd. *hūs,* engl. *house,* schwed. *hus.* Nach der gängigen Etymologie ist dies eine Ableitung von idg. **(s)keu-* >bedecken, umhüllen< wie z.B. *Scheune, Hose, Hort.-*

Ich sehe den Ursprung in mesolithisch Mebuntu KaTa für ursprünglich >Unterkunft<, s. dazu mehr unter → **Kate.**
Es spricht einiges dafür, dass von KaTa auch → *Kutte* (= engl. *coat* >Mantel<) -*Hut* – *hüten* – *Schutz* usw. abgeleitet sind. Entsprechend der eiszeitlichen Symbolik finden sich hier die Reihungen engl. *to hide* – *Haut* – *Häute* – *Hütte* sowie engl. *to hide* = *verbergen (- Berg)* – *hehlen (–Höhle)* usw.

Haut   K.3.4.3

- mhd. *hut,* ahd. *hūt,* ndl. *huid,* engl. *hide,* schwed. *hud,* griech. *kýtos* >Hülle, Haut; Behältnis< und lat. *cutis* >Haut< usw. -
Der Ausgang dieser Formen wird in der gängigen Etymologie auf die gleiche Weise wie *Haus* erklärt. Auch ich sehe den gleichen Ursprung, jedoch in mesolithisch Mebuntu KaTa, s. dazu unter → *Haus.*

Mahl   M.3.2.3, O.1.2   **Mahlzeit**

- engl. *meal,* schwed. *mål.* Nach der gängigen Etymologie war *Mahl* ursprünglich identisch mit **Mal** >Zeitpunkt<, wie sich auch im Englischen und im Nordischen von >Zeitpunkt, festgesetzte Zeit< her die Bed. >Essenszeit, Essen< entwickelt hätte. Die Schreibung von *Mahl* zur Unterscheidung von *Mal* wurde im 17. Jh. eingeführt.-

Ich sehe den Ursprung von *Mal/Mahl* in der unreduplizierten Form *Ma* der eiszeitlichen Lautwurzel (*☉ >) *M wie *amma – MaMa* in der Erstbedeutung >Mutter<. Diese Ausgangsform wird in der eiszeitlichen Sprache HS dann u.a. zu Bedeutungen >Brust, säugen; trinken, essen< wie zu dem Motiv der >Mond-Mutter< weiterentwickelt.

Von diesem Motiv der >Mond-Mutter< wird mit *Mond, Sonne* und *Sternen* (*Sternbildern*) auch eine Konzeption in der zeitlichen Verortung entwickelt (→ *Jahr*, Stunde – Tag, Woche – Monat), die insgesamt auch in Bezug auf die Ernährung (der Kinder) wie auch für Verabredungen von Treffen (auch als Gruppen zwecks Festmahl-Feiern [z.B. zu *Vollmond*] eine Rolle spielt.

Der Zusammenhang der eiszeitlichen *Mond-Mutter*-Symbolik belegt sich in dem weiblichen Mond/Monats-Zyklus, in der Parallele unter *N mit *anna – NaNa* in → *neun* (9 Monate für >schwanger, Mutterschaft<), in *MaMa* - lat. *mamma* >Brust< (**Mammographie**) und etwa unter der Lautwurzel *ħ wie *TaTa – TiTi* (wie in *AphroDiti*) mit → **Zeit – Tide** wie auch mit → *Titte – Zitze,* davon *säugen* usw.

Die Formen *Mal/Mahl* könnten sich schlichtweg aus einer Lautdifferenzierung von *Ma* erklären, etwa *ma:, maʔ*. Von den weiteren Zusammenhängen erscheint mir aber eine verfasste Wortbildung MaLa aus dem mesolithischen Mebuntu wahrscheinlicher. Dazu findet sich die Parallele GaLa wie z.B. *Kehle* und griech. *gála* >Milch< (→ *Galaxie* >Milchstraße<) und dazu die umgekehrte Form LaGa wie lat. frz. *lac* >Milch< - → *Leck - lecken – lecker – schlucken.*

Die Form dt. *Milch* könnte als MaLaGa aus einer Verschmelzung von MaLa und LaGa entstanden sein. In einer solchen als 'MALIQ'A beschriebenen Form für >schlucken, Kehle< sehen die bekannten Linguisten Greenberg & Ruhlen hier sogar aufgrund der Verbreitung ein >Urwort< (s. nächste Seite).

178

'MALIQ'A >schlucken, Kehle< (nach Greenberg – Ruhlen) [66]

Form	Bedeutung	Sprache	Sprachfamilie
*melg-	>melken< proto-Indoeuropäisch		**Indoeuropäisch**
milk	>melken, Milch<	englisch	
mulgare	>melken<	lateinisch	
'mlg	>saugen, Brust, Euter< proto-Afroasiatisch		**Afroasiatisch**
mlj	>an der Brust saugen<	arabisch	
'mälke	>Brust< proto-Finno-Ugrisch		**Uralisch**
mielgâ	>Brust<	Saami	
mell	>Brust<	Ungarisch	
melku	>kauen<	Tamil	**Dravidisch**
melluka	>kauen<	Malayalam	
mekhā	>Kehle<	Kuruch	
melug-	>saugen<	Zentral-Yupik	**Eskimo-Aleutisch**

Form	Bedeutung	Sprache	Sprachfamilie
'maliq'a	>schlucken, Kehle< proto-Amerindisch		**Amerind**
			Indian. Unter-Sprachfamilien
malqw	>Kehle<	Halkomelem	Almosan
u'mqolh	>schlucken<	Chinook	Penuti
mülk'	>schlucken<	Takelma	
milq	>schlucken<	Tfaltik	
amu'ul	>saugen<	Mixe	
mal'aqé	>Kehle<	Mohave	Hoka
malqi'	>Kehle, Hals<	Walapei	
malq'a	>Kehle<	Quechua	Andisch
mal'q'a	>schlucken, Kehle<	Aymara	
e'moki	>Hals<	Surinam	Makro-Karibisch
mekeli	>Nacken<	Faai	
imukulali	>Kehle<	Kaliana	
moke'i	>Hals<	Iranshe	Makro-Tucanisch

---

[66] J. H. Greenberg & M. Ruhlen, in: B. Riese: Schrift und Sprache, S. 78

Die zusammengesetzte Form bringe ich am ehesten mit dem *Mebuntu* des mittelmesolithischen Völker-Rechts-Bundes von Göbekli Tepe in Verbindung (s.u.). Doch kommt hier auch eine Ableitung und/oder eine Überprägung der **neolithischen** Ma Ga = Ba Ga >Mutter Erde<-Symbolik in Betracht, für die sich auch in Amerika Anhalte andeuten (z.B. *mahis* → *Mais* sowie *Pacha Mama*). Die oben aufgeführten Beispiele sind in dieser Hinsicht dafür im Blick zu behalten.

Nach meinen Einsichten in die eiszeitliche Sprache HS wäre dies für die eiszeitliche Sprache HS zwar nicht ausgeschlossen, aber von der Form her unwahrscheinlich. Hier erscheint mir eine *aus* dem mesolithischen Mebuntu (vermutlich in Mischung) entstandene dreiteilige Form MaLaGa im *Gefolge* des tendenziell weltweiten mittelmesolithischen Völker-Rechts-Bund von Göbekli Tepe wahrscheinlicher (dreiteilige Formen sind mir nach dem bisherigen Stand für das Mebuntu unbekannt, aber nicht ausgeschlossen).

Zu Ma/MaLa finden sich → **Mal – Maul - Mahl – mahlen/Mehl – malen – Mal** >Zeichen<. All dies ist im Sinne von >Mahl, *nähren*< auch als >Milch, säugen< und für die Nahrungsbereitung zu verstehen. Von Letzterem her ergibt sich *mahlen* und davon als >Brei, Paste< auch die Verbindung zu **Mal - malen**. Eine parallele Bildung dazu als evtl. mesolithischen Mebuntu MaTa (als ältere Form von neolithisch *Mutter*) sind **Maat >Speise< - Mus, Gemüse** – engl. *meat* (- *to meet*).

Als eine umgekehrte Bildung zu MaLa kommt LaMa in Betracht. Dazu finden sich griech. *lēmma* >alles, was man nimmt oder bekommt< (> **Lemma, Dilemma**) sowie die Bildungen **Lehm, Leim, Schleim, Schlamm** ursprünglich auch >Brei<, s. **schlemmen - schlemmern** und *Haferschleim*.

Typhus   T.2.2.2

Dies ist nach der gängigen Etymologie eine gelehrte Entlehnung aus griech. *typhos* >Qualm, Rauch, Dampf; Umnebelung der Sinne< (zu griech. *týphein* >dampfen; Qualm, Rauch machen<), was bereits in der antiken Medizin als Krankheitsname (wohl für die >Blödsinnskrankheit<) bezeugt ist.-

180

Insgesamt dürfte es sich hierbei um eine Form entsprechend **Duft – Dampf – Tabak** handeln, die Teil eines einstmals bedeutsamen Symbol- und Wortfeldes ist. Der Ausgang ist in der eiszeitlichen Lautwurzel *ħ wie *atta - TaTa* in der Erstbedeutung >Mutter< zu sehen. Die gespiegelte Form findet sich in → *Odem – Atem* und (*oida*) → **Idee, Vision, wissen**. Die reduplizierte Form findet sich neben → **Titte** auch in → **deuten,** mit altslawisch *duša* >Atem<, polnisch *dusza* >Seele< in → *dösen, duseln, duster.*

Die folgenden Wortbildungen gehen entweder von der unreduplizierten Form (also *ħℵ wie *ta – tau – tav - Stov*) und/oder von mesolithisch TaBa aus. Etliche Zusammenhänge deuten auf eine schamanische Trance (s. hier auch *Duft* → **toben** – *betäubt – taub* → **Taube**), später auch auf Kontexte von Opfer-Kulten. Vgl. dazu griech. *thýō* >sich heftig bewegen, stürmen, tosen, brausen, toben, wüten, rasen; räuchern, opfern, schlachten; dampfen, rauchen<, *thyía* >rasend; **Bacchantin**< (*Bacchus-Kult*), *thyē-polos* >Opfer verrichtend; Opferpriester/in, Priester/in<. Vgl. dazu die Praxis des Orakels in Delphi, wo das Medium dort aus dem Boden austretende Gase einatmete und dann in Trance die gestellten Fragen beantwortete.

Die Form *Typhus* ist hier aufgenommen, weil sie mit einer bedeutsamen Symbolik verbunden ist, nämlich griech. *Týphōs, Týphōn* >Ungeheuer der Urzeit: Verkörperung des vulkanischen Feuers und der Glutwinde (Sohn der *Gaia* und des *TarTar*os, von Zeus unter einem Berg begraben)< (vgl. dazu auch → **Chimäre**). Die Verbindung mit >Vulkan< belegt sich auch in **Tuff** (-Stein), einer aus Italien stammende Wortbildung.

Die Weltberg-Symbolik ist von je her mit der Drachen-*Schlund-Uterus*-Höhle verbunden gewesen, von woher wohl auch seit jeher Erdbeben und Vulkan-Ausbrüche erklärt wurden. Wir finden in dieser Lautform TaPa > **tief** und z.B. türkisch *tepe* >Hügel, Berg< (z.B. in Göbekli Tepe) = turkmenisch *depe,* jakutisch *töbö* sowie aztekisch *tepe* >Berg<, auch im Namen des großen Vulkan-Bergs *Popoca**tepe**tl.*

2.2 Die besonderen mesolithischen Form-bildungen BaNa, LaNa, TaNa, GaNa

Im Besonderen fielen mir BaNa, LaNa, TaNa und GaNa als For-men des mesolithischen Mebuntu auf. Sie mit dem Frühen oder Mittleren Mesolithikum in Verbindung zu bringen, ergab sich nicht nur von der Form, sondern auch von daher, dass es sich bei ihnen als >Stamm<, >Stammesgebiet< und >Bund< um die Wortbildungen für die neuartige damalige Sozialorganisation handelte. Möglicherweise gehen diese Formen auf eiszeitlich (*Di)Ana* >Ahn< (♂♀) = *MaNa* und *na* > *nah* (**nähen** >**verbin-den**<) zurück. LaNa ist im Besonderen mit der Schlangen-Sym-bolik verbunden und auch eine Ausgangsform von dt. → **Schlange**. Vgl. auch engl. *lane* (- **Leine**) = → **Band**.

Spinne   B.4.1.1   **Spinnwebe, Spinner**
- ahd. *spinna*, ndl. *spin*; schwed. *spindel* (aschwed. *spinnil*), engl. *spider* (aengl. *spīđra*) >Spinne<. Dies ist nach der gängi-gen Etymologie eine Ableitung von *spinnen* und bedeutete dem-nach >die Spinnende, Fadenziehende<. „Demnach hat also der Faden, nicht das Netz, die Germanen zur Namensgebung veran-lasst." (Duden 7 ebd.)

spinnen   B.4.1.1
- ahd. *spinnan*, got. *spinnan*, engl. *to spin*, schwed. *spinna*. Dies gehört nach Duden 7 ebd. mit **Spinne, Spindel** und z.B. lit. *pìnti* >flechten< zu der dort unter **spannen** dargestellten idg. Wort-gruppe *sp(h)e-* >ziehen, spannen, sich ausdehnen< und be-zeichnete wohl das Ausziehen und Dehnen der Fasern, das dem Drehen des Fadens vorausgeht. EWD ebd. sieht dies ähnlich, führt jedoch mehr Formen ohne S-Anlaut auf und entwirft hier eine idg. Wurzel *(s)pen(d)-* >ziehen, spannen; spinnen<.-

Wie etwa lit. *pìnti* >flechten< zeigt, ist das S- bei *Spinne – spinnen* als ein späterer Zusatz zu sehen. Ich sehe hier den Ausgang von mesolithisch Mebuntu BaNa >**binden, Band, Bund, Bündnis**< in Parallele zu Mebuntu TaNa (➔ **Tanne**) und LaNa (wie **Leine, lang,** engl. *lane* >Band< und ➔ **Schlange**) in dem historisch bedeutsamen Kontext des mittelmesolithischen Stämme-Rechts-Bund-*Netz*werkes (> *web*). Schon in Göbekli Tepe erscheint die Spinnen-Symbolik, ohne aber klarere Hinweise zu bieten.

Insgesamt zeigt die Spinnen-Symbolik in räumlich weltweiter Verbreitung in etlichen Kulturen eine einstmalig große Bedeutung. Diese Symbolik dürfte im Sinne von >Faden, binden, nähen, flechten, Netz< schon auf die eiszeitliche Sprache zurückgehen. Doch die große Bedeutung der Spinnen-Symbolik bringe ich mit dem mittelmesolithischen Stämme-Rechts-Bund-Netzwerk bzw. seiner Nachfolge in Verbindung, wie etwa auf den Gilbert-Inseln, Mikronesien:

„[…] der große Geist *Naro*, der in der Gestalt einer Spinne auftrat. Er schwebte in einer Wolke und brachte den Menschen viele nützliche Dinge für das Überleben. Vom großen Himmelsfeuer fing er einige Sonnenstrahlen ein und brachte sie den Menschen." [67]

Rechts: die Große Spinne von Nazca, Peru, Scharrzeichnung im Wüstenboden, Länge ca. **40 m!** Nachzeichnung, s. Fotos und mehr bei: Wikipedia: Nazca-Linien (23.03.21, 12:55)

Nachzeichnung nach:
Sig Lonegren: Labyrinthe, S. 30

---

[67] Helma Marx: Das Buch der Mythen, S. 548

Die afrikanischen Aschanti kennen eine „göttliche Spinne" *Anansi* oder *Ananse* (**An-An-Ti – DiAna*?), die mit einem langen Faden den Körper der ersten Menschen wob. [68] In der nordamerikanischen Mythologie gibt es die „Spinnenfrau", die als >Geistwesen< „in vielen oralen Traditionen auftaucht." [69] Dabei ist auch die Rede von „Großmutter Spinne" (ebd.), vgl. dazu auch nganasanisch (Sibirien) *imi* >Großmutter< und *imi*->Spinne< (vgl. dt. **Imme** = **Biene** wohl für >Stamm, Volk<, s.u. und → **Amme**).

Die mythologisch bedeutsame Symbolik von *Spinne* verknüpft sich nicht nur mit dem Sinn von >binden – Bund< (wohl sowohl für >heiraten< als auch für die mesolithischen Stämme-Bildungen und ihre Vernetzung), sondern auch mit dem keineswegs selbstverständlichen Begriff des Körper**gewebes**. Dieses Körpergewebe ist das Pendant zu >Ge**bein**< - ebenfalls BaNa, vgl. engl. *bone* und Ainu (Ureinwohner Japans) *pone* >Knochen<, was mit dem Späten Mesolithikum als Schädel- und *bone-Bein*-Kult aufkommt.

Auch zu **weben** findet sich ein einstmals bedeutsamer Komplex, s. dazu auch *Wabe – Wappen* (- *Waffe*; *Waffel*) und nicht zuletzt → **Weib**. Eine Entsprechung findet sich hierzu unter eiszeitlich *N wie *anna – NaNa* >Mutter< mit *an* = *nah*, wovon auch **nähen** abgeleitet erscheint. Vgl. dazu lat. *neō – nere* >spinnen<, *nah* – engl. *near* (mit neolithischem R - *nähren*) und (s.o.) den >Spinnen-Geist< *Naro*.

Weitere Bildungen zu *nähen* sind (neben den erweiterten Formen *(ver-)knüpfen, knoten*) *Naht* und **Netz** (= engl. **web**). Dies ist in den Flussnamen wie *Nette, Neiße* usw. (mit → *nass* und) der *Schlangen*-Symbolik (*Natter*) verbunden, wobei auch → *Schlange* mit dieser Symbolik von Mebuntu LaNa wie *lana* >Wolle<, *Leine, lang, Linie*, engl. *lane* >Band< in Verbindung steht. All dies verweist sowohl semantisch als auch zeitlich auf entsprechende Zusammenhänge, die auch als Spinnen-Symbolik entwickelt sind.

---

[68] Helma Marx: Das Buch der Mythen, S. 438
[69] D M. Jones & B. L. Molynaux: Die Mythologie der Neuen Welt, S. 70

Hier einige Wortbildungen zu dem Kontext von *binden – Band – Bund* aus der mesolithischen *Spinnen*-Symbolik:

Binse	idg. **bhen-* >flechten, knüpfen< (EWD > **Binse**)
pień	polnisch >Stamm<
Biene	ursprünglich für das >*Bienen*-Volk<
penus, Pl. *penātēs*	lat. die **Penaten** >Schutzgötter der Familie und des Staates<
pangō – pactus	lat. u.a. >zusammenfügen, verabreden< (> **Pakt**)
bene	Negidal (tungusisch) >Schwiegertochter
búndzi	Kogi (Kolumbien) >Tochter<
ben	hebräisch = arabisch *bin, ibn* >Sohn<,

Bein, Gebein

pone	Ainu (Ureinwohner Japans) >Knochen<
bone	engl. >Knochen<
Bann	**zwecks** *Binden* >Heiraten< + >Heerbann< oder >*Ver*bannen<

Band, Bund

bund	dän. >Grund, Boden<
spondeō	lat. >verloben, sich verpflichten<, *spōnsus,*
spōnsa	lat. >Verlobte/r<
spene	schwed. >**Zitze**< = ndl. *speen,* in **Span**ferkel
spenden	
spannen	dazu auch **Gespenst** (vgl. → *Albe, Elfe*)

Der Kontext von **spannen** lässt sich mit *Band* und *Spinne – spinnen* in Verbindung bringen.

der **Band** (die Bände)   zu *binden* wie   >>

das **Band** (die Bänder)   B.4.1.1   **Bändel; Bund**
- mhd. ahd. *bant* >Band, Fessel<, ndl. *band* >Streifen, (Ein)band, Reifen<, schwed. *band* >Streifen, Schlinge, (Ein)band<; got. *bandi* >Band, Fessel<, aengl. *bend* >Band, Binde, Fessel<. Dies ist nach der gängigen Etymologie verwandt mit aind. *bandháḥ* >Binden, Band<, *bándhuḥ* >Verbindung, Verwandtschaft, Ver-

wandter< (EWD: binden), eine Ableitung von **binden**, die von idg. **bhendh* >binden< ausginge.-

Ich sehe hier die Ausgangsform in mesolithisch Mebuntu *BaNa (mit Parallele zu mesolithisch *LaNa → *Leine,* engl. *lane* >Band<) für >(ver)binden, Bund, Bündnis< im Kontext des damaligen Aufkommens der Stammes-Verbände bzw. des mittelmesolithischen Stämme-Rechts-Bundes von Göbekli Tepe (Türkei – Grenze Syrien) auf der Basis von Heiratspolitik. Interessant ist hier auch der Befund von dän. *bund* >Grund, Boden<. S. auch die früher bedeutende → *Spinnen*-Symbolik (für das mittelmesolithische *world wide **web**-*Netzwerk).

Bein   B.4.1.1, B.3.4.1

- mhd., ahd. *bein,* ndl. *been,* engl. *bone* >Knochen<, schwed. *ben.* Die Herkunft dieser Bildungen ist nach der gängigen Etymologie dunkel.-

Kult-Objekte z.T. aus ***Bein-Knochen*** zum Schutz von Kult-Stätten wie in Teilen wohl auch eine Art Szepter und *bone*-Ritual-Gerät zum *Binden* (z.B. Heiraten) und zum (Ver-) *Bannen* (*Achten* und >Ächten< wohl von *Auge)* und anderen Urteilen (in Parallele zur Doppelaxt u. zum Thor- und Gerichtshammer)

Aus der Almeria-Los-Millares-Kultur, Spanien, 1. Hälfte 3.Jahrtausend.
Nachzeichnung nach: Marija Gimbutas: Die Sprache der Göttin, S. 54

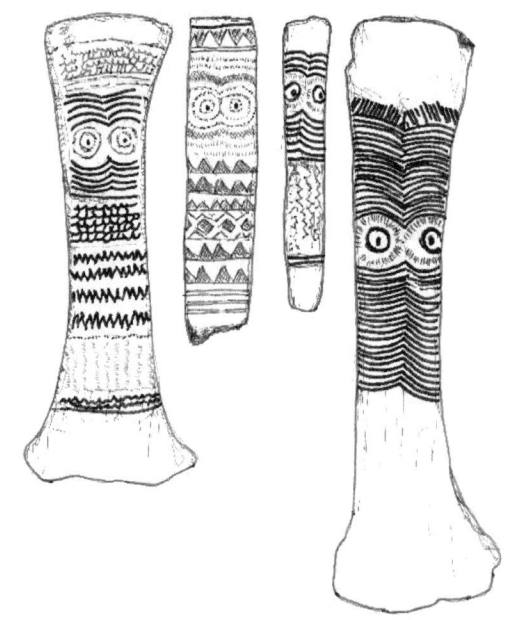

Aufgrund von Krisen in der gemeinschaftlichen Organisation kommt es mit dem Späten Mesolithikum im Raum Jericho über die schon bestehende Heiratspolitik hinaus zu einer eigenständigen privaten Organisation von Clans (→ **Gens**), die nun bestimmte – wenn zunächst auch kleine – Gebiete als dauerhaften Besitz beanspruchen. Hierbei werden die Grabstätten seiner Ahnen als >heiliges Land< = *Tabu* für Andere als Anhalt seiner Ansprüche genommen (→ *Hades*), was dann mit der Aufstellung von *Schädeln* und dann auch den ***Bein-bone*=Knochen** dargestellt wird (im Verbund mit einer entsprechenden spätmesolithischen Ahnen-Kult-Kultur, die sich u.a. in Afrika bis in die jüngste Zeit erhielt).

Den Ursprung von spätmesolithisch **Bein** – *bone* sehe ich in mittelmesolithisch Mebuntu BaNa wie → *binden, Band, Bund, Bündnis* und *Spinne* im Kontext der damaligen Bildungen von Stämmen und des übergeordneten Stämme-Rechts-Bundes von Göbekli Tepe. S. neben den römischen **Penaten** als den >Schutzgöttern< des Staates und der Familie entsprechende weltweit vorkommende Verwandtschaftsbezeichnungen unter → **Spinnen** und → **Weib (weben** – eng. *web* >Netz(werk)< - **Wappen – wappnen** usw.

Lindwurm   L.4, L.4.1, L.4.7.1

- ahd. *lint,* aisl. *linnr* >Schlange, Drache<. Als dieses Wort nicht mehr allgemein verstanden wurde, fügte man zur Verdeutlichung die bekannten Wörter *Wurm* oder *Drache* hinzu, woraus mhd. *linttrache* und *lintwurm* entsprechend aisl. *linnormr,* schwed. *lindorm* entstanden.-

Die Formen *Lint – Lindwurm* sind als Beleg dafür interessant, dass *Schlange* von der unreduplizierten Form *ΛN wie *la* der eiszeitlichen Lautwurzel *Λ wie *alla* – *LaLa* ausgeht. Dies ist historisch in verschiedenen Formen weitergebildet worden. Die Formen *Lint* und (mit S- erweitert) **Schlange** gehen wie → **Leine, lang** von mesolithisch Mebuntu LaNa aus (vgl. dazu chin. *lóng* >Drache<).

Dies ist von der eiszeitlichen Symbolik her auch mit (neolithisch) → *Wurm* (*Ur*) verbunden. Im Kontext von >Wasser< findet sich dies alles auch in den (deutschen) Flussnamen wie z.B. *Lein, Lahn, Linth* (Zürich), *Lena* mit *Linde* (Sibirien), *Lindi* (Kongo); *Schlinge, Selenga* (Sibirien); *Ur* = → *Wurm* in den

Flussnamen: *Wurm, Würm* (bei Pforzheim und bei München) - *Ur* (Eifel), *Öre-Älv* (Norrland, Schweden), *Ohre* (min. 3 x), *Ahr, Aar, Aare, Arakawa* (bei Tokio) usw.

Schlange   L.4.1   schlängeln, Schlangenlinie

- mhd. *slange*, ahd. *slango*. Dies gehört nach der gängigen Etymologie mit [1]*schlingen* zu idg. **slen-k-* in ihrer Bedeutung >sich winden<. -

Die Etymologie von *Schlange* wird in der gängigen Etymologie in wenigen Zeilen abgehandelt. Die große Bedeutung der tendenziell weltweiten Schlangen-Symbolik mit ihren weiten Semantiken gerät hier erst gar nicht in den Blick.

> „Tod und Leben sind in dieser Tiergestalt auf so einzigartige Weise symbolisch angedeutet, dass es kaum Kulturen gibt, die der Schlange keine Beachtung geschenkt hätten." [70]

Bereits die Affenart *Grüne Meerkatzen* kennt einen speziellen Warn-Laut für >Schlange<.[71] Es spricht von daher einiges dafür, dass ein Wort für >Schlange< zu den ersten Wörtern der Menschheit gehörte, und >Schlange< erscheint auch als das spezielle Hauptmotiv der eiszeitlichen Lautwurzel *Λ (*L), das bei uns in den verschiedensten Formen als Flussname erscheint (s.u.). Es wird selbst da nicht eingehender bedacht, wo sich weitere etymologische Hinweise auf diesen Zusammenhang bieten (z.B. bei **Schlauch** asächs. *slūk* >Schlangenhaut<, [2]**schlingen** – **Schlund**; *Lint* – *Lindwurm* usw. Doch s. etwa auch **lang, schlank** usw.).

Die Form *Schlange* ist auch nur *eine* Wortbildung der *Schlangen*-Symbolik unter vielen allein schon im germ. Raum, dass diese *Form* nach der gängigen etymologischen Konzeption (außer ndl. *slang*) ohne Entsprechung in den anderen Sprachen

---

[70] Hans Biedermann: Knaurs Lexikon der Symbole, *Schlange,* S. 383
[71] John McCrone: Als der Affe sprechen lernte, S. 154 f.

188

bleibt. So ist *Schlange* ein gutes Beispiel für die Grenzen und dem Fehlansatz der gängigen Etymologie.

Nach meinen Einsichten ist >Schlange< das besondere Motiv der eiszeitlichen Lautwurzel *Λ wie *alla* – *LaLa*. Allein diese Ausgangsformen erscheinen in weiter Verbreitung in den (mit der Schlangen-Symbolik) verbundenen Flussnamen wie etwa *Alle, Ahle, Olle, Aller, Eller, Ill* (2 x zum Rhein), *Ili* (Kasachstan), *Ulla* (N + Belarus), redupliziert *Lulua* (Kongo), *Lule älv* (S) – *lu* >Fluss< im klassisch Tibetischen usw. Entsprechend könnte sich **Aal** u.a. von *alla* als >Wasser-Schlange< als >Längliche< oder zu >Wasser< erklären.

Dieses *LaLa* erscheint nun auch unredupliziert als *La* als Ausgangsform der verschiedensten Wortbildungen im Kontext von *Wasser* – *Schlange*. Davon spielen zwei mesolithische Bildungen eine besondere Rolle. Eine davon ist LaKa wie etwa *lake* – *lago,* dt. in **Lake, Lache, Lachs, schlucken**, Flussnamen wie *Lech, Laucha, Lukuga* (Kongo) usw. sowie → **Loch, (Knob-) Lauch, Schlauch**, dazu umgekehrt KaLa in → **Höhle, Hals** (beachte auch den *Drachen-***Schlund**) usw. Die andere bedeutsame Form ist mesolithisch LaNa wie in **Leine, Linie, lang,** engl. *lane* = *Band* und in den Flussnamen *Leine, Lenne, Lena* (Sibirien) s. *Lint* → **Lindwurm** für die >Drachen-Schlange<.

Weitere Formen gehen – wohl später – mit der verbreiteten Zusammensetzung mit *as-* aus, so in den Flussnamen *Esla* (E), *Isle* (F), *Ischl, Isel* (A), *Issel* (Ural), *Issel* = ndl. *Ijssel (*auch -*Meer),* *Schlei* bei *Schleswig*, s. auch → **Schlei, Schleie** (Fisch). Flussnamen in der Art von *Schlange* finden sich z.B. mit *Selenga* (Mongolei), *Sulina* (Mündung der Donau), *Slinge* (NL), *Schlinge*.

Unsere Form *Schlange* erklärt sich demnach als S + LaNa. Bei dem G mögen AnGa (= NaGa) >Schlange< eine Rolle gespielt haben (s. dazu lat. *anguis* – dt. (früher) **Unke** = indisch *Naga* – engl. *snake* (- dt. **Schnecke**) für >Schlange<).

Bildungen für >Schlange<, die LaNa enthalten, finden sich in → **Lint/Lindwurm,** chin. *lóng* >Drache<, Yur*lung*gur bei einigen Aborigines-Stämmen für die mit dem Regenbogen assoziierte

>kosmische Schlange<, die die Sintflut verursachte [72] [+ Ur?],
Gulingi bei den australischen Ngarinyin für den >Schöpfer allen
Lebens< (in Schlangen-Gestalt) *wie* als >Kraft, die dem Kosmos
innewohnt< und als „Wasser",[73] *kulin* Tungusen für die *zwei* mythologischen „kosmischen Schlangen", die die Erde im Welt-
meer um*schlingen* und sie zugleich stützen, [74] griech. *kólon*
>Darm<, *kolōnē* >Hügel; insb. Grabhügel< usw.

Das mit der Schlangen-Symbolik eiszeitliche Element **unredupliziert** *ΛΧ = mesolithisch *La* findet sich neben den bereits
erwähnten mesolithischen Formbildungen: **LaGa** und **LaNa** in
LaBa wie **Leben, laufen,** *lavare* - **laben, laff, schlafen, schlüpfen, LaMa** in **Lamm; Lehm, Leim, Schlamm, LaTa** in engl.
late, zuletzt – lassen usw. Bei all diesen Formen finden sich auch
umgekehrte Bildungen.

Lein   L.4.1   Leinen

>Leinpflanze, Flachs<, mhd. ahd. *līn,* gotisch *lein,* altenglisch
līn, schwedisch *lin,* griech. *linon* >Leinpflanze, Flachs, Leinen,
Leine<, lat. *līnum* >Leinpflanze, Flachs, Leinen, Leine< (> **Li-
noleum**). Dies geht nach der gängigen Etymologie auf eine
Wurzel *līno-* >Leinpflanze, Flachs< zurück, die schon vor-idg.
sein könnte. -

In der gängigen Etymologie wird → *Leine* als Ableitung von
Lein betrachtet. Mir stellt sich dieses Verhältnis umgekehrt dar.
Als Ausgang erscheint hier mesolithisch Mebuntu LaNa in Auf-
nahme der eiszeitlichen Sprache und Symbolik von etwa
>Schlange< mit **Leine - Liane,** engl. *lane = Band* = BaNa, vor
allem (wie engl. *to link* >**verbinden**<, vgl. auch **links** [> **Herz-**
Seite]) in dem damaligen Kontext in der Verbreitung von
>Band, Bund, Bündnis< und dann auch von (der) *Stamm-* und
*Clan-***Linie** (>Abstammung< = **Lineage**). S. dazu weiter die
Ausführungen unter → *Leine.*

---

[72] Graham Hancock: Die Spur der Götter, S. 219
[73] Jeff Doring: Gwion Gwion, S. 327
[74] Ivar Paulson: Die Religion der nordasiatischen (sibirischen) Völker,
RelMen 3, S. 38

Demnach hat also die „lange und schlangenartige" Form des *Bandes* = engl. *lane* = der *Leine* dem *Lein* = *Flachs* („flechten") den Namen gegeben, s. dazu auch lat. *lāna* >Wolle<, ahd. *linta* >Bast< (s. EWD, *Seidelbast*).

-ling/s N.1.1 in **Jüngling; blindlings, rücklings**
- von ahd. *–ingūn, -ingon*, mhd. *–ingen*; asächs. *–ungo*, aengl. *– unga*, germanisch *–inga-, -unga-*, das eine Zugehörigkeit zum Ausdruck bringt. Das L ist nach EWD ebd. sekundär und erscheint in ahd. *-(l)ing*, mhd. *–(l)inc*, nhd. *–(l)ing* wie *(z.B. Fremdling, Häuptling, Jüngling, Lehrling* sowie *Hering* und heute verkürzt zu *-ig* in *König, Pfennig.-*

Diese Bildungen sind interessant, weil sie **sowohl mit** als auch **ohne** L wie auch **allein** als *L = *alla – la, lu, le* (*Häusle*) eine Verbindung mit der Schlangen-Symbolik und in *-chen* und *-in* eine Parallele aufweisen (> **-lein**). Dieses *Lint*/**Lindwurm** – **SchLange** dürfte sich von mesolithisch LaNa auch wie engl. *lane* für >Band< (wie BaNa → *binden, Bund*) für → *Linie, Lineage* erklären, so auch **link/s**.

Die Formen *inga, unga* dürften sich als eine andere mesolithische Zusammensetzung der eiszeitlichen Formen *N - *ana* für z.B. >Mutter, Mensch, Ahn< und *Γ wie *co, Gau* zu AnGa, NaGa (*NGa) erklären. Das erste Element findet sich in der Reihung *an = nah* > **eng** (wo sich als **Angst** wie bei *Mahr* und *Alb/Alp* die emotional umgekippte Symbolik findet). >Schlange< findet sich einerseits als NaGa in altindisch *naga,* engl. *snake* (dt. **Schnecke**) und andererseits als AnGa wie litauisch *angis,* lat. *anguis* >Schlange; (als Sternbild) Drache, Schlange<, ahd. *unc* >Schlange< (daraus **Unke**) sowie in **Engerling/Anger/Inger** „teilweise auch für jede Art Wurm in der Erde" (EWD, *Engerling*). Diese Formen erklären sich aus dem mesolithischen Kontext der Heiratspolitik als Mittel der Begründung von *Bündnissen* als *Clans* und *Stämme* und dem *Stämme-Rechts-Bund*-Netzwerk von Göbekli Tepe.

Lende L.4.6.3, L.4.8.1
- ahd. *lentī* >Niere<, Plural >Nieren, Lende<, ndl. *lende* >Lende<, altenglisch *lendenu* Plural >Nieren, Lende<, schwedisch

länd >Lende<; lat. *lumbus* >Lende<. Anders als Duden 7 sieht EWD hier eine idg. Wurzel **lendh* >Lende, Niere<.-

Den Anhalten nach geht dies von der eiszeitlichen *Drachen-Schlangen*-Symbolik für die Jugend-Initiation aus, so mit **Schlund – verschlingen** und für >Eingeweide; die *UTerus-Bauch-Höhle*) etwa griech. *kólon* >Darm<, lat. *lumbiens* >Regenwurm<, *lumbus* >Lende<, niederdeutsch **Lümp** >Eingeweide<, engl. *lamb* >**Lamm**< usw. Vgl. hierzu auch **lind** in Parallele zu >lieb – zart – teuer<, polnisch *łono* >Schoß, Leib; Brust, Busen<, lat. *lena/o* >Kuppler/in<.

Die hier anzunehmende Ausgangsform LaNa dürfte hingegen dem mesolithischen Mebuntu in Parallele zu BaNa wie → *binden, Band, Bund, Bündnis* entsprechend engl. *lane* >Band< entstammen. Dies erklärt sich aus der Umdeutung der eiszeitlichen Jugend-Initiation zur mesolithischen Heirats-Politik und Clan-Lineage-Ideologie. Vgl. auch dänisch *lænke* >Kette<, engl. *link* >Mitglied<, *link/s* → **Lein**. Es ist nicht unwahrscheinlich, dass auch **Land** diesem Komplex entstammt, dann ursprünglich für >Stammes-, Clan-Gebiet< (vgl. schwed. *län* >Land, Provinz<). Die **Linde** dürfte sich entsprechend wohl einiger anderer Baumnamen wie → *Buche* als (Stamm-, Kult-) >Baum< erklären.

Tanne   T.3.2.1; T.3.2.3

- ahd. *tanna* >Nadelbaum<, mhd. *tanne* auch >Mastbaum<, asächs. *danna*. Nach Duden 7 ebd. ist dieser nur im Dt. gebräuchliche Baum-Name „wahrscheinlich verwandt mit aind. *dhánuḥ* >Bogen<,“ dass dies „eigentlich >Bogen aus Tannenholz<“ meinte. Nach EWD ebd. ist die Herkunft unsicher.-

Für mich kommt es in Betracht, *Tanne* als >Stamm, Pfahl< von mesolithisch Mebuntu TaNa für die damals neuartige Sozialorganisation namens >Stamm< zu verstehen (jedoch als organisatorische Unterform des Stämme-Rechts-Bundes von Göbekli Tepe). Dies findet sich in diesem Sinn z.B. in *dene* >Stamm, Volk< (*Diné* Selbstbezeichnung der Navajo) in der amerikanischen Sprachfamilie *Na-**Dene***, im Namen des israelitischen Stamms *Dan* (> **Daniel**) sowie als Element in etlichen späteren

192

Völkernamen wie *Britannien, Mauretanien, Yucatan.* Die evtl. vom Alt-Iranischen ausgehende Form enthält eine S-Erweiterung wie in *Pakistan, Afghanistan, Usbekistan, Rajastan* (Indien) usw. Dieses *stan* findet sich im Polnischen (in der ursprünglichen Kernbedeutung) für >Zustand, Stand; Staat< - dies ist im Deutschen ganz in diesem Sinn mit → **stehen, Stein, Stand** usw. verbunden.

Es ging in dem mittelmesolithischen Stämme-Rechts-Bund um die Organisation fairer Abklärungen der Ansprüche auf Ressourcen und Gebiete. Diese Wortbildung ist wohl von daher in Zusammensetzung mit *gē/Gaia* + dt. **Ton** >Erde< in griech. *chthón* >Erde, Erdboden, Land< = *Gä, Gaia* [→ *Gau* > **chthonisch**] enthalten, wobei **neolithisch** >Erde< nicht mehr auf die Bedeutung >Stammesgebiet< (**Gau**) zielte, sondern auf *Ma Ga* >Mutter Erde< als der neolithischen >Göttin<, die die eigentliche Inhaberin der Welt war, in der >Unterwelt< lebte, von wo das Leben ausging, und die die Erde ihren **Kult**-Anhängern zur Kultivierung zur Verfügung stellte.

Entsprechend der *mesolithischen* Stamm-Symbolik findet sich TaNa wohl als Name der den Stamm repräsentierenden >Ur-Ahnen< (möglicherweise im Besonderen aus dem Kontext der Megalith-Kultur), die im Neolithikum zu Gottheiten werden, so mit *Tannit,* die weibliche Hauptgottheit Karthagos (davon **Tunis** > **Tunesien**), in irisch *Tuatha Dé Dana* für die vorgeschichtlichen >Völker der Göttin Dana<, wohl entsprechend *Dänemark, Danäer* für die >Griechen<, in *Dan* Gott der afrikanischen Dahomey-Stämme usw. Im Türkischen ist *tann* regelrecht zum Wort für >Gott< geworden. Die Ausgangsbedeutung ist wohl allgemeiner >Herr/in< wie *Don/Donna, MaDonna (Athene),* hebräisch *adon-* als Anrede für >Gott< (vgl. *Adonis*). Der ursprüngliche Sinn könnte auch noch in altnordisch *jotunn* >Riese< (+ *Io* >Ur-) als einem älteren Begriff für die >Stamm-Ahn(en)< enthalten sein. S. dazu auch → *Ahn* und → *Alben/Elben/Elfen.* Dieser Hintergrund spricht dafür, **dann/denn** als eine Ableitung davon zu begreifen.

Tanne meint demnach ursprünglich den >Stamm-Pfahl< (in Ableitung von dem ursprünglichen >Weltenbaum<. Die spezifische

Art >Tanne< könnte entsprechend *Dana*mark als immergrüner Baum eine nordische Symbolik der >Stamm-Mutter< (→ **Jul**) sein, die entsprechend zum *Jul*-Weihnachts-Fest als dem Ende und Anfang des Jahres aufgestellt wird. Eine entsprechende Pfahl-Gottheit ist im Nahen Osten als *Aschera* oder *Aschtarot* bekannt (- **Ostern - Stern**). Dieses DaNa/TaNa dürfte auch der Ursprung der Wortbildungen → **Ding**/*Ting* (ursprünglich für die >Stammes-Treffen<) – *denken* – *Gedenken/Dank* sein..

Ding   T.2.1.2; T.3.2.3   **verdingen > verteidigen**
- ahd. *thing, ding,* mhd. mnd. *dinc* >Gericht<, heute für >Gegenstand, Sache< (aus dem Inhalt der **Gerichtsverfahren**, so auch analog **Zeug/e, Sache**).-

Ursprünglich war *Thing/Ting/Ding* die germanische Bezeichnung für ihre >Ratsversammlungen<, so heute noch norwegisch *storting* (*stor* >groß<) = dän. *folketing* (+ Volk-) für das nationale Parlament in Entsprechung zu unserem >Bundes**tag**<. Die Reduktion und Veränderung von *Ting/Ding* im mittelalterlichen Feudalismus von der Demokratie hin zu einer Herrschaftstechnik ist sehr gut in EWD ebd. beschrieben. Da von daher bei uns *Ting* die Bedeutung >Gericht< erhielt, trat später das ursprünglich halbverwandte **Tag** – **tagen** – **Tagung** – *Reichstag* an diese Stelle. Vgl. hierzu auch griech. *dikē* >Sitte, Recht, Rechtsverhandlung, -sache<. Ich sehe eine Verbindung von *Ding* zu → **denken** und **Zunge**.

denken, Denken   T.4.2; T.3.2.3   **Bedenken**
- mhd., ahd. *denken,* got. *þagkjan,* aengl. *đencan,* engl. *to think,* schwed. *tänka;* >**Denken**< mhd. *dāht* in **Andacht, Bedacht, Verdacht**.

Dies gehört **laut** der gängigen Etymologie mit **Dank, Gedanke, Verdacht** zu der Sippe von **dünken** und z.B. alat. *tongere* >kennen, wissen< zu (Duden) idg. **teng-* >empfinden, denken<, (EWD idg. **tong-* >denken, fühlen<). Eine m.E. nahe liegende Verbindung zu **Zunge – s.** = engl. *tongue* - wird von Duden und EWG aufgrund der üblichen Prämissen nicht gesehen.-

194

Ich erwäge hier einen Zusammenhang mit Thing, Ting → **Ding** als der germanischen Bezeichnung für ihre >Ratsversammlungen<, heute norwegisch *storting* (*stor* >groß<) = dän. *folketing* (+ Volk-) in Entsprechung zu unserem >Bundes**tag**<.

Wenn dies zutrifft, dann deutet sich damit ein tiefer historischer Hintergrund an, nämlich die mesolithischen Zusammenschlüsse aus bis dahin kleineren eigenständigen Verbänden zu Stämmen und im Mittleren Mesolithikum sogar zu dem übergeordneten Stämme-Rechts-Bund-Netzwerk von Göbekli Tepe, aus deren Kontexten die Sprachfamilien entstanden zu sein scheinen. Der Hintergrund dieser Entwicklung lag in den besonderen Problemstellungen der gigantischen Naturkatastrophen am Ende der Eiszeit.

Von diesem Hintergrund her stellen sich zwei Ausgangsformen dar. Die eine Ausgangsform erscheint als mesolithisch (Mebuntu) TaNa für >Stamm, Stammesgebiet<, wie es in vielen Ländernamen erhalten ist, so in *Britannien, Mauretanien, Pakistan, Yucatan* usw. (s. → **Tanne**).

Die andere Ausgangsform ist ebenfalls mesolithisch (Mebuntu) TaKa wie → **Dach, Decke** für ursprünglich >Lager, Unterkunft<, wozu es die umgekehrte Bildung KaTa wie → *Kate, Hütte, Haus, Hut, Schutz* usw. gibt. Eine weitere Entwicklung von TaKa findet sich in → **zeigen, sehen, sagen,** *(be)zeugen, Dozent,* lat. *ducere* >führen< > *Duce, produzieren.* Eine noch andere Bedeutungsentwicklung von TaKa zeigt sich in → **tagen** – **Tagung** (was wohl ursprünglich keineswegs von >Tag< ausgeht, sondern umgekehrt *Tag* hiervon). Es gibt im Germanischen bei *Tag* mehrere Wortstämme, interessanterweise auch einen N-Stamm anord. *dægn* (so EWD: Tag). Vgl. → *Ding* sowie griech. *dikē* >Sitte, Recht, Rechtsverhandlung, -sache<.

Die Verbindung von TaNa – TaKa ergab sich später grammatisch durch das spätmesolithische Stammformen-System mit *denken – dachte – gedacht – Andacht* (analog übrigens lat. *tango – tactus* > **Takt**). Von hier aus könnten die Formen *denken – Ding – Dank* aus der Vermischung von TaNa und TaKa zu *TanKa entstanden sein, von woher sich auch **Zunge** erklären dürfte. Vgl. auch **danke** = skandinavisch *tak*.

Unter >denken< wäre hier demnach die ursprünglich gemeinsame Kommunikation, Beratung und Entscheidungsfindung bei
den Stammes-Treffen zu verstehen, s. → *Ding*. Beachte hier
auch den sich andeutenden Bezug zwischen → *Stamm – Stimme
– abstimmen – bestimmen (- stammeln – stumm – dumm)*, vgl.
auch die Verbindung von → **deuten – deutsch** >Volk<.

Gynäkologie   K.3.4.6.1   > **androgyn** (♂♀)

- von griech. *gynē* >Frau< mit Entsprechungen in lat. *cunnus*
>Frau; weibliche Scham<, skandinavisch *kvinne* >Frau<, engl.
queen >Königin< - vgl. → *Frau*.

Ich nehme hier dieses Fremdwort auf, weil sich damit ein großer
Symbol-Komplex verknüpft, der weit über das Indogermanische
hinausgeht. S. dazu:

KUNA >Frau<
- *ein >Urwort< nach Richard Rudgley nach Ruhlen & Ben-*
gtson mit den Beispielen: [75]

qena	>Herrin< in der afroasiatischen kuschitischen Sprache *Oromo*
chana	>Frau< in der *Bea*-Sprache der Adamanen* im Indischen Ozean
quani	>Frau, Ehefrau< im *Tasmanischen* (Australien)
kunya	>Frau< in der indian: Amerind-Sprache *Kamayura*
gunijarr	>Mutter< in dem australischen *Gamilaraay*
kunakunam	>Frau< in Amerind-Sprache *Cuica*
kuZa	>Frau< in Amerind-Sprache *Suya*
kuZa	>weiblich< in Amerind-Sprache *Guarani*
queen	>Königin< im Englischen (Indoeuropäisch)

Es ist jedoch vor allem von der Semantik her unwahrscheinlich,
dass es sich um eine schon eiszeitliche Wortbildung handelt. Ich
sehe den Ursprung dieser Formbildung in mesolithisch Mebuntu

---

[75] Richard Rudgley: Abenteuer Steinzeit, S. 75 [* gemeint sind wohl die
Andamanen-Inseln]

KaNa. Dazu finden sich die bezeichnenden Parallelen TaNa >Stamm, Land< (wie in *Britannien, Mauretanien, Pakistan*), BaNa wie in *Band, Bann, Bund* und LaNa wie *Leine, Linie, Lineage*, engl. *link*.

Im ursprünglichen Mebuntu dürfte KaNa mit den Stamm-Ahnen in der Art von >Adam & Eva< verbunden gewesen sein. Dieser Ausgangssinn ist in guten Teilen noch in lat. *gens* erhalten: >Stamm, Volk, Sippe; Landschaft, Gau; Art, Gattung< (→ **Gens, Genus**). Damit verknüpfen sich auch → **kennen**, → **können**, engl. *kin* >Sippe, Geschlecht; Verwandte; Art< (wohl auch *kind*), hebräisch *qana* >gründen, schaffen (auch vom menschlichen Körper)<, s. auch **Kind**. Dies findet sich in japanisch *GEN* >Quelle, Ursprung, Anfang<, engl. *origin* von lat. *origo – origines* = dt. → **Beginn**.

Als Ableitung von der hebräischen Wurzel *qana* >gründen, schaffen< findet sich die Form *qinjan* >Eigentum, Vermögen; Geschöpf<. Dies deutet wie Anderes darauf, dass in der Krise des Stämme-Rechts-Bundes von Göbekli Tepe mit dem Späten Mesolithikum der privat organisierte Clan-Ahnen-Kult-Komplex Macht und Besitz an sich ziehen konnte (vgl. → **Adel**) und damit historisch die besonderen privatrechtlichen Besitz-Verhältnisse begründete.

Die Formen (engl.) **Queen – König**, (mongolisch *Dschingis* -) **Khan**, deuten für mich auf den Fortbestand einer mesolithische Traditionslinie (etwa in Verbindung mit der Megalith-Kultur). Interessant ist hier auch *Gynechen* >Beherrscher der Menschen< = *Gynemapu* >Beherrscher des Landes< für die **androgyne** oberste >Gottheit< der südamerikanischen *Mapuche*. Es belegte eine *mesolithische* Tradition in *neolithischer* Deutung.

Beginn, beginnen   K.3.4.6.1

- ahd. *bigin*; aengl. *onginnan* >beginnen<, ndl. *ontginnen* >urbar machen<. Nach der gängigen Etymologie ist hier die Herkunft nicht sicherer erkennbar.-

M.E. dürfte es sich hierbei um das Element handeln, das in dem Genetiv *originis* (- engl. *origin*) von lat. *or^{i}gō* >Ursprung< enthalten ist. Dies ist mit der eiszeitlichen Symbolik der >UrKuh<

= >Ur= Mutter< für >Ursprung< verbunden (s. auch → **Au -
Aue**), auch als dem Ursprung von **Kind**.

Das angesprochene Element findet sich z.B. in japanisch *gen*
>Quelle, Ursprung, Anfang<, lat. *gens* >Stamm, Volk; Gau;
Sippe<, *genus* >Geschlecht<, dt. → *kennen - können* und hebräisch *qana* >gründen, schaffen (auch vom menschlichen Körper)<. Dies dürfte sich von mesolithisch Mebuntu KaNa ableiten, wozu die Parallelen TaNa, BaNa, LaNa >Stamm, Bund< bestehen. Zu den weiteren Dimensionen dieses Hintergrundes s.
entsprechend griech. *gynē* >Frau< - *Queen – König – Khan* →
Gynäkologie.

Gens   K.3.4.6.1
- insbesondere >Clan<, von lat. *gens* >Sippe; Stamm, Volk;
Landschaft, Gau; Art, Gattung<. Vgl. dazu engl. *kin* >Sippe,
Geschlecht; Verwandte; Art<, assyrisch *qinnu* z.B. >Familie<,
dän. *køn* >Geschlecht; schön<, **König, Kind**, lat. *cunnus* >Frau<
→ *Gynäkologie.* S. dazu die weiteren Ausführungen unter →
Genus.

Genus   K.3.4.6.1
>Art, Gattung<, auch >grammatisches Geschlecht<, von lat. *ge-
nus* >Geschlecht; Gesamtheit der Nachkommenschaft; Art, Gat-
tung<, identisch mit griech. *génos*. Dies geht nach der gängigen
Etymologie zurück auf idg. *ǵen-* >gebären, erzeugen<.-

Ich sehe hier den Ursprung in mesolithisch Mebuntu KaNa in
Parallele zu TaNa, BaNa, LaNa >Stamm, Gebiet< im Kontext
des mittelmesolithischen Stämme-Rechts-Bund-Netzwerkes
von Göbekli Tepe. Dies findet sich in lat. *gens* wohl ursprünglich insbesondere >Stamm, Gau<, erst spätmesolithisch vor allem als **Sippe – Clan** → **Adel**.

Die mesolithische Stämme-Konzeption begründet sich in der
Umdeutung der eiszeitlich rein mythologischen Figuren der
>Ur-Mutter< (wie >Frau Holle<) und des >Ur-Vaters< zu den
nun real verstandenen eigenen Stamm-Ahnen in der Art von
>Adam & Eva<. Aus der mit ihnen verbundenen Schöpfungs-

198

Mythologie entsteht eine neuartige Mythologie als der Grundlage seiner Gebietsansprüche, Gesetze und der Autorität seiner Stammes-Führer.

Entsprechend finden wir hier japanisch *GEN* >Quelle, Ursprung, Anfang< = *Be***ginn** = (lat. > engl.) *ori***gin** sowie hebräisch *qana* קנה >gründen, schaffen (auch vom menschlichen Körper)<, davon *qinjan* >Eigentum, Vermögen; Geschöpf<. Es erscheint als wahrscheinlich, dass sich die Wörter *König* und *Queen* (→ *Gynäkologie*) als die leiblichen Nachfahren der Stamm-Ahnen in der Art von >Adam & Eva< (als männliche und weibliche *Genealogie*) begründen (s. auch → **Adel**).

Von KaNa sind auch → *Kind; kennen, können; König* usw. abgeleitet. Die folgenden Fremdwörter stammen ursprünglich aus dem Römisch-Griechischen: **Genus, Gen,** (*homo*)**-gen, genetisch; Genealogie, Genesis, Genital, Genitiv, Generation; generieren; regenerieren;** *de***generieren; Generator; generös; generell, General;** *endo***gen;** *Epi***gone; Genius,** (frz. >) **Genie; Ingenieur; Genre; Gendarm; Gentilgesellschaft, Gentlemen.** S. weitere Hinweise unter → *Gynäkologie*.

kennen   K.3.4.6.1, K.3.5.4   er**kennen, kund/ig**

- mhd. *kennen* >erkennen; kennen<, ahd. *kennan,* gotisch *kannjan* >bekannt machen, kundtun<, aengl. *cennan* >kundtun, bestimmen, erklären<, schwed. *känna* >kundtun, unterweisen; erkennen; kennen<. Dies ist nach der gängigen Etymologie mit → *können* verbunden und ginge auf idg. **ĝen[ə]-* >erkennen, kennen, wissen< zurück.-

Ich sehe hier eine Ableitung von mesolithisch Mebuntu KaNa wie etwa auch *Gens/Kind - können -* lat. *cunnus.* Es handelte sich hierbei um eine Parallele zu eiszeitlich *ada* (- *oida*) wie **Idee** und **weisen** – **wissen** insbesondere aus dem Kontext der Jugend-Initiation. Von hier aus dürfte auch (wie auch im Hebräischen *jad – jadaʻ*) eine Verbindung zu → **Eid** mit den Hand-Abdrücken in den eiszeitlichen Höhlen bestehen. S. auch *Kind, Gynäkologie* → **können.**

können   K.3.4.6.1; K.3.5.2   > **Kunst**

- mhd. *künnen, kunnen*, ahd. *kunnan*, got. *kunnan*, aengl. *cunnan* (engl. *can*), schwed. *kunna*. Dies bedeutete nach der gängigen Etymologie wie → *kennen* ursprünglich >geistig vermögen, wissen, verstehen<, was mit verwandten Wörtern in anderen idg. Sprachen auf die Wurzel *$\hat{g}en[\partial]$- >erkennen, kennen, wissen< zurückginge.-

Szene aus Bohuslän, Schweden. Die Initiations-Symbolik deutet sich von dem Hand-Motiv her an, das Heiraten – Zeugen an den Geschlechtsmerkmalen und dem Punkt, der das Kind symbolisieren dürfte. Weitere Darstellungen (Gravuren) bestärken diese Deutung. Nachzeichnung *aus: Emmanuel Anati: Höhlenmalerei, S. 276.*

Die Hintergründe sprechen dafür, dass diese mit eiszeitlich *Na wie **Nähe, nähen, Nabel** gebildete Form mesolithisch Mebuntu KaNa auf die eiszeitliche Jugend-Initiation mit ihren **Hand**-Abdrücken (in den eiszeitlichen Höhlen) zurückgeht (s. → **Eid** und die Abb. S. 10). Wir finden dazu eine interessante Parallele in hebräisch *jad* >Hand (auch für *Schwur*), Denkmal; Kraft, Macht< mit der Wurzel *jada'* >kennen lernen, kennen; bemerken; (durch Reflexion) erkennen; achtgeben, sich kümmern; **geschlechtlich verkehren**<, wohl entsprechend griech. *oīda* >wissen, verstehen, kennen<, *eīdō, ideīn* >sehen, erkennen< (> *Idee*), lat. *vidēre* >sehen, wahrnehmen, erkennen< (> **Vision, Video, visuell**) = dt. **wissen, weise, weisen, bewusst, Witz** usw.

Der ursprüngliche Zusammenhang liegt darin, dass die eiszeitliche Jugend-Initiation neben verschiedenen Formen an Persönlichkeits-Schulung *natürlich* auch mit der sexuellen Aufklärung verbunden war, wie etwa an den Zahlzeichen für → **neun** (Monde/Monate für >Schwangerschaft<) in den eiszeitlichen Höhlen zu sehen ist.

Die mesolithische Form KaNa verweist darauf, dass die historisch **neue** Art der Jugend-Initiation mit einer Einführung in die Stammes-Rituale und –Mythologie verbunden ist. Es ist hierbei anzunehmen, dass diese Rituale auf ein Heiraten mit Nachwuchs-Zeugung hinausliefen, s. auch → *Kind* (von hier wohl auch der doppelte Sinn von → *zeugen*). Wahrscheinlich erklärt sich von daher auch → *Hand* von *KaNa her.

kühn   K.3.5.2

- ahd. *kuoni* >mutig, stark<, ndl. *koen* >mutig; herzhaft<, engl. *keen* >scharf; heftig; eifrig; erpicht<, aisl. *kœnn* >klug, tüchtig<. Dies ist nach der gängigen Etymologie mit → **können** und → **kennen** (- *Kunde*) verbunden. „Die Bedeutung >mutig, stark, scharf< entwickelte sich aus >im Kampfe erfahren< [...]." (EWD ebd.) –

Als Ausgangsform ist mesolithisch KaNa wie → *kennen, können* in Parallele zu eiszeitlich *adda – DaDa >Mutter, Vater< wie **da** und **Idee, Vision, wissen**, hebräisch *jada'* auch >geschlechtlich verkehren< aus dem Kontext der ursprünglichen Jugend-Initiation zu sehen. Die entsprechende Symbolik ist auch mit dem >Drachen-Kampf< verbunden. Denn eine wirkliche Liebesfähigkeit setzt auch eine Emanzipation zu einer wirklichen Selbständigkeit, → *Herz – Courage* und Konfliktfähigkeit voraus. Vgl. hierzu auch *lieb* - engl. *dear - teuer*.

3 Wörter aus dem Späten Mesolithikum

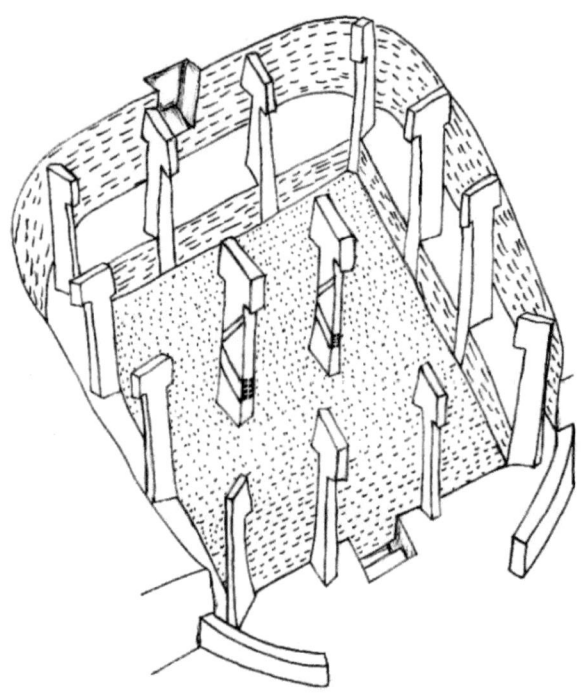

Der Bau der uns bekannten Megalith-Anlage von Göbekli Tepe ist dem Späten Mesolithikum zuzurechnen. Dieses Gebäude von *Nevalı Çori* aus der Zeit und Gegend von Göbekli Tepe bietet eine Idee in Bezug auf die ähnlichen Kult-Bauten auf dem Göbekli Tepe. Die Pfeiler auf Seite 165 gehören in dieser Aufstellung zu einem solchen zentralen Pfeiler-Paar. Die Anlage auf S. 205 kann potentiell eine Idee von der ersten Megalith-Anlage bieten.

Nachzeichnung nach: Klaus Schmidt: Sie bauten die ersten Tempel, S. 75

Das Späte Mesolithikum ist bereits von den historischen Weiterentwicklungen in der Sprache wie in der Kultur geprägt.

Hier sollen zwei Komplexe aufgenommen werden, die dafür in dem Vokabular einen bedeutsamen Anhalt bieten können.

Der erste Komplex verknüpft sich mit einer Wortwurzel *Kara. Diese Wortwurzel ist insofern auffällig, als dass hier erstmalig das R in dem Wortbestand in Erscheinung tritt.

Noch bei den 2021 herausgegebenen Bänden von Cûl Tura habe ich diese Formen wegen dem R dem Neolithikum zugerechnet. Im Kontext der Arbeiten an dem Herkunftswörterbuch empfand ich diese Zuordnung jedoch als problematisch. Sehr wohl sind in dieser Form Überschneidungen zum Neolithikum zu sehen. Doch tritt unter *Kara ein eigenes Profil mit einem anderen Hintergrund heraus, der charakteristisch für die mesolithische Motivik ist. Im Deutschen belegt sich dies insbesondere bei dem Wort → **hart**. Der Kontext verknüpft sich mit der an sich bereits mittel-mesolithischen **Megalith**-Symbolik. Darin kommen das Bedürfnis und Bemühen zum Ausdruck, in den am Ende der Eiszeit unter den gewaltigen Naturkatastrophen aus den Fugen geratenen Verhältnissen wieder Strukturen zu schaffen, die >hart< bzw. stabil sind wie Fels und Stein (von hierher stammt auch die vormoderne Idee des >Staates<).

Da die frühmesolithische Stämme-Konzeption des Nahen Ostens recht bald in Disflikten um Gebiete und Ressourcen verfahren war, kam es mit dem Mittleren Mesolithikum zu dem Ansatz, ein global gedachtes Stämme-Rechts-Bund-Netzwerk zu gründen, wo jeder Stamm einen gerechten Anteil an Ressourcen erhalten sollte. Diese Konzeption ging vermutlich aus dem Gebiet von Göbekli Tepe aus, wofür analog zur heutigen UNO auf dem Göbekli Tepe ein organisatorisches Zentrum angelegt wurde, das seit dem **Späten** Mesolithikum ab etwa 9.600 v. Chr. zu einer imposanten Megalith-Anlage ausgebaut wurde.

Damit bringe ich sowohl die Symbolik von *hart* in Verbindung als auch die weite Verbreitung von *Kara insbesondere in Wörtern und Namen für >Berg, Gebirge< wie z.B. *Karst, Karawanken, Karpaten, Kardamon*-Gebirge (Süd-Indien), *Korjaken*-Gebirge (Sibiriern) und dt. in *Harz, Rothaar*-Gebirge usw.

Der andere Komplex verknüpft sich mit der im Raum Jericho (Israel, Jordanien usw.) aufkommenden Entwicklung der Ahnen-Kult-Kultur. Dieser Süden ist nach dem Ende der Eiszeit von einer aufkommenden Hitze-Entwicklung und Ausdehnung der dortigen Wüsten-Verhältnisse geprägt. Da man zur Versorgung jedoch zwischen Sommer- und Winterlagern wechseln musste, entstand nun die Ungewissheit, ob man nach einem Wechsel noch hinreichend brauchbare Lebensverhältnisse auffinden würde. Von dort her kam es zu der Auffassung, die Gräber seiner Clan-Ahnen dauerhaft als Gebietsbesitz zu beanspruchen. Dieser in dieser Form neuartige Anspruch wurde z.B. mit der Aufstellung von Schädeln markiert und in neuartigen Toten-Kulten gepflegt. Von großem Aufschluss ist hierfür das Wort → *Hades*.

Es spricht auch einiges dafür, dass der Komplex von **se* wie **sich - selbst**, *sibi-* **Sippe, säen** – **Saat** und **set* wie **siedeln, sesshaft, Besitz - besetzen, Sitte - Gesetz** hier seinen Ursprung hat. Dies passt zu den historischen Befunden. Das *S tritt hier in dem Vokabular erstmalig in Erscheinung. Infolge der neuen Sprach-Konzeption entstehen aus den ursprünglich sekundären Lautformen nun auch eigene Wortwurzeln.

3.1 Bildungen von *Kara

Der Ur-Typ einer Megalith-Anlage, Nachzeichnung (Quelle s. Fußnote).
In dieser Art ließe sich die erste Anlage von Göbekli Tepe vorstellen.

Diese Anlage der Ngarinyin-Aborigines repräsentiert die Versammlung der Vertreter der Stämme, die die neuartige mittelmesolithische Stämme- oder Völker-Rechts-Bund-Verfassung (hier namens *Wunan*) verabschiedeten, die in Australien bis zum Kolonialismus gültig blieb. Die aufrechtstehenden Steine repräsentieren die Vertreter der Stämme. Die Bedeutung des Steins liegt darin, das >Ewige< zu repräsentieren:

> „Dieser Tisch *angga* der ist ewig, der hat schon immer da gestanden, und er wird immer da stehen. Er hat nämlich Wurzeln in der Erde, und der steht hier felsenfest. […]
> Der Stein hat Macht ... *wungud* hat er in sich, wir sagen er ist wie das *Wunan* er wird nie vergehen.
> *wunbanburan* heißt unveränderlich, er bleibt wie er ist für alle Zeit, er ist *wunbanburan, wunbanburan* das heißt so viel wie ... etwas bleibt immer am gleichen Ort." [76]

---

[76] Jeff Doring: Gwion Gwion, S. 143; die Anlage s. S. 142

205

hart   K.4.3.1.2   **Härte**

- mhd. *hert(e)*, ahd. *herti*, got. *hardus*, engl. *hard*, schwed. *hård*. Dies gehört nach der gängigen Etymologie wie z.B. griech. *kratýs* >stark, mächtig<, *krátos* >Stärke, Macht, Herrschaft<, *kratein* >(be)herrschen< (in **Demokratie**) zu idg. **kar-* >hart<. Dies ist in etlichen Namen wie *Bernhard, Eberhard, Gerhard, Richard, Hartmut, Hartwig* enthalten.-

Nach meiner neueren Einschätzung (gegenüber der Fassung von Cûl Tura von 2021) sehe ich hier nun den Ursprung schon vor dem Neolithikum in spätmesolithisch **Kara* im Kontext von >Stein, Fels; fest, hart, stabil; Gebirge<, was insbesondere dem Kontext des Baus der spätmesolithischen Megalith-Anlage von Göbekli Tepe ab etwa 9.600 v. Chr. zuzurechnen wäre. In dieser Form **Kara* tritt das R als Lautform zum ersten Mal in dem Vokabular in Erscheinung.

Diese Form **Kara* ging wohl aus der mittelmesolithischen Megalith-Symbolik hervor. Sie findet sich in kultisch-symbolischer Form bei den Ngarinyin-Aborigines (Abb. oben) und etwa im Hebräischen als *har* >Berg (als das Älteste und Festeste der Erde); Berggegend, Gebirge< (s. → **Hart – Hardt – Harz**).

Diese mittelmesolithische Megalith-Symbolik erklärt sich von dem Hintergrund der großen Chaos- und Notstandsprobleme, die durch die gigantischen Naturkatastrophen am Ende der Eiszeit entstanden waren. Man wünschte hier nun neue Verhältnisse >**stabil** wie **Stein**< - worin der Ursprung der Idee und Konzeption >**Staat**< liegt.

Die Felsen gelten hier als die Knochen bzw. das Ge*rippe* (> **Riff**) der Erde = des >Weltberges< (was u.a. als → *Pyramide* nachgebaut wird). Als entsprechende >Säulen< erscheinen in den Anlagen von Göbekli Tepe und Umgebung die großen T-Pfeiler (→ S. 165), die als Verkörperung der >Stamm-Ahnen< und damit also auch der *Stamm-Pfahl= Weltenbaum*-Symbolik zu verstehen sein dürften. Interessanterweise finden wir genau in dieser Form lat. *cardō* lat. >Dreh-, Wende-, Angelpunkt; Weltachse, Scheidepunkt< [> **Kardinal**, dt. > **Scharnier**]. Diese Kult-Anlage sind mit ihren Stamm-Ahnen der → *Nabel* der Welt, wie *Göbekli Tepe* ursprünglich als >Nabel-Berg< (der Welt) zu verstehen sein dürfte (türk. *göbek* >Nabel, Bauch<). S. dazu auch die Figur S. 153.

Das alles ist bereits das Zentrum der eiszeitlichen Symbolik, die auf den Komplex der Jugend-Initiation hinausläuft. Die Jugend-Initiation wurde entweder in unzugänglichen Höhen (ggf. auch auf dem Gipfel eines Berges) oder in einer Höhle oder bei anderen Gegebenheiten etwa in einem ansonsten unzugänglichen >(Heiligen) Hain< durchgeführt.

Sprachlich findet sich dies in den Ableitungen von **Kara,* s. Hebräisch *har* >Berg (als das Älteste und Festeste der Erde)<, *hor* als Name zweier dortiger Gebirge und als *chor* für >Berghöhle< (lat. *cor* → **Herz, Herd**), bei uns in Bergnamen wie → *Hart, Harz, Haar* (*Rothaargebirge*) usw. und → **Horn**.

Schon seit der humanevolutionären Entwicklung ist die Jugend-Initiation auch mit der → *Hörner-* und Drachen-Symbolik verbunden. Der älteste Beleg hierfür ist die über 32.000 Jahre alten Zeichnung des mit Hörnern dargestellten >Tiermenschen in der Höhle von Fumane< (s. → *Horn*). Es spricht einiges dafür, dass es sich hierbei um einen *Cerberus* (wohl >Hörnerträger<) handelt: d.h. um eine Person, die die eiszeitliche Jugend-Initiation anleitete und hierbei zuerst als eine Drachen-Schreckgestalt auftritt, die Mut herausfordert, dann aber als (*to*) *care* diesen Prozess begleitet. Von dieser Initiation ergibt sich auch die Verbindung von frz. *cher – lieb – teuer* = engl. *dear – darling,* als Ausdruck dafür, eine emanzipierte selbständige Liebes-, Beziehungs- und Konfliktfähigkeit zu erwerben.

Diese Jugend-Initiation nimmt im Mesolithikum vollkommen neue Züge an. Zum einen wird sie zu einer Form, Status zu erwerben, was mit *Härte*-Proben verbunden wird. Diese sind die Voraussetzung, um an den gesellschaftlichen Entscheidungen teilnehmen zu können. Von hier aus könnte sich *hart* – **herrschen** – griech. *krátos* >Herrschaft, Macht, Stärke< (in → *Demokratie*) erklären. Im Weiteren erhält die männliche Jugend-Initiation mehr und mehr eine kriegerische Komponente (>

Heer, vgl. *Werwolf*), während der ursprüngliche *care* zum
>Herr< wird, vgl. dazu nganasanisch (Sibirien) *cera* >Anfüh-
rer<, Maori *kura* >Häuptling<, Quechua (Inka) *kuraca* >Häupt-
ling<, griech. *koryphē* >Gipfel, Scheitel, Haupt< (> **Koryphäe**).
Dt. **Herr** erklärt sich jedoch als *Höherer*.

Hart, Hardt, Haardt, Harz   K.4.3.1.1

- mhd. *hart, hard* >Bergwald<. In Duden 7 und EWD ebd. nicht
enthalten. Dies ist nach Wasserzieher ebd. als Name und in Namen von Gebirgen und Wäldern in Nord- und Westdeutschland
enthalten, so etwa in **Spessart** (> *Spehteshart* >Spechtswald<),
Reinhartswald (als *Bilingue*) usw.-

Ich sehe den Ursprung dieser Bildungen im Nahen Osten als
spätmesolithisch **Kara*. Entsprechend findet sich hebräisch *har*
>Berg (als das Älteste und Festeste der Erde); Berggegend, Ge-
birge<, als *hor* als Name zweier Gebirge, *choresch* >Berg< und
verbreitet in Bergnamen, so in *Karst, Karpaten, Karawanken,
Kardamon*-Gebirge (Süd-Indien), *Korjaken*-Gcbirgc (Sibiricrn),
wohl redupliziert ***KarKar*** (vgl. → *Kerker*
und in Parallele zu *TarTar*us) *in Gárgara*
antiker Name des Gipfels des Ida-Gebirges
(Türkei) mit Kult. In Deutschland: *Haar (-
strang)* bei Soest; *Rothaar*-Gebirge, *Harz,*
(lat.) *Hercynia* für >das deutsche Mittelge-
birge von den Quellen der Donau (Schwarzwald) bis nach Dazien<.

(Nachzeichnung): Alteuropäische >Stamm<-Plasti-
ken aus der Eisenzeit, die weibliche aus Schottland,
die männliche aus England. Solche Figuren standen
in den gallischen >heiligen Hainen<. Es dürfte sich
ursprünglich um >Stamm-Ahnen<, dann auch Clan-
Ahnen handeln

Aus: Miranda J. Green: Die Druiden, S. 24

208

Dass auf den Bergen Wälder verblieben, könnte schlichtweg praktische Gründe gehabt haben. Doch deutet die Wortform eine (ehemalige) Tradition der >heiligen Haine< an, die Stämmen oder Clans der Verehrung ihrer >Stamm-Ahnen< und entsprechenden Initiationen und sonstiger Kult dienten. Vgl. dazu auch → *Alben – Alpen – Olymp*. Wo es keine Berge oder Höhlen gab, dienten ggf. >heilige Haine< entsprechenden Praktiken.

Harakiri K.4.3.1.1 / K.4.1.3.1

- eine ehren- und schmerzvolle japanische Form der Selbsttötung bei einem entsprechend bewerteten Versagen. Dieses Wort ist zusammengesetzt aus japanisch *hara* >Bauch< und *kiru* >schneiden<. Dies ist hier aufgenommen, weil sie zwei bemerkenswerte Formen enthält, die von dem R her im Osten in gewisser Weise untypisch sind und beachtliche Bezüge zum Nahen Osten aufweisen. Bei beiden Elementen kommt ein Ausgang von spätmesolithisch **Kara* aus dem Komplex der Jugend-Initiation in Betracht, wo das R erstmalig in dem Vokabular in Erscheinung tritt.

Dieses **Kara* findet sich z.B. in hebräisch *karat* >schneiden< und griech. *keírō* >abschneiden<, was *kiru* >schneiden< recht genau entspricht. Teilweise mit S- erweitert ist es die Wurzel vieler Wortbildungen in diesem Bereich wie z.B. **scheren** – (Pflug-) **Schar** – **Schere** – engl. *short* = **kurz**. Einige dieser Wortbildungen sind speziell mit >Haare abschneiden, scheren< verbunden, was im Besonderen auf den Kontext der Initiation verweisen könnte.
Der gleiche Hintergrund stellt sich bei *hara* >Bauch< dar, und zwar von der *Weltberg-Bauch-Höhlen*-Symbolik der Jugend-Initiation her. In dieser Art findet sich etwa hebräisch *har* >Berg (als das Älteste und Festeste der Erde)< und *chor* für >Berghöhle<. Ein entsprechendes *Kar* belegt sich verbreitet in Gebirgsnamen, s. dazu → **Hart, Hardt, Harz.**

Für eine so weite Verbreitung solcher ursprünglich *spezieller* Formen kommt hier allein die Organisation von Göbekli Tepe in Betracht.

Herd   K.4.3.1.3

- mhd. *hert,* ahd. *herd,* ndl. *haard,* engl. *hearth.* Dies leitet sich nach der gängigen Etymologie mit z.B. lat. *carbo* >(Holz)kohle< (> **Karbo/n/ade**) und *cremare* >verbrennen, einäschern< von idg. **ker-* >brennen, glühen< ab. EWD führt zu *Herd* aus:

> „Ursprünglich besteht die Feuer- und Kochstätte wohl nur aus festgestampftem Erdboden in der Mitte des Raumes; sie gilt als Mittelpunkt und Symbol menschlicher Behausung. Auf dieser Vorstellung beruht der übertragene Gebrauch von *Herd* als >Ausgangspunkt, Zentrum (eines Vorgangs, einer Entwicklung, einer Krankheit)<, vgl. *Eiter-, Gefahren-, Krankheits-, Unruheherd.*" -

Entsprechende Feuerstätten in Häusern gibt es heute noch in Japan, was für mein Empfinden etwas sehr Gemütliches und Soziales hat. In der Alten Symbolik ist dieser >Mittelpunkt< der >Bauch< (s. hier → **Harakiri**) und in anderer Hinsicht das → **Herz** (vgl. dazu auch: >Liebe geht durch den Magen<). Der Herd verkörpert auch das >Feuer< des Lebens und der Liebe. Es deutet sich insgesamt tatsächlich an, dass *Herd* den gleichen Ursprung wie *Herz* hat, vgl. griech. *kardía* >Herz; Magen; Inneres, Mittelpunkt<. Als Ausgang dieser Formbildung käme spätmesolithisch **Kara* in Betracht, s. → *hart* (>fest<), andernfalls die neolithische Wurzelform **ΓR*.

Herz   A.2.2; K.4.3.1.2

- mhd. *herz(e),* ahd. *herza,* got. *haírtō,* engl. *heart,* schwed. *hjärta.* Dies geht nach Duden 7 ebd. mit lat. *cor, cordis* >Herz<, griech. *kardía* >Herz< auf idg. **ḱḗrd-* >Herz< zurück. EWD ebd. ergänzt bei einer insgesamt gleichartigen Auffassung bei griech. *kardíā* >Herz, Magen, Mark der Pflanzen< und u.a. aslaw. *srěda* >Mitte, Mittwoch<, russ. *seredína* >Mitte<. Trotz dieser Hinweise wird hier wieder inadäquat eine abstrakte verabsolutierte Wortbildung und Bedeutung proklamiert.-

Tatsächlich finden sich bei griech. *kardía* die Semantiken >**Herz**; Gemüt, Mut, Zorn, Freude; **Inneres, Seele, Sinn, Gewissen,** Herzensneigung; **Mittelpunkt**; **Magen**(mund)< (Menge). Demnach scheint >Herz< wie das vermutlich parallel gebildete → **Herd** in der eiszeitlichen Symbolik für >Zentrum< zu stehen, etwa in dem Sinn der Reihung von *Mond – Mensch – Minne – mind* >Geist, Seele, Bewusstsein; Liebe, Kultur<. >Liebe< wird hier in der Art, wie es Erich Fromm in >Die Kunst des Liebens< darstellt, in erster Linie als eine grundlegende Lebenshaltung betrachtet (>Geist, Bewusstsein<), ohne es in einen falschen Gegensatz zu Gefühlen, Eros und Sexualität zu stellen.

Dieses Zentrum wird in der eiszeitlichen Symbolik mit der Weltberg-Uterus-Höhle als der/dem unteren → *Nabe/l* der Welten-Achse formuliert. Dieser Inhalt findet sich auch in dem anzunehmenden Ursprung in spätmesolithisch **Kara* s. → *hart* (>fest<). Dort ergibt sich in der **Courage – Herz** (s. → *Kerl - Girl*) zu dem psychischen Sterben in der *Drachen*-Schlund-Höhle die **Kehre** = *Wende* zur Neugeburt zu einer aufgeklärten liebenden Erwachsenheit mit der Fähigkeit *to care*, lat. *cārus* >lieb, wert, teuer<, davon frz. *cher* >lieb, **teuer**< = engl. *dear*. S. dazu auch (lat.) *caritas* (- **sorgen** für) - griech. *kára* >Kopf< > **Hir**n.

Horn K.4.1/.1; K.4.1.3

- mhd., ahd. *horn,* got. *haúrn,* engl. *horn,* schwed. *horn,* lat. *cornu* >Horn<. Dies stammt nach der gängigen Etymologie von idg. **ker(ə)-*, was ursprünglich auch das Horn bzw. Geweih auf dem Tierkopf bezeichnete.-

Zumal **Rind – Ren** entsprechend **Hirsch** etymologisch als >Hörnertier< zu deuten sind, gehörte die *Hörner*-Symbolik nach der *Stier-Kuh*-Symbolik zu den Gegebenheiten, die mir auch mit sprachlichen Anhalten wie etwa dem *Minotaurus,* dem *Taurus*-Gebirge (*taurus* >Stier<) in der eiszeitlichen Symbolik auffielen: so bei den >(S)Tiermenschen< (→ S. 6), bei dem Horn der „Venus von Laussel" (F, ca. 25.000 Jahre), dem „Drachen" in dem zentralen >Schachtbild< von Lascaux (F, ca. 15.000 v. Chr., → S. 16).

Der Bezug zu *Horn* erklärt sich aus sich selbst heraus als Wachstums-Symbolik (→ **Haare**, die zu → *scheren* sind; *Krallen* – Fingernägel, die zu schneiden sind). Bei etlichen Geweihen lässt sich das Alter der Tiere ablesen. Die Stier- oder Bison-Schädel mit den zwei Hörnern sind wohl auch schon alt ein → *Uterus*- bzw. eine androgyne Geschlechts-Symbolik (s. → *Gabel*).

Rechts: (der „Cernunnos")
F, ca. 13.000 – 14.000 Jahre, [77] dazu:

„Ein Tier-Mensch-Wesen mit ganz anderen Attributen ist der berühmte *Dieu Cornu* im *Sanctuaire* von Les Trois Freres [F]. Diese gemalte und gravierte Gestalt hat ein Hirschgeweih und Ohren vom Hirsch, während die hervorragend wiedergegebenen Augen von einem Raubvogel stammen. [...]
Die einzigartige Gestalt des *Dieu Cornu* von Les Trois Freres hat aufgrund ihrer Komplexität keine Entsprechungen. Das Hirschgeweih auf dem Kopf erinnert jedoch an sibirische Schamanen. [...] Das Hirschgeweih ist ein wichtiges und weit verbreitetes Attribut eurasischer Schamanen, das sich auch archäologisch weit zurückverfolgen lässt." [78]

---

[77] M. Ruspoli: Die Höhlenmalerei von Lascaux, S. 89 (dort 2 etwas divergierenden Angaben)
[78] Nachzeichnung + Text nach: G. Bosinski: Die Stier-Menschen, S. 163 ff., in: V. E. Ščelinkij & V. N. Širokov: Höhlenmalerei im Ural, S. 165 f.

Insofern sah ich hier recht früh eine Wurzel *ΓR im Kontext von *Horn – Rind.* Eine solche Wurzel stellte sich nicht als eine Besonderheit im Indogermanischen dar, sondern zeigte sich u.a. auch im Nahen Osten verbreitet, so mit akkadisch (semitisch) *qarnu* >Horn<, hebräisch *qärän* >Horn (des Widders, Bocks), Symbol der Kraft; Horn als Gefäß; Signalhorn; (Blitz-) Strahl; **Berggipfel**< [beachte *Matterhorn*], ägyptisch *her* in *her nebu* >Gold**horn**< als Königstitel, [79] aber etwa auch Ainu (Ureinwohner Japans) *kiraw* >Horn<.

Es ergab sich jedoch, dass das R bei den eiszeitlichen Formen nicht in Erscheinung trat. Nach meinen neueren Einsichten ist es erstmalig mit spätmesolithisch *Kara* im Kontext von *Berg – Höhle* und insgesamt der Symbolik für die Jugend-Initiation zu verbinden (s. → *hart, Hart/Hardt/Harz – Herz*). Dem lässt sich auch *Horn* sehr gut zuordnen, sogar als Wort für >Berg< (s.o. und *Matterhorn* usw.), doch vor allem für >wachsen< und im Kontext der Jugend-Initiation für >erwachsen<.

In der eiszeitlichen Symbolik steht diese Wachstums-Symbolik im Kontext der Jugend-Initiation für das Erwachsen-Werden. Es verknüpft sich inhaltlich mit (lat.) *cor – Herz – to care* und → *Hirn,* griech. *kárā* >Kopf, Haupt< sowie mit der *Drachen*-Symbolik – *Courage* und frz. *cher – lieb* – engl. *dear* → *teuer.*

Im Neolithikum wird diese Wachstums-Symbolik auch in Verbindung mit den Hörnern eine Fruchtbarkeits- und Sexual-Symbolik, hier vor allem mit dem → **Ziegen**- oder später → *Bocks*-Gehörn, abstrahiert z.B. als → **Giebel**. Dies findet sich unter der neolithischen Wurzelform *ΓR wie engl. *to grow,* → **groß** - **Gras, Hirse, Korn** usw. Als Inbegriff der Fruchtbarkeits-Symbolik wie *Kibele – Giebel* hat es den Anschein, dass aus den Hörnern der rituellen Ausstattung der Schamanen im Neolithikum die *Hörner*=**Krone** als Herrschaftssymbolik erwuchs. Auch in Ägypten erscheint dies als *her nebu* >Gold**horn**< als Königstitel (s.o.). Vgl. z.B. auch → **Macht – Magier.**

---

[79] H.L. Jansen, in: Asmussen & Læssøe: Handbuch der Religionsgeschichte I, S. 392

In Hinsicht auf die Symbolik von Göbekli Tepe wird festgestellt: „Es dominieren Tiere in aggressiver Haltung; die Mehrzahl der Skulpturen lässt sich ohne Zögern in die Kategorie >gefährliche Erscheinungen< einordnen; sie wurden folglich wohl in Unheil abwehrender – besser: abschreckender – und mithin >apotropäischer< Absicht aufgestellt." [80] Dies gilt auch hier:

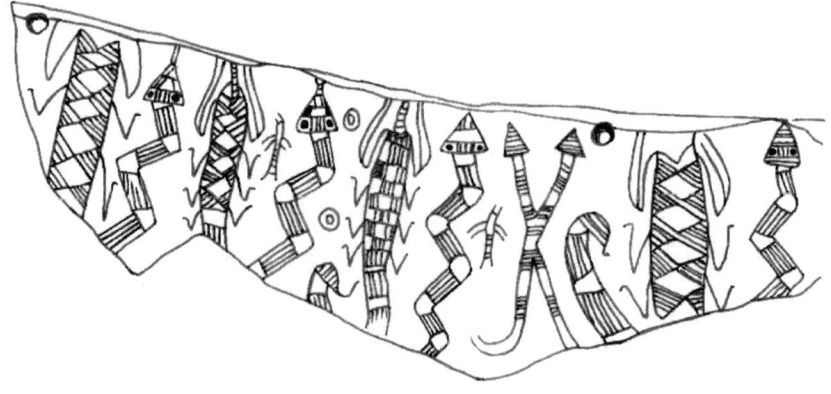

Schlangen und Skorpione, Bruchstück eines ritzverzierten Steingefäßes vom Körtik Tepe, Raum Göbekli Tepe, 9500 – 8500 v. Chr.

Nachzeichnung nach: Klaus Schmidt: Sie bauten die ersten Tempel, S. 188
Fotos und Zeit-Angabe in: Badisches Landesmuseum Karlsruhe: Vor 12.000 Jahren in Anatolien, S. 102, 303

---

[80] Harald Hauptmann & Klaus Schmidt, in: Badisches Landesmuseum Karlsruhe: Die ältesten Monumente der Menschheit, S. 76

3.2 Wörter der Ahnen-Kult-Kultur

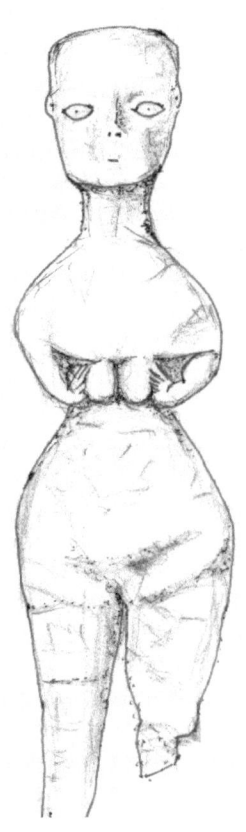

Nachzeichnungen:
Plastik aus Jericho, 7. Jt. v. Chr. [81]

rechts: Plastik aus 'Ain Ghazal,
ebenfalls Jordanien, (7. Jt. v. Chr.)
„Die Statuette war möglicherweise
die >Muttergöttin< eines Dorfes."
(ebd. S. 37)

Die Plastik aus 'Ain Ghazal weist auffällige Ähnlichkeiten zu der obigen Plastik aus Jericho auf, nämlich Stubsnase und einen unrealistisch kleinen Mund. Solche Merkmale, wie in 'Ain Ghazal mit Brüsten versehen, weisen die „Fruchtbarkeitspuppen" Akua'ba der Ashanti in Ghana auf, die von jungen Frauen getragen werden. [82]

---

[81] in: Göran Burenhult: Illustrierte Geschichte der Menschheit II, S. 21
[82] S. z.B. in: M. Trowell & H, Nevermann: Afrika und Ozeanien, S. 92

Hass K.3.4.4.3

- mhd., ahd. *haȝ*, got. *hatis*, aengl. *hete*, schwed. *hat*. Dies beruht nach der gängigen Etymologie auf idg. **ƙād-, ƙəd-* >Leid, Kummer, Groll<, vgl. die keltische Gruppe um kymrisch *cas* >Hass< und griech. *kēdos* >Sorge; Trauer; Leichenbestattung<.- Ich sehe hier den Ursprung in spätmesolithisch → *Hades*.

Hades K.3.4.4.3; K.3.2.4

>die (Unter-) Welt der Verstorbenen: Die Form *Hades* habe ich statt unter → **Hass** hier in eigener Form aufgenommen, da sich damit wichtige Anhalte in der historischen Verortung verbinden lassen.

Ich sehe den Ursprung von *Hades* z.B. in hebräisch *qadasch* >heilig<, auch als Bestandteil in >das Heilige Land<. Wie *Hades,* hebräisch *gadisch* >Grabhügel< und *Kaddisch* für das jüdische >Totengebet< andeuten, dürfte sich der Ursprung dieser Wortbildung mit dem Aufkommen der Auffassung verbinden, die Grabstätten seiner >Ahnen< als seinen definitiven Clan-Besitz zu verstehen.

Der Grund hierfür liegt in den dortigen klimatischen Entwicklungen am Ende der Eiszeit. Mit dem Holozän um ca. 9600 v. Chr. beginnt im Gebiet Jericho die Ausdehnung der dortigen Wüstenverhältnisse, woraus territoriale Probleme entstehen. Da man damals zwischen Sommer und Winter seinen Standort zwecks Versorgung wechseln musste, konnte man bei der Ausdehnung der Wüstenverhältnisse in der Konkurrenz nun nicht mehr wissen, ob man bei dem saisonalen Wechsel noch einen Standort findet, der hinreichend Möglichkeiten für das Überleben bot. Von daher kam die Auffassung auf, die Grabstätten seiner Ahnen als Anhalt für seinen dauerhaften Besitz-Anspruch an Gebiet zu nehmen, auch wenn man zeitweilig nicht am Ort war. Diese Grabstätten lagen in dem Boden seiner Aufenthalts-Orte und dann auch unterhalb seiner Hausbauten. Zum Teil wurden dann auch noch Schädel Verstorbener als Ausweis seiner Ansprüche aufgestellt. Damit wurden zuerst seine Clan-Aufenthaltsplätze und dann auch seine Hausbauten als >heilig<, sprich zum Tabu für Andere erklärt. In diesem Zusammenhang ist der

Ursprung der Ahnen-Kult-Kultur zu sehen, die sich bis in die jüngste Zeit noch verbreitet in Afrika hielt.

Damit ist auch die sprachliche Besonderheit der Konzeption von Perfekt – Imperfekt verbunden, die ein Merkmal der afrikanischen Sprachen sowie des Hebräischen ist (damit in dem Raum, wo diese Entwicklung vor rund 11.000 Jahren den Anfang genommen hat). Mit ihr ist bis in die Grammatik hinein die Anschauung ausgeprägt, in der das >Perfekte< mit dem (paradiesischen) >Ursprung< verbunden wird, was es so gut es geht zu erhalten gilt und auf das hin alles hin auszurichten ist. Von dort her dürfte auch unser Stammformen-System mit Präsens, Imperfekt und Perfekt (wie *schwimmen – schwamm – geschwommen*) stammen, die jedoch mit der Ergänzung des Präsens die Ausrichtung auf sein → Machen wie in den Ergebnissen auf die Zukunft drehte. In dieser weltanschaulichen Wende dürfte auch der Ursprung der Neolithischen Revolution zu sehen ist.

Der Komplex von *Hades* geht offenbar auf die eiszeitliche (Mond-) Symbolik zurück (hebräisch *chadasch* חדש >neu, erneuern<, davon *chodesch* >Neumond<, der im Alten Israel ein Kultfeiertag war). Diese Mond-Symbolik war von je her auch mit dem >Himmel< als dem Ort der Verstorbenen verbunden. Mit den Grabstätten erwächst aus dieser *Symbolik* eine mit vielfältigen Konsequenzen verbundene effektive Weltanschauung, wie es mit *Hades,* mit dem Totenkult im Alten Ägypten und bei uns mit >Himmel<, → *Walhalla* und *Hēl* > **heilig** in **direkter** Parallele zu *Hades* bekannt ist.

Daran schließt im Neolithikum eine Wiedergeburts- und Fruchtbarkeits-Symbolik an, so in hebräisch *gadisch* >Grabhügel< auch für >Garbenhaufe<, weiter in der von dorther stammenden ägyptischen *Kadesch* als >Göttin des Liebeslebens< [s. **Katze**] und hebräisch *qadesch* >heilig< auch für die >Tempelprostituierten< (♀ + ♂). Diese Form ist von diesen Kultstätten her mehrfach auch zu Stadtnamen geworden, so z.B. als *Qedesch* 3 x im alten Israel, in *Qart Ḥadašt* = **Karthago** (*Qart* >Stadt<) und von ihnen her **Cadiz** in Spanien. Sogar bei den indianischen Cherokee findet sich ein überaus ähnliches *gadusi* für >Hügel<.

sitzen S.2.4 **Sitz/ung, Vorsitz, Besitz, versessen**
- ahd. *sizzen,* got. *sitan,* engl. *to sit,* schwed. *sitta,* lat. *sedere*
>sitzen< (> **Residenz**). Dies basiert nach der gängigen Etymo-
logie mit z.B. russ. *sidet'* >sitzen< und griech. *hézesthai* >sitzen,
sich setzen< (> **Katheder, Kathedrale**) usw. auf idg. **sed-*
>sich setzen; sitzen<. Weitere Bildungen von dieser Wurzel sind
**setzen, Satz, Gesäß, Sessel, Sattel; ansässig, Insasse, aufsäs-
sig;** verdunkelt in **Ast, Nest** usw.

Ich sehe hier den Ursprung in der spätmesolithischen Wurzel **se*
wie bei **selbst, sich** – lat. *sibi* - **Sippe** und **säen** – **Saat - Same,**
die aus der spätmesolithischen Ahnen-Kult-Kultur aus dem
Raum Jericho stammen dürfte.

Entsprechende Zusammenhänge zu **set* wie **sitzen, siedeln,
Sitte, Gesetz** usw. finden sich in eteokyprisch (Zypern) *sot*
>Gruft<, etruskisch *suΘ* >Grab<, altirisch *síd* >Wohnsitz< my-
thologischer Gestalten (dt. >Feenhügel<) - *síde* z.B. >Elfen<
(s.u. → **Alb; Alpen/Olymp,** → **Alpha**-). Dcnn der Komplex der
Sesshaftwerdung und von Besitz-Anspruch an Land begründete
sich aufgrund von territorialen Problemen in der zunehmenden
dortigen Wüstenbildung aus den Grabstätten seiner Ahnen, s.
dazu → **Hades.** Aus der Sesshaftwerdung entstand auch die Notwendigkeit der Nahrungsproduktion (**se* – *s*äen) und bei Erfolg
bei seiner Vermehrung die Notwendigkeit des kolonisierenden
Siedelns.

Ungeziefer T.2.2.3
- mhd. *ungezĩbere* von ahd. *zebar* >Opfertier<, aengl. *tĩber* >Op-
fer<, aisl. *tĩvurr* >Opfer<. *Ungeziefer* bezeichnete demnach das,
was als nicht >opferfähig< galt. Die Herkunft ist laut der gängigen Etymologie nicht geklärt.-
Zu ahd. *zebar* findet sich etwa assyrisch *zíbu* >Opfer<. Interessant ist hier auch älter dt. **Ziefer** >Hühner-, Federvieh<. Dabei
entsprechen *Hahn* dän. *han* >er, ein Er< und → *Huhn* dän. *hun*
>sie, eine Sie<. In dieser Art erscheinen nach einem weltweit
verbreiteten Prinzip Personalpronomen in dieser Art als Ableitung von eiszeitlich *anna* – *NaNa* für >Mutter< und >Vater< als
→ *Ahn* für letztlich >Mensch<. Entsprechend dazu gibt es im

218

Jüdischen den Brauch, dass Männer einen Hahn, Frauen eine Henne zur Sühne einer Sünde opfern.[83] Älter ist hier an Opfer für seine verstorbenen >Ahnen< zu denken (s. dazu auch → *Albe/n* und → *Jul*-Weihnacht).

Alb, Albe (*Elfe*) L.2.1; M.3.1.5.4

Alben, Elben (Plural, mhd. *elbe[n]*) sind im Germanischen eine Art >Geister<: aisl. *alfr,* schwed. *alf* >Elf<, aengl. *ælf,* bei Shakespeare engl. *elf,* von woher unsere Wörter **Elf - Elfe** entlehnt sind. Duden 7, *Elf, Elfe,* meint hierzu, dass sie „von der Kirche aber früh als böse Dämonen und Gespenster mit dem Teufel zusammengebracht wurden. So ist schon das entsprechende ahd. *alb, alp,* (mhd. *alp,* nhd. *Alb*) die Bezeichnung des Nachtmahrs, der die Schlafenden drückt (Albdrücken, Albtraum) [...]. Die Herkunft des germanischen Wortes ist ungeklärt." –

Dazu jedoch: „Die Verstorbenen werden als Vorfahren *álfar,* Elben, genannt." [84] Tatsächlich handelt es sich bei diesen Formen mit ihren Inhalten um einen kultur- und sprachgeschichtlich höchst bedeutenden Befund, denn letztlich weisen die damit verbundenen sprachlichen Zusammenhänge auf die eiszeitliche Symbolik zurück.

Von dem Gesamtkontext ist ein Bezug zu dem Semitischen wie akkadisch *alpu* – hebräisch *äläph* anzunehmen. Hebräisch *äläph* bedeutet >Rind<, >Stamm; Geschlecht/Gens< (=) >Tausend<. Dass dieses *Aleph* = griech. *Alpha* als von einem Rinderkopf abgeleitetes Buchstaben-Zeichen der Anfang des Alphabets ist, ist als Bestandteil dieser Symbolik zu begreifen, s. → *Alpha.*

Dies spiegelt noch die eiszeitliche Symbolik, in der das theriomorphe eiszeitliche Zentralsymbol UrKu^h → *archä-* = **Ur** = **Auerochse** = **Stier** (s. auch **Ele*fa*nt**) mit dem anthropomorphen eiszeitlichen Zentralsymbol >*Ur*= Mond-Mutter< auf der obersten Ebene identisch ist. Beides **sind** in dieser **Symbolik** (lat). *or^{i}go – origin* (**Original**) der → *Ur* (-*sprung*) = → **Beginn**, das

---

[83] Moshe Menuhin: Die Menuhins, S. 10
[84] Åke V. Ström: Germanische Religion, RelMen 19/1, S. 163 f.

Leben (s.u. *LaBa – Elbe*) und die >Welt< als der >Weltberg< (wohl von daher *Taurus*- (= griech. *Stier*) Gebirge, *Tauern* usw., persisch *Kuh* >Berg<, z.B. Kuh-i-Baba (Gebirgszug in Afghanistan mit Gipfel 5143 m), vgl. dazu die Göttin **Kubaba** (~ = *Kybele*) und → **Kuh**. S. zu dieser Weltberg-Symbolik auch → **Alb, Alpen, Olymp** usw.

Dies ist von der eiszeitlichen Symbolik auch mit >Wasser; Quelle, Ursprung< verbunden. Von hierher finden wir dän. *elv* in der spezielleren Bedeutung >**Berg**fluss, -bach< und u.a. die Flussnamen *Elbe, Alb* (Schwarzwald), *Elbe* bei Fritzlar, Nordhessen, *Elvo* (no. Turin), *Helbe, Alpheiós* >größter Fluss des Peloponnes, in Arkadien und Elis (bei **Olympia**)< usw.

Interessant ist, dass *Elbe* im Tschechischen *Labe* ist (- *Laaber* Flüsse bei Regensburg, s. dazu auch **laben**). Diese Aussprachevariante (*aLBa – LaBa*) findet sich auch in der Parallele *Alpen – Liban*on >der **Weiße**< (lat. *albus* >weiß, grau< → **Albino, Album**). Dies dürfte einerseits auf den Schnee anspielen, aber auch auf die himmlischen (Geister-) >Ahnen<, woraus, s. Olymp, mit dem Neolithikum die >Götter< werden. Mit *aLBa – LaBa* verknüpfen sich auch z.B. dt. **Leben, Leib, Liebe** und **SchLaf** (s. die Kontexte der Parallele unter → **dösen**).

Diese ursprünglich für die kindliche Sprach- und Bewusstseins-Entwicklung angelegte eiszeitliche Sprach-Symbolik wie die >Mond-Mutter< wird mit dem Beginn der historischen Entwicklung am Ende der Eiszeit in den sozialen Problemen zur Begründung der Autorität der neuen Sozialorganisation als >Stamm→*Ahnen*< in der Art von >Adam & Eva< *auch* wortwörtlich genommen. Die Führung des Stammes liegt zunächst häufig bei einem Ältestenrat (>> *albus* >weiß, grau<). Wie Göbekli Tepe selbst zeigt, finden die Versammlungen (→ **Ding**) des mesolithischen Stämme-Rechts-Bundes insbesondere auf (unzugänglichen oder tabuisierten) Berggipfeln oder in >heiligen Hainen< statt (→ **hart – Hart**).

In den weiteren sozialen Krisen kommt es im Späten *Mittel*mesolithikum (vor ca. 12.000 Jahren) zu einem Geister-Kult (- *Elfen*), im Späten Mesolithikum (vor ca. 11.000 Jahren) auch ei-
220

nem Ahnen-Toten-Kult (wie die *Alben*) wie auch zu der Konzeption des → **Adels** als den angeblich leiblichen Abkömmlingen der ursprünglich rein mythologischen >Stamm-Ahnen<.

Wie schon erwähnt, ist von hier aus ein Bezug zu dem Semitischen wie akkadisch *alpu* – hebräisch *äläph* anzunehmen. Hebräisch *äläph* bedeutet >Rind< sowie (gleichbedeutend) >Stamm; Geschlecht/Gens<. Die >Stamm-Ahnen< werden im Mesolithikum zur Verkörperung des Stammes und der Stammes-Autorität (der Stammes-Führer). Von hierher ergibt sich eine Verbindung von *alpu* – hebräisch *äläph* >Stamm< via mesolithisch LBa zu BaLa >Stamm< > **Pfahl**. Dem entspricht (*Taurus* -) hebräisch *äläph* >Rind< - *Bulle,* s. auch **Elefant**.

Die Wortform *Alb, Albe, Elfe* dürfte von mesolithisch Mebuntu ªLBa als Zusammensetzung der eiszeitlichen Lautwurzeln *Λ wie *Al* + *Φ wie *ba* stammen. Die einzelnen Elemente konnten vieles bedeuten (z.B. *Al* >hoch<, *Ba* >Herr/in< oder auch → Bakken, **Berg**; dazu u.a. die Parallele mit Bergnamen wie **Altai** → **Alpen** (lat. *altus* >hoch<, **alt** – **Eltern**). Doch gingen sie eiszeitlich in jedem Fall von der Ausgangsbedeutung >Mutter, Vater< auch im mythologischen Sinn aus. Es spricht einiges dafür, dass mit dieser Wortbildung die neue mesolithische Konzeption der >Stamm-Ahnen< mitsamt den ganzen hier in Erscheinung tretenden Zusammenhängen *fixiert* wurde.

Von diesen Kontexten sind die Ableitungen → **Alb/Alp** (- Traum) = → **Mahr** (engl. *nightmare*) bezeichnend. Dass diese Ahnen-Toten-, Geister- und Götter-Kulte (- *Olymp*) in *Gespenstisches* umkippen, belegt sich u.a. auch in der → *Eulen*-Symbolik.

Alb, Alp (-traum)   L.2.1; M.3.1.5.4
- eine Ableitung von → *Alb – Alben, Elben* aus dem frühgeschichtlichen Geister-, Toten- und Zauberkult, aus dem auch die psychologischen Effekte des *Alb*(-traums) = → *Mahr* erwuchsen. Dies dürfte je nach Kultur jedoch nicht erst mit dem christianisch-mittelalterlichen Aberglauben aufgekommen sein, wie es die → **Eulen**-Symbolik belegt.

Albino; Album L.2.1

- beides von lat. *albus* >weiß, grau<. Der Komplex von lat. *albus, alba* dürfte auf die mesolithische Symbolik der Stamm-Ahnen zurückgehen, wie sie sich vergöttlicht im griech. Olymp und bei uns in den Wortbildungen → *Albe*, → *Alb/traum*), → *Alpha* und → *Alpe/n* (= *Olymp*) findet.

Alp, Alpe L.2.1

>Bergweide<, mhd. *albe, ahd. alba.* Dies geht nach der gängigen Etymologie mit den Gebirgsnamen *Alb* und *Alpen* (Plural) wahrscheinlich auf ein voridg. **alb-* >Berg< zurück, wäre aber volksetymologisch schon früh an die Sippe von lat. *albus* >weiß< angeschlossen worden.-

In der Form von *Alpe* finden wir *Alb, Elburs*-Gebirge (Iran mit Gipfel 5604 m), *Elbrus* (höchster Gipfel im Kaukasus 5633 m), *Olympus* Name **mehrerer** Berge (z.B. der griech. Götterberg - **Olympiade**, einer in der Türkei heute *Ulu-Dağ* (*Dağ* >Berg<). Dies verweist darauf, dass sich *Alpe* usw. als eine – wohl mesolithische - Zusammensetzung aus eiszeitlich **Al* (*Λ) und **Ba* (*Φ) erklärt. Das erste Element findet sich etwa in sumerisch *il* >hoch sein<, *elu* akkadisch (semitisch) >hoch; hoch sein, emporsteigen<, *el* hebräisch >Mächtiger; Gott (*El*); Baum, Pfeiler<, türkisch *ulu* >mächtig, erhaben< (> *Ulu-Dağ*), lat. *altus* >hoch< (- *alt*!) usw. Das zweite Element wäre **Ba* (*Φ), das z.B. in nordisch *Bakken* (→ *Berg, Pico,* engl. *peak* > **Spitze** - *Pike* > **picken**) enthalten ist.

Dazu findet sich wie in lat. *altus* die Parallele **Ta* (von *atta* - *TaTa*) wie in *Altai,* im Gebiet Tadschikistan/Kirgisien in diversen Gebirge-Namen mit *Ala* wie *Ala-Tau* (4463 m), *Talas-Ala-Tau* (Gipfel 4488 m) usw. Auch das Element **Ta* (*Ћ) findet sich in Namen und Wörtern für >Berg<, so als mesolithisch TaGa in **Taiga** (turksprachlich) >Felsgebirge<, türkisch *dağı* >Berg< (s.o. *Ulu-Dağ*), sumerisch *du.ku, Tukuringra* (Sibirien), *Teck* Berg bei *Kirchheim/Teck* usw. wie als mesolithisch TaPa wie türkisch *tepe* >Berg, Hügel<, aztekisch *tepe* >Berg<, z.B. auch in: *Tepeyolohtli* >Herz des Berges< (eine „Erdgottheit der

Frühzeit"),[85] **Tuff** → **Typhus** (mit wichtiger Symbolik). Hierbei ist wiederum interessant, dass sich diese beiden Formen auch für >Zelt, Hütte< finden, s. **Tipi** und → **Dach**, wobei sich auch dieser Zusammenhang mit weiterer Symbolik belegt.

All dies erklärt sich aus der eiszeitlichen Weltberg-Symbolik, die in neuer Form (in *Göbekli Tepe*) zum Inbegriff der mittelmesolithischen Megalith-Symbolik wird. Dies ist (auch als → **Na-bel-***Berg*-Symbolik) mit der Stamm- und der Stamm-**Ahnen**-Symbolik (→ **Alben, Alp**) verbunden. Die großen T-Pfeiler von Göbekli Tepe, die wohl die >Stamm-Ahnen< symbolisieren, wie auch der Name (türkisch *göbek* >Nabel, Bauch<) deuten darauf, dass dieser Komplex in der Jugend-Initiation seinen Ursprung hat. Daraus erwächst später die Götter-Berg-Symbolik wie bei dem *Olymp*. Bei Rom finden sich die >Albaner Berge< (lat. im Singular!). Auf dessen Gipfel stand der Tempel des Jupiter Latiaris, das **Bundesheiligtum** der Latiner (Wikipedia: Albaner Berge). Von solchen Ahnen- oder Götter-Bergen flossen auch die entsprechenden *Flüsse* wie der *Alpheiós* - die *Elbe* (beachte dän. *elv* >**Berg**fluss, -bach<). Von Stamm ergibt sich eine Verbindung von *alpu* – hebräisch *äläph* >Stamm< via mesolithisch LBa zu BaLa >Stamm< → *Pfahl*. Dem entspricht (*Taurus*) – hebräisch *äläph* >Rind<.

Dass dies auch mit >weiß< (wie lat. *albus*) verbunden ist, dürfte sich mit → *alt* und den >*Himmel* hohen< (Stamm-) *Ahnen* (auch *Elfen* – *Geister*) erklären, aus denen am Olymp gar >Götter< wurden. Dieses >weiß< ist demnach keine „Volksetymologie", sondern eine Überlieferung der alten *Symbolik*. Die *Elbe* = tschechisch *Labe* entsprechende Parallele *Alpen* – *Libanon* bedeutet im Hebräischen als *ləbanon* ebenfalls >der Weiße<, was dort insgesamt mit der Mond-Symbolik (→ UrA^hn!) in Verbindung steht.

Alpha, Alphabet L.2.1

- nach den griech. Buchstaben *Alpha* >A< und *Beta* >B<. Das Alpha = α geht in Wort und Form von der semitischen Symbolik

---

[85] David M. Jones & Brian L. Molynaux: Die Mythologie der Neuen Welt, S. 138

aus, etwa akadisch *alpu* und hebräisch *äläph* >Rind; Stamm, Geschlecht< und einem stilisierten Rinderkopf (evtl. besser zu erkennen in Form von ∀ [hier oben die Hörner]).

Dass das *Alpha* der erste Buchstabe im Alphabet ist, steht mit der damit verbundenen Symbolik *Ur* [-*sprung*] = Auerochse = *Rind* in Verbindung. Das Weitere dieser Symbolik kommt im griech. o zum Ausdruck: als „kleines O" = O*mikron* als Kreis für >ewig< und als Ω O*mega* >großes O<, das kaum zufällig am Ende des Alphabets steht. Diese Symbolik findet sich in der Form und in dem Namen der keltischen *Torques* (*toro* >Stier< - *Kuh* > *TurKu* z.B. = *DraCo* - **Drache**) als Insignie der >Macht über Leben und Tod< (Abbildung). S. hierzu auch → *Alb, Alben; Elfen; Alpen, Elefant.*

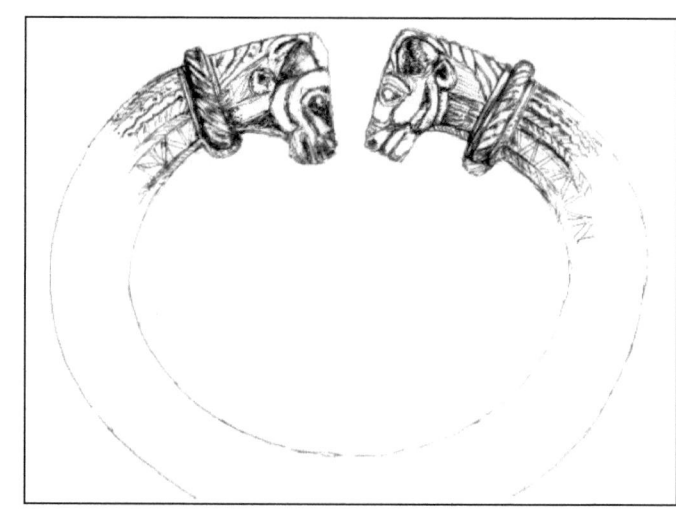

Nachzeichnung:
(keltischer) **Torques**
= *Halsring mit zwei Rinderköpfen* [86]

Adel   T.1.3.1

Ich sehe hier eine Ableitung von der eiszeitlichen Wurzel *ħ wie *ada – DaDa* für >Mutter, Vater< (s. z.B. → *Titte*), auch im mythologischen Sinn. Dies wurde im Mesolithikum in der Art von >Adam & Eva< auf die Clan- und Stamm-Ahnen übertragen

---

[86] Nachzeichnung (vereinfacht) nach: Walter Torbrügge: Europäische Vorzeit, S. 197

und abgeleitet für >Stamm< und dann auch >Sippe< gebraucht, vgl. etwa *ote* nördliche Indianer für >Stammeszeichen< (EWD > **Totem**), jap. *udi* >Sippe<, griech. *etēs* >Stammes-, Geschlechtsgenosse< (dazu *éthnos* >Stamm, Volk< > **Ethnie**), dän. *æt* >Geschlecht, Familie, Sippe<, Berber-Sprache (Nordafrika) *aït* >Adel<, Quichua-Maya *at* >Adel< usw. Vgl. hierzu → **Eid**. Eine Ableitung von *Adel* ist **edel**, was auch in **Adler** (→ *Aar*) enthalten ist.

Davon abgeleitet erscheint ahd. *ōt* >Glück, Reichtum, Besitz< in **Heimat, Kleinod** und in den Namen *Otto, Otmar* oder *Edgar, Edmund, Edith* usw. Im Schwedischen findet sich hier **Odal** >Erbhof, Freigut<.

Die Ideologie des Adels entstammt in den nahöstlichen Problemen der Stammes-Organisation um etwa 10.000 v. Chr. aus der Behauptung, die >leiblichen Nachfahren der Stamm-Ahnen< (in der Art von >Adam & Eva<) zu sein (s. z.B. die Genealogien in der Bibel). Daraus werden ab dem Neolithikum ggf. auch >Götter<.[87] Damit geht historisch das Ende der demokratischen Ansätze der Sozial-Organisation einher. Doch da mit der neuen Ideologie des >Adels< die Streitigkeiten um die Führung des Stamms *vorübergehend* unterbunden waren, verbreitet sich diese letztlich weltweit, vor allem zunächst da, wo solche Streitigkeiten entstanden waren.

Mit diesem Status als >Abkömmlinge der Stamm-Ahnen< ist seit dem Späten Mesolithikum auch der Anspruch an bestimmten Privilegien an Macht und Besitz für sich bzw. den eigenen Clan verbunden. Die Neolithische Revolution ist in Teilen gegen *diese* Konzeption gerichtet, da sie diese nach anfänglichen Besserungen recht bald die sozialen und die politischen Probleme z.T. drastisch verschärfte.-

---

[87] Hierzu nur kurz als Beispiel: „**Ariki** (Ari'i), polynesische Adelsgeschlechter, die an der Spitze der stark hierarchisch gegliederten Gesellschaft standen und ihre Abstammung auf die *Götter* zurückführten." Harenberg Lexikon der Religionen, S. 944. In Tibet: „So sind alle Könige Söhne der Götter, sie stehen über den anderen Menschen." Helma Marx: Das Buch der Mythen, S. 411. Bekannt ist dies vor allem vom Alten Ägypten.

Eid   T.1.3.1   *vereidigen,* **Eidgenosse**

- ahd. *eid,* got. *aiþs,* engl. *oath,* schwed. *ed*; air. *ōeth* >Eid<. Dies ist nach der gängigen Etymologie wahrscheinlich aus dem Keltischen entlehnt und kann nach Duden 7 ebd., „als Handlung gesehen (feierlicher Eidgang, beachte schwed. *edgång* >Eidesleistung< und die Grundbedeutung von → *leisten*) zu griech. *oĩtos* >Schicksal< gehören [...]." *Eid* war seit alters her mit >schwören< verbunden, erst im späten Mittelalter kamen die Ableitungen wie *vereidigen* auf.-

Ich sehe hier weniger eine germanische Übernahme modernerer Herrschaftstechniken der Kelten als vielmehr ein altes Relikt im Hinterland, auch *im* Keltischen. Für mich kommt hier eine Ableitung von der Formel *ada – DaDa* der eiszeitlichen Lautwurzel *ħ wie **da – sieh! – zeigen** in Betracht (→ *Zeh*). Im Besonderen sehe ich hier Verbindungen von hebräisch *jad* >Hand (auch für *Schwur*)< mit der Wurzel *jada'* z.B. >kennen, wissen<, dazu griech. *oīda* (> **Idee**) = **wissen, weisen, weise** usw. Entsprechende *Hand*-Zeichen finden sich ciszcitlich und später in tendenziell weltweiter Verbreitung (s. Abb. S. 10).

Dieses *ada – DaDa* ist eiszeitlich mit der mythologischen >Ur-Mutter< und dem >Ur-Vater< als Verkörperung der eiszeitlichen Kultur des Mensch-Seins (s. z.B. → *Ahn*) verbunden. Dies wird jedoch mit dem Mesolithikum auf seine Stamm-Ahnen und dabei auf seinen eigenen Stamm bzw. Clan bezogen. Von dort her ist *Eid* auf eine Verpflichtung auf den Stamm bzw. Clan seiner Angehörigkeit (auch per Heirat) zu deuten.

Mit dem Stammes- und Clan-Gesetzen (***Ethos***) konnte eine **Vereidigung** auf die entstehenden Mafia-Prinzipien der Clans zum Inbegriff von >Ethik< werden (s. dazu auch das Thema des >3. Reichs<).

4 Wörter aus dem Neolithikum

„Dabei scheint es Allgemeingut der Kulturen zu sein, dass Staat und Gesellschaft religiös fundiert sind, d.h., ihre Ordnungen gelten nicht als etwas von Menschen zu einem bestimmten Zweck Geschaffenes, sondern als >Satzungen< vorgegebener und heiliger Art: sie sind ein Stück Religion. " [1]

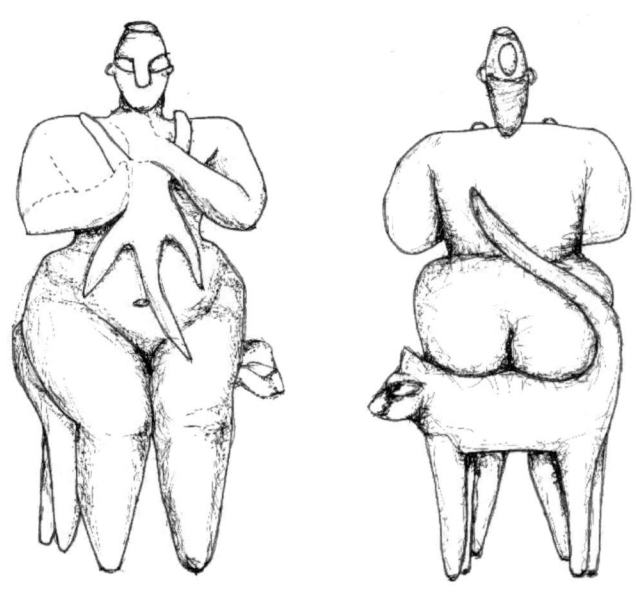

Eine neolithische Plastik mit der Leoparden-Symbolik (vgl. → S. 252)
Terrakotta aus Hacilar aus der Nähe von Çatal Höyük [2]

---

[1] Eberhard Otto, in: Saeculum Weltgeschichte, Band 1, S. 10
[2] Nachnachzeichnung nach M. Gimbutas: Die Zivilisation der Göttin, S. 227

Auch in Bezug auf das Neolithikum sollen zwei verschiedene Komplexe an Wortbildungen aufgenommen werden.

Der eine Bereich erscheint aus formalen Gründen unkomplizierter. Typisch hierfür sind die mit *R erweiterten Formen, die an sich auf der Basis der eiszeitlichen Lautwurzeln bzw. der (vor allem) konsonantisch ablautenden mesolithischen Lautelemente gebildet worden sind.

Entsprechende Formen erscheinen auch (als *MR) wie → *Mer >Mutter< (Meru → Pyramide), **mehren, Meer, Moor** usw. und als *NR wie **nähren**. Lediglich eine Verbindung mit *Λ/L erscheint selten, was meine Einschätzung bestärkt, dass das R als L-R-*Dialekt*-Parallele aufkam. Doch von der Menge an Wortbildungen spielen die folgenden 4 Formen als Wortwurzeln eine besondere Rolle (→ 4.4.2):

*אr	wie **Ur, *air** >Himmel< (→ *Aar*), **Orgia, Orcus - Werk,** *ordo* > **Ordnung, Wort; Wurzel**
*ΦR	wie **paaren, Frucht,** *to bear* – **bringen, gebären**
*ΓR	wie ^{be}**gehren, Korn, Gerste, Hirse, groß** – *to grow*
*ħR	wie **tragen,** ^{aus}**treiben, trächtig,** ^{Er}**trag,** ^{Ge}**treide**

Typisch für diese Wortbildungen ist ihr Zusammenhang mit der neolithischen Acker-Bau- und Sexual-Fruchtbarkeits-Symbolik sowie dem hier erstmalig in der Menschheit in Erscheinung tretenden Götter-Kult mit entsprechenden Priester/innen [>Hierarchie<]).

Es ist dieser historisch spezifische Inhalt, der den anderen Komplex an Wortbildungen als neolithisch identifizieren lässt. Diese Art von Wortformen zeigen – übrigens analog zu dem kulturellen Bestand am Anfang des Neolithikums -, dass die anatolische >Sprache der Neolithischen Revolution< an sich noch auf einem älteren Sprachbestand aufbaut. Offenbar war die Neolithische

Revolution, deren Ausgang ich (immer noch) mit Çatal Höyük verbinde, als Reaktion auf die mesolithische Krise im Nahen Osten darauf ausgerichtet, zurück zu dem mit der eiszeitlichen Kultur HS assoziieren >Goldenen Zeitalter< zurückzuwollen. Insofern fällt hier eine Neuaufnahme der paläolithischen Symbolik auf. Dazu:

„In größerem oder geringeren Umfange sind derartige archaische Elemente auch in einer Anzahl anderer nachpaläolithischer Kulturen - wie dem palästinensischen *Natufien* - spürbar, doch nirgendwo finden sie sich so ausgeprägt wie im Neolithikum von Çatal Hüyük."[3]

Die neolithische Konzeption der >Mutter Erde< steht nicht mit der mesolithischen Konzeption der >Stamm-Ahnen< in Verbindung, sondern knüpft neu an die paläolithische globale Ganzheits-Symbolik der >(Mond-) Mutter< an. Dennoch ist das neolithische Denken ebenso wie ihre Sprache längst von den mesolithischen Entwicklungen bestimmt. So wird genau das, was eigentlich aufgrund der vielen aufgekommenen Probleme hinter diese Entwicklungen **zurück** wollte, überhaupt erst zu der Entgrenzung der historischen Weiterentwicklung. Unter der zunächst spirituellen Konzeption der >Mutter Erde< entsteht unter der neolithischen Priester/innen-Herrschaft (➔ **Magie**) recht bald eine Logik, die in Bezug auf die Ausbeutung der Erde, Tiere und Menschen keine >irdische< Grenze mehr kannte – genau hier liegt der Beginn der ökologischen Probleme, die auch schon im Neolithikum aufkommen.

Die neuen neolithischen Wurzelformen wie *MR wie *Meer, Moor, mehr* (engl. *more*), *mehren* usw. deuten neben der Konzeption von >Mutter Erde< an, dass hier noch gewisse Elemente der eiszeitlichen Kultur bekannt und wirksam gewesen sein müssen. Doch die anderen Wortbildungen, die unter dem anderen Punkt im Beispiel aufgenommen werden, verweisen auf die mesolithische Sprachentwicklung. Von den Wortbildungen selbst kann man einen ganzen Bereich der **semantisch** dem Ne-

---

[3] James Mellaart: Çatal Hüyük - Stadt aus der Steinzeit, S. 272

olithikum zuzurechnenden Wörter nicht von den mesolithischen Formen unterscheiden. Teilweise ist eine sicherere Unterscheidung bislang auch gar nicht möglich.

Im Gesamtbestand macht es den Eindruck, dass die >Sprache der Neolithischen Revolution< bei dem grundlegenden kulturellen Bruch und Neuansatz doch auf den mesolithischen Entwicklungen in Sprache und Technologie aufbaut. Die neolithischen Wortwurzeln können nicht nur exakt wie die mesolithischen *aussehen*. Vermutlich handelt es sich auch um mesolithische Wörter, nur inhaltlich an die neue Weltanschauung angepasst. Möglicherweise sind TaGa = GaTa schon mesolithische Wörter für >**Ziege = Geiß**<. Doch im Neolithikum wird daraus (wie in der eiszeitlichen Symbolik HS *STier/Kuh*) in theriomorpher Entsprechung zu *Ma Ga* oder = *Ba Ga* >Mutter Erde< eine Fruchtbarkeits- und Götter-Symbolik.

Die Nahrungsproduktion selbst ist keine Erfindung des Neolithikums, wie man früher annahm. Formen von „Nahrungsproduktion" gibt es schon seit je her, doch bis zum Neolithikum nur, so weit dies einen praktischen Nutzen ergab. Schon unter dem spätmesolithischen Ahnen-Kult entstehen hier erste verselbständigte Entwicklungen.

Doch anders als bis dahin wird die Nahrungsproduktion mit dem Neolithikum zum Bestandteil seiner Weltanschauung, Kulte und kulturellen Auffassung. Man pflegt hier diese Arbeit nicht, weil sie insgesamt eine bessere Versorgung ergäbe, sondern (als Toten- und Götter-Kult), obwohl sich daraus vorwiegend eine schlechtere Versorgung ergibt.

„Die verbreitete Vorstellung, dass Wildbeuter stets am Rande des Existenzminimums darben und die Übernahme der Landwirtschaft für sie ein Gewinn wäre, ist falsch. Im Gegenteil - in völkerkundlichen Studien aus den 70er Jahren werden Wildbeutergruppen als >Überflußgesellschaften< charakterisiert: Sie haben in der Regel alles, was sie brauchen, und benötigen für ihre Existenzsicherung nur einen Bruchteil der Zeit, die Bauern dafür aufwenden. [...]

So wurde weltweit bereits mehrfach beobachtet, dass mit der Neolithisierung häufig eine Verschlechterung des Gesundheitszustandes und ein Absinken der Lebenserwartung einhergingen." [4]

„Seltener macht man sich klar, wie viel Unglück der Mensch mit der Landwirtschaft über sich selber gebracht hat: die Fron, die Armut, die großen Kriege - und sogar den Hunger." [5]

Ein Beispiel für den neolithischen Fruchtbarkeits-Kult:

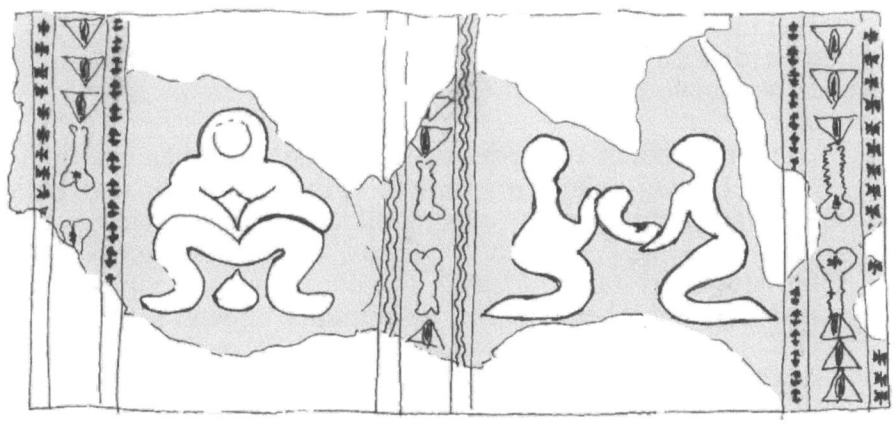

Wandbild aus Çatal Höyük [6]

---

[4] Brigitte Röder, in: Bärbel Auffermann & Gerd-Christian Weniger: Frauen - Zeiten - Spuren, S. 242 ff.
[5] Wolf Schneider: Wir Neandertaler, S. 180 f.
[6] Nachzeichnung nach: Marija Gimbutas: Die Zivilisation der Göttin, S. 224

4.1 Neolithisches Vokabular auf meso-lithischer Basis

Das folgende Vokabular hat eine mesolithische Gestalt (MaGa = BaGa usw.) und könnte in Teilen auch mesolithischer Herkunft sein, ist hier aber im Kern von der neolithischen Weltanschauung bestimmt.

machen   M.3.1.4.1   **abmachen, vermachen**
- ahd. *mahhōn,* engl. *to make.* Um zu zeigen, was die gängige Etymologie damit alles in Verbindung bringt, aber umgkehrt hierbei nicht in den Blick bekommt, soll etwas ausführlicher zitiert werden. Die Ausgangsform von *machen* geht nach Duden 7 ebd. (und analog EWD)

> „mit verwandten Wörtern in anderen idg. Sprachen auf eine Wurzel **maĝ-* >kneten< zurück, vgl. z.B. griech. *mássein* >kneten, streichen, pressen, abbilden<, *mágis* >geknetete Masse, Teig, Kuchen<, *māza* >(Gersten)teig; (Metall)klumpen< (s. → *Masse*) und die baltoslaw. Sippe von russ. *mazat'* >bestreichen, beschmieren<, *maslo* >Butter, Öl<. – Aus der möglicherweise ursprünglichen Verwendung des Verbs im Sinne von >den Lehmbrei zum Hausbau kneten, die Flechtwand mit Lehm verstreichen, formen< entwickelte sich in germ. Sprachbereich die Bed. >bauen, errichten, zusammenfügen, zupassen, herstellen, bewerkstelligen, handeln, tun, bewirken<. Um das Verb in der Bedeutungswendung >zusammenfügen, zupassen< gruppieren sich die Bildungen → *gemach*, ursprünglich >passend, geeignet, bequem< (dazu **gemächlich** und **allmählich**) und → *Gemach* ursprünglich >Bequemlichkeit<.“

Tatsächlich ist an dieser Stelle sehr wahrscheinlich, dass diese Form lautlich und inhaltlich direkt auf die **neolithische** Kult-Figur (vor)griechisch **Ma Ga** >Mutter Erde< wie etwa keltisch *magen* >Feld< in unseren Ortsnamen *Dormagen, Remagen* usw. zurückgeht. Dafür sprechen u.a. die vielfältigen Parallelen Ma-Tar/terra (> **Mutter, Materie, Ton**), BaGa (s. → **Bauch**), umgekehrt GaBa/KaPa (> **Gabe, Giebel, Gipfel, Kuppe, Kopf, Haupt** usw.) und OrGa (> **archä-, Orgia**) - dän. *orke* >können, vermögen< = deutsch (*be-*)**wirken** – **Werk, Werg** usw.

Die Form *machen* entspricht lat. *magis = mehr* > (ver)mehren. Es geht bei diesen neolithischen Formbildungen *machen, Macht* - >vermögen< ebenso wie bei → *können* um >das Vermehren<. Es handelt sich hier also um den Kern-Begriff der neolithischen *Sexual-* und *Fruchtbarkeits*-Ideologie. Der sich hier darstellende Bezug zum Bauen besteht, doch auch dies in jeder Hinsicht mit einer Sexualsymbolik verbunden, > **Acker - Bau**, s. (dän.) *bo* – **wohnen** (vgl. **beiwohnen**), s. auch → **Gemächte** usw. Wie z.B. die Verbreitung von MaGa im Kontext von >Kind< (→ **Mädchen**), Herrschaftstiteln (→ **Macht**), Namen und anderem zeigt, gibt es keinerlei Grund, hier einen idg. Ursprung anzunehmen.

Die *Symbolik* >Mutter Erde< selbst geht auf den eiszeitlichen Kontext zurück (vgl. → **Mond, Mutter; neu, neun**), aber sie mutiert der neolithischen Priester/innen-Herrschaft (→ **Magie, Macht**) in Verbindung mit dem *Ackerbau-, Fruchtbarkeits-,* und *Wiedergeburts*-Kult zu einer >Göttin<. Für den möglichst großen >Kindersegen< wurde durch die regelmäßige → **Orgia** >Gottesdienst< als dem wöchentlichen >Schöpfungstag< gesorgt.

Macht   M.3.1.4.1

- mhd., ahd. *maht*, got. *mahts*, engl. *might*, aisl. *mattr*. Dies ist nach der gängigen Etymologie „die Verbalabstraktion zu dem unter **mögen** (ursprünglich >können, vermögen<) behandelten Verb" (Duden 7 ebd.), das auf idg. **magh-* >können, vermögen< zurückginge. -

Die Zusammenhänge deuten darauf, dass *Macht – vermögen* von neolithisch MaGa von Ma Ga >Mutter Erde< als dem Inbegriff des neolithischen Fruchtbarkeitskultes insbesondere in dem Sinn von lat. *magis* [→ *Magie*] → **mehr – mehren** ausgeht. Es ist

damit eine Parallele zu (Ober-) **Haupt** und → **können** - lat. *cunnus* – engl. *queen* (*König, Khan*) → **Gynäkologie**.
Entsprechend *Macht* belegen sich polnisch *moc* >Kraft, Stärke, Macht<, nganasanisch (Sibirien) *maagəə* >stark<, kabylisch (Nordafrika) *məqqər-* >groß sein<, vgl. **Mega** usw. Als daraus abgeleitete Herrschaftstitel sich u.a. etruskisch *mech* >Herrin, Königin<, Hausa (Tschadisch, Afrika) *màcè* >Frau< (vgl. > **Frau** >Herr[in]<), **Mogul**, *mahkina* als Herrschertitel bei den *Mayas* wie die vielfältigen Formen wie *meiga* – *magos* >Priester/in< (→ **Magie**).

Mädchen   M.3.1.4.1, M.3.2.1.1   Maid

- ahd. *magad* >Mädchen, Jungfrau< (→ *Magd*), vgl. altsächsisch *magu* >Knabe<. Dies geht nach der gängigen Etymologie zurück auf idg. **magho-s,* was nach Duden 7 ebd. für >jung< steht (EWD etwas komplizierter).-

Tatsächlich findet sich die Ausgangsform in tendenziell weltweiter Verbreitung (s. auch **machen, Gemächte, „Magen"**):

M.3.2.1.1 MAKO >Kind<   (aus *Cûl Tura* Bd. 2)
- *ein >Urwort< laut Richard Rudgley nach Ruhlen & Bengtson u.a. mit den Beispielen:* [7]

maka	>Kind< auf *Tamil, dravidisch* (Indien)
(sa-)mak	>Schwiegersohn< auf *Burmanisch* (Sinotibetisch)
mak	>Kind< in der südwestneuguineischen Sprache *Jaqai*
maki	>junge Frau< auf *ZuZi* (indianische Amerind-Sprache)
make	>Sohn< auf *Waikina* (indianische Amerind-Sprache)
ma-make	>Junge< auf *Coto* (indianische Amerind-Sprache)
macc	>Sohn< im *Altirischen*
magu	>Kind; Sohn; Mann< im *Altenglischen* für Idg.

---

makaḷ	Tamil (dravidisch, Indien) >Tochter<
mago = *SON*	japanisch >Enkel< (Hadamitzy S. 196, No. 910)

---

[7] Richard Rudgley: Abenteuer Steinzeit, S. 74 f.

Der Ursprung dieser Bildungen dürfte in **MaGa** >Mutter Erde< liegen, was in dieser Form an sich der Neolithischen Revolution zuzuordnen ist. Dies wirft jedoch (mit weiteren Beispielen wie **Mais** und Formen zu → **Magie**) in seiner Verbreitung in Bezug auf Amerika gewisse Probleme auf.

Die Bedeutungen >Kind< zeigen zweifelsfrei, dass die Wortbildungen → **machen**, **Magen** ursprünglich von neolithisch MaGa >Mutter Erde< ausgehen. Vgl. auch lat. *magis = mehr* (*vermehren*), dänisch *mage* u.a. >Gatte, Gattin; einrichten; sich paaren<, **Gemächte**, *Mocke* >Zuchtschwein<, griech. *mychlós* >Zuchtesel, **vermählen** (ahd. *mahalen* >heiraten, Vertrag schließen<), Baka (Afrika) *mokokope* >Brautdienst<, dt. **Mage** >Verwandte< usw. Neolithische Parallelen zu MaGa sind u.a. MaTa[r] > **Mutter** und BaGa (→ **Bauch, Backe, Bock**) – in umgekehrter Form KaPa/GaBa (> **Kopf, Gipfel, Giebel, Gabe;** HaBa > **Haupt, Haff, Hof** usw.).

Gemächte   M.3.1.4.1; M.3.2.1.1

- mhd. *gemaht,* ahd. *gimaht(i)* für den männlichen Geschlechtsbereich, eigentlich wohl für >(Zeugungs-) Potenz<. Ich sehe hier eine Ableitung von neolithisch MaGa → **machen, vermögen**. Die ursprüngliche Bedeutung verknüpft sich auch mit → „**Magen**", d.h. der weiblichen Gebärfähigkeit, vgl. dazu ahd. *magad* → *Mädchen*.

Magen   M.3.2.3; M.3.1.4.1

- mhd. *mage,* ahd. *mago,* ndl. *maag,* engl. *maw,* schwed. *mage*. Dies ist nach der gängigen Etymologie vermutlich verwandt mit der balt. Sippe von lit. *mãkes* >Beutel< und mit kymr. *megin* >Blasebalg<, dass *Magen* von der Bedeutung >Beutel< ausginge. EWD ebd. sieht dafür die idg. Wurzel **mak-.-*

Doch steht altnordisch *magi* für >**Leib,** Magen<, vgl. auch griech. *mychós* >Innerstes; Tiefe, Schlucht; Versteck, Schatzkammer<. Tatsächlich dürfte der Ursprung von *Magen* in neolithisch MaGa >Mutter Erde< als einer Parallele zu gleichbedeutend BaGa wie u.a. → **Bauch, Backe, Bakken, Bock;** Hindi (Indien) *baccā* >Kind<, elamisch *pak* >Tochter< usw. liegen.

Dies geht ursprünglich von der eiszeitlichen *Weltberg-UTerus-Höhlen*-Symbolik als dem Ort für die **rituelle** >Wiedergeburt< in der Jugend-Initiation aus. Die Jugend-Initiation wurde im Mesolithikum mit dem Heiraten verbunden und dann im Neolithikum vollends zu einem Fruchtbarkeits-Kult umgedeutet. S. dazu weiter die Ausführungen unter → **Mädchen – machen – Gemächte – Magie – meucheln** usw.

Magie, Magier   M.3.1.4.1

- wohl von lat. *magī* von griech. *mágos* >Zauberer< für ein Mitglied aus der medischen Priesterkaste. Das Wort ist selbst iranischen Ursprungs, etwa altpersisch *Magus,* dessen „letzte Quelle nicht sicher zu ermitteln ist" (Duden 7 ebd.).-

Es dürfte sich *auch hier* um eine Ableitung von neolithisch MaGa von (vor)griech. Ma Ga >Mutter Erde< aus dem neolithischen Kult-Komplex handeln, vgl. auch → **machen, Macht.**

Unter >Magie< dürfte hier insbesondere dic Erfahrung der → **Orgia** >Gottesdienst< und dem wundersamen (lat.) *magis =* **mehr - mehren** („**Magen**" → **Mädchen**) von Pflanzen, Tier, Mensch und Wohlhaben („Wirtschaftswunder") zu verstehen sein.

MaGa war gleichzeitig (als Verkörperung und irdische/r Stellvertreter/in der >Göttin<) der Titel ihrer Priester/innen. Dies belegt sich etwa in japanisch *maho* >Zauberei, Magie<, provenzialisch *mascoto* >Zauber/ei<, span. *meiga, meigo* f/m >Zauberin, Zauberer; Hexe, Hexenmeister, Hexe<, *machi* >Schamanin< in einer **südamerikanischen** Kultur,[8] in langobardischen Gesetzen *masca* >Hexe< (> **Maske**), provenzialisch *masco* >Zauberin< (→ **Maskottchen**), griech. *pharmakeús* (♂), *pharmakís* (♀) >Zauberer/in; Giftmischer/in<, *pharmakeúō* >**Heil**mittel, Zaubermittel, Gift anwenden< (**Pharmazie**) usw.
Daran können noch eine ganze Reihe an Wortbildungen angeschlossen werden, so wohl u.a. auch lat. *imagō* u.a. >Abbild;

---

[8] Helma Marx: Das Buch der Mythen, S. 536; vgl. Wikipedia, *Mapuche,* dort auch >Schamane<

Traumbild, Trugbild, Erscheinung; Vorstellung, Einbildung< (→ **imaginär**, **Image**), aengl. *smācian* >streicheln, schmeicheln, verlocken< (> **schmeicheln, Schmuck**) usw.

Gabe - geben   BK.2

- ahd. *gāba,* mnd. *gāve,* ndl. *gave,* schwed. *gåva.* Dies geht nach der gängigen Etymologie mit *geben* auf idg. **ghabh-* >fassen, ergreifen< zurück.-

Ich sehe hier den Ursprung in der neolithischen Symbolik von >Mutter Erde< in der Formbildung KaBa wie hebräisch *Chawwah* >Eva<, Maya *caban* >Erde<,[9] daraus als Gottheiten griech. *Hēbē,* anatolisch *Hepat* und männlich in dem altägyptischen >Erdgott< *Geb.*

Diese Form basiert auf den eiszeitlichen Grundelementen *ΓΝ wie *Gaia, gē* >Erde< (> **Geo***logie*), **Gau** und **ΦΝ wie → **Bau**, *BaBa, Bauch.* Bei **GaBa/KaPa** handelte sich demnach um eine Parallele zu GaMa/KaMa (> **Kammer**) – *KuBaba - KiMera* >Erdmutter< (→ **Chimäre**) und ist eine umgekehrte Bildung zu **BaGa** → **Bauch** – **Bach** – **Bock** wie *Pacha Mama* usw. in Parallele zu *BaBa (Yaga)* und speziell MaGa >Mutter Erde< (→ **Magen**).

Diese Symbolik ist bereits eiszeitlich HS mit dem >Weltberg< und der *Weltberg-UTerus-Bauch-Höhle* als der Symbolik für die Jugend-Initiation verbunden. Zu GaBa/KaPa finden wir z.B. **Gipfel** – **Kap** – **Koppe** – **Kopf** sowie für >Höhle< engl. *cave* von lat. *cavea* (> **Käfig**), griech. *küpē* (> **Kübel, Küfer**), **Koben, Kobel, Kabine** usw. und z.B. *Kiva* bei den indianischen Hopi für ihren unterirdischen Ritualraum.

GaBa = BaGa = MaGa usw. >Mutter Erde< ist in der neolithischen Auffassung der Ursprung alles Lebens und Seins, als >Welt, Erde< wie dem *Geben* von Leben, Nahrung. Auch *schaffen – Schöpfung* sind als **sKaBa Ableitungen hiervon.

---

[9] als Bezeichnung des 17. Tag des Maya-Monats. Dies ist mit Erdgöttin, Mond und Mais assoziiert. Nach: David M. Jones & Brian L. Molynaux: Die Mythologie der Neuen Welt, S. 95

Gabel BK.2 *Gaffel; gabeln*

- ahd. *gabala,* mnd. *gaffel*[e] (> **Gaffel**). Dies ist nach der gängigen Etymologie verwandt mit der kelt. Sippe von air. *gabul* >gegabelter Ast; Gabel; Gabelpunkt der Schenkel<. In der älteren Ausgabe sah hier Duden 7 ebd. ein Ablaut-Verhältnis dem „unter *Giebel* (ursprünglich >Astgabel<) behandelten Wort." Diese Sicht hat Duden 7 aufgegeben. Doch wird unter *Giebel* schwed. *gavel* >Giebel< genannt. Ich sehe noch immer eine Verwandtschaft von *Giebel* und *Gabel,* s. dazu mehr unter → **Giebel**.

Giebel BK.2

- ahd. *gibil,* ndl. *gevel,* schwed. *gavel* >Giebel<. Eng verwandt sind nach der gängigen Etymologie ahd. *gibilla* >Kopf< und ahd. *gebal,* mhd. *gebel* >Schädel, Kopf<, was auch mit z.B. griech. *kephalē* >Schädel, Kopf< auf idg. **ghebh-[e]l-* >Giebel<, übertragen >Kopf< beruhte. Nach EWD ist *Giebel* als die >Stirnseite< des Hauses zu verstehen. -

Hätte die gängige Etymologie die hier eigentlich leicht zu erkennende Symbolik in den Blick bekommen, wäre deutlich geworden, dass → **Gabel** und *Giebel* und übrigens auch **Haupt, Chef, Kopf – Koppe** (- *Schneekoppe*), **Kuppe, Gipfel** usw. in einem direkten Zusammenhang stehen.

Ich sehe hier den Ursprung in der eiszeitlichen Mond-Mutter-, Weltberg- und Weltenbaum-Symbolik für ursprünglich >Welt, Leben, Bewusstsein, Kultur<. Darin begründet das Mesolithikum seine *Stamm-(Baum-)* Symbolik mit den *Stamm-Ahnen* in der Art von >Adam & Eva<. Mit dem Neolithikum kommt es zu einer neuen Anknüpfung an die eiszeitliche Auffassung, zuerst als Abwendung von der inzwischen zersplitterten mesolithische Stämme-Konzeption und dann auch in den Konflikten mit den Stämmen als Gegensatz dazu.

Die Wortbildungen gehen hier genau wie → **Gabe – geben** und **Gabel** usw. aus von neolithisch GaBa wie die Göttinnen (vor-)griech. *Hēbē* (- *Kopf*) - anatolisch *Hepat* (- lat. *caput* - *Haupt*) und/oder mit semitischem Einfluss anatolisch *KiBele* (- griech. *kephalē* >Schädel, Kopf< - **Gipfel**). Entsprechende Bergnamen finden sich etwa als **Kopet**-Dag (gut 500 km langer Gebirgszug zw. Turkmenistan und Iran mit Gipfel 3117 m), **Kapu**-*Dagh* (Berg als Halbinsel im *Marmara*-Meer), vom Wort her entsprechend ***Kappadokien*** (Anatolien). Die *KiBele* >Herrin der Welt< (vgl. *KiMera* → *Chimära*) entsprechende Form findet sich in arabisch *Ğebel* >Berg< und dt. in **Hübel** >Berg, Hügel<, als ndl. *heuvel* in den Niederlanden das dafür verbreitete Wort.

Links: Rekonstruktion des Kultpfahles von Stellmoor bei **Hamburg** (um **11.000 v. Chr.**) [10]

rechts: ägyptisches Felsheiligtum des *Min* (nun *männliche* Fruchtbarkeits-Symbolik)

Neolithisches Langhaus der Rössener Kultur im Archäologischen Freilichtmuseum Örlinghausen
(die Giebel-Gabel *des Stamms ist hier leider nicht zu erkennen)*

*Man beachte, dass **jedes** neolithische Langhaus mit einer solchen Kult-Giebel-Säule verbunden war.*

Im Alten Oriental ist eine solche *Pfahl*-Gottheit als *Ascherat* und *Astarte* (- **Stern**) bekannt. In der alten Weltenbaum-Symbolik stehen die >Zweige< für >Ober-Welt; Himmel< (s. S. 71). Dies ist hier mit der → **Horn**-Symbolik verbunden, wie die noch eis-

---

[10] Alfred Rust, in: Propyläen Weltgeschichte I, S. 214 f.

zeitliche Plastik von Stellmoor (s.o.) zeigt. In diesem Zusammenhang stehen die Hörner wohl einerseits für jeweils das Weibliche und das Männliche, wie die *Pfahl*-Gottheiten *Ascherat* und *Astarte* **androgyn** gedacht sind (genau wie dies eiszeitliche Mond-Mutter in dem Aspekt der Ganzheits-Symbolik). Von der Heirats-Politik ergab sich das Verständnis der männlichen und weiblichen >Linie< (Lineage). Gleichzeitig geht es hier um die Vereinigung und das >Verzweigen< als Sprösslinge hervorbringen (s. hierzu auch → **zwei**). Wie auch die >Erdmutter< → *Chimäre* zeigt, handelt es sich hierbei gleichzeitig um die neolithische → **Ziegen**-Symbolik (für >ziehen, zeugen<. Dieser Zusammenhang belegt sich:

> „Jost Trier hat gezeigt, dass *sûl* eine oben gabelförmige, den First tragende Säule im Hause war und [*die germanische*] Irminsul >die eine der beiden Firstsäulen des Hauses (die nördliche), ins Kosmische überhöht<. Dazu gibt es indogermanische Parallelen, z.B. den Weltpfeiler in [der Rigveda...] und den einfüßigen Ziegenbock (aja ekepada) in Atharveda [...]." [11]

(nur war die Ziege *urspr. weiblich)*

Bauch   B.5.1, BK.1   bauchig

- mhd. *bûch,* ahd. *bûh,* ndl. *buik,* aengl. *bûc,* schwed. *buk,* vgl. die Semantik von altnordisch *bûkr* >Bauch, Körper<. Dies gehört nach Duden 7 ebd. „wahrscheinlich im Sinne von >Geschwollener< zu der unter *Beule* dargestellten idg. Wortgruppe." EWD ergänzt dazu: „Da das Wort nur in germ. Sprachen (**buka-*) bezeugt ist, kann die Möglichkeit, dass es der nicht-ie. Sprache einer vorgerm. Substratbevölkerung entstammt, nicht ausgeschlossen werden."

Ich sehe hier den Ursprung in frühgeschichtlich BaGa wie → **Bakken** - *Berg, Backe, Bogen,*→ *Bache, Bock* und → *Bach.* BaGa erscheint neben *BaBa, GaGa/KaKa* (→ **Kuchen**), *Mama* usw. als eine weitere Parallele zu MaGa >Mutter Erde< (→ **Magen**) und übrigens auch in umgekehrter Zusammensetzung in GaBa/KaPa/HaBa (> **Gabe, Giebel – Gipfel, Kopf, Haupt**).

---

[11] Åke V. Ström: Germanische Religion, RelMen 19/1, S. 80 f.

BaGa (**Bauch**) und MaGa („**Magen**") belegen sich in weiter Verbreitung auch für >Kind<, so *MaGa* → **Mädchen**. Zu BaGa finden wir hier u.a. ägyptisch *bak'a* >schwanger sein<, ndl. *baker* >Amme<, Hindi (Indien) *baccā* >Kind<, elamisch *pak* >Tochter<, dän. *pige* >Mädchen<, **Page**, lat. *prō-pāgō* >fortpflanzen; ausdehnen< (> **Propaganda**), dän. *bug* >Bauch< - *bugne* >schwellen< - *bugnende* >**strotzend**<, ndl. *bak* >Behälter, **Becken**, Treib-, **Mistbeet**, **Loch**<, dän. *byg* >Gerste<, lat. *pecus* >Vieh; Schaf; Haustier< (→ **Vieh**) usw.

In gewisser Weise stammt dieser Komplex der neolithischen Fruchtbarkeits-Symbolik schon aus der eiszeitlichen Symbolik von Berg – Höhle, entsprechend *Bauch* - aisl. *bakki* – norwegisch *bakken* >Hügel< (> [1]**Bank**) = **Bühl** = → **Berg**. Doch läuft dies eiszeitlich HS nicht auf eine Fruchtbarkeits-Ideologie hinaus, sondern auf eine Symbolik der Jugend-Initiation mit etwa der Weltberg-UTerus-Höhle als dem Ort der Neugeburt zum nun erwachsenen Menschen. Doch wird diese Initiations-Praxis schon im Mesolithikum zu einem >Heiraten< und wohl dem „Vollzug der Ehe" umgeformt, dort jedoch aus den Gründen der Sozialorganisation und nicht aus einer expansiven Fruchtbarkeits-Ideologie heraus. S. hierzu u.a. auch → **Nabel**.

Berg   B.5.1.1

- mhd. *berc,* ahd. *berg* (got. in *baírgahei* >Gebirgsgegend<), schwed. *berg* >Hügel, Berg<, altenglisch *beorg* >Höhe, Grabhügel<, engl. *barrow* >(Grab)hügel<. Dies beruht nach der gängigen Etymologie auf idg. **bhergos-* >Berg< und dies vielleicht auf einer Erweiterung der unter → **gebären** dargestellten idg. Wurzel **bher.*-

Die für mich erkennbaren Zusammenhänge deuten auf einen Ursprung in der eiszeitlichen Weltberg-*UTerus-Bauch-Höhlen*-Symbolik der Jugend-Initiation für die Neugeburt zum nun eigentlichen erwachsenen Menschen. Insofern dürfte damit auch (*ver*)*bergen* analog zu → **hehlen** – **Höhle** verbunden sein.

Die Form *Berg* stellt sich mir als eine Mischform dar: einerseits aus neolithisch BaGa wie → **Bauch**, norwegisch *Bakken* >Berg< (→ [1]*Bank*), ahd. *buhil* → **Bühl** (in etlichen Ortsnamen wie *Kitzbühel*) und andererseits aus der neolithischen Wurzel *ΦR wie engl. *to bear = tragen - trächtig* und *gebären*.

Formen wie *ber-* finden sich in diesem Kontext in nganasanisch (Sibirien) *bəru* >Berg<, mittelirisch (keltisch) *brī* >Hügel<. Als Element könnte dies auch in den Namen *Elburs* (Gebirgszug im Iran südlich des Kaspischen Meeres mit Gipfel 5604 m) und *Elbrus* (höchster Gipfel im Kaukasus 5633 m) enthalten sein, ggf. als Weiterbildung von *AlPa* wie → **Alb - Alpen** und → **Alben - Elfe**. Norwegisch *-varre* >Berg< in Bergnamen erinnert an **wahren**, vgl. dazu russisch *beréč'* >hüten, bewahren< (EWD, *bergen*).

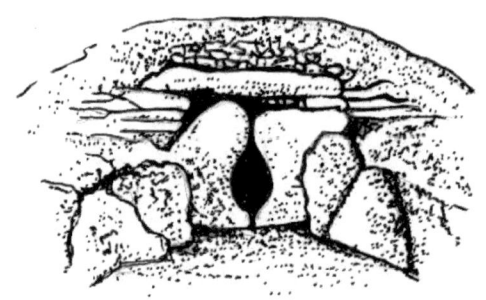

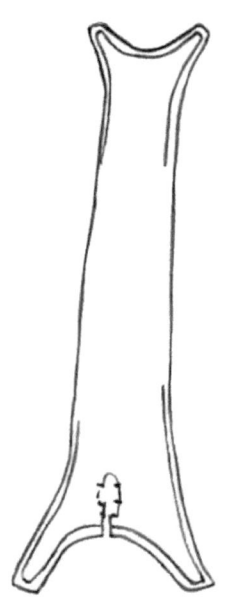

Oben: *„Die neolithischen Langhügelgräber haben einen engen, vulvaförmigen Eingang."* Rechts: „Einige Langhügelgräber ahmen exakt die Form eines Knochens nach [...]."[12]

Doch ist dies sicher auch eine Symbolik für den > **Leib = „Bauch"**, wie auch die bezeichnende Position der eigentlichen Grabkammer (als Wiedergeburts-Symbolik) vermuten lässt.

---

[12] Nachzeichnungen und Zitate nach: Marija Gimbutas: Die Sprache der Göttin, oben S. 158, rechts S. 156 f. (s. dort auch Weiteres)

Die ursprüngliche *Berg-Bauch-Uterus*-Symbolik der Jugend-Initiation wird in der spätmesolithischen Ahnen-Kult-Kultur in dem Ahnen-Toten-Kult (→ **Hades**) zu einer → **Bauch**-*Grabhügel*-Symbolik, vgl. hier altenglisch *beorg* >Höhe, Grabhügel< sowie dän. *dysse* >**Dolmen, Hünengrab**< → **dösen** und z.B. die *Kyffhäuser*-Sage (s. Wikipedia ebd.), deren Motivik auch in Deutschland noch mit anderen Bergen verbunden ist (ebd.). Daraus erwächst mit dem Neolithikum die Wiedergeburts-Vorstellung in direkter Analogie zur Saat, die >beerdigt< wird und dann (> **hoffentlich**) reiche Frucht trägt.

Von dem Aspekt *gebären – fruchtbar* erklärt sich das neolithische R in *Berg* gegenüber dem älteren BaGa in *Bakken, Bauch* und → *Bühl* >Berg, Hügel<. Dennoch dürfte *Berg* im Konkreten eher von (der Semantik) *bergen* sowohl im Sinne des *Bergens* seiner (Ahnen-) Toten wie des *Bergens* (- *Heben – Hebamme*) der Geburten ausgehen. S. hierzu auch **Burg**.

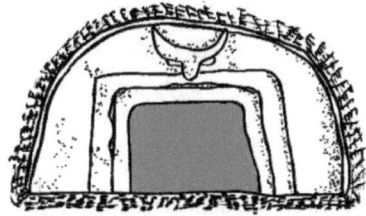 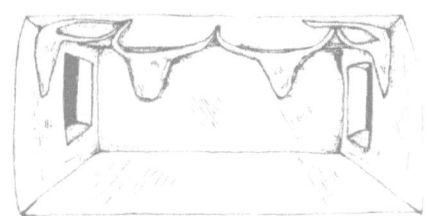

Höhlen als Grabkammern: hier findet sich im 5. Jahrtausend v. Chr. auf Sardinien archäologisch häufig die Stier/Kuh→ **Uterus**-Symbolik. Nachzeichnungen nach: Marija Gimbutas: Die Zivilisation der Göttin, S. 291

Pack/en, Paket, packen BK.1 Gepäck

Es findet sich hier ein insgesamt größeres Wortfeld, dass ich in Form von neolithisch oder mesolithisch BaGa auf die ursprünglich eiszeitliche Symbolik → **Bauch – Backe** zurückführe, so engl. *bag* z.B. >Beutel, Tasche, Tüte, Sack, Koffer<, lat. *bucca* >aufgeblasene **Backe**<, frz. *buccal* >Mundhöhle<, afrz. frz. *bouge* >Beutel, Sack<. S. dazu auch → **Becken – Becher – Pokal**. Weitere Wortbildungen in dem engeren Kontext sind (frz.)

Bagage, engl. **Pocket, Box – Büchse – Buchse –** *basket* (> **Basketball**).
Die Symbolik dürfte auch insbesondere mit *buga/baga/bog* (in den Turk- und Kaukasussprachen >Stier<) - lat. *vacca* >Kuh< - *vacō* lat. >(Raum +) Zeit haben< (> **vakant, Vakuum**) zum Ausdruck kommen. In dem neolithischen Kontext steht dies unter dem Vorzeichen ihrer Fruchtbarkeits-Ideologie, so in ndl. *bak* >Behälter, Gefäß, Trog, Becken, Treib-, Mistbeet, Loch<, vgl. auch ägyptisch *bak'a* >schwanger sein<, Hindi (Indien) *baccā* >Kind<, elamisch *pak* >Tochter< (→ **pagan**). Dies entspricht z.B. MaGa → *Magen* – lat. *magis* = *mehr/en*, keltisch *magen* >Feld< (in den Namen *Dormagen, Remagen*) – *magad* → *Mädchen* usw.

Bock BK.1

- mhd., ahd. *boc,* ndl. *bok,* engl. *buck,* schwed. *bock.* Dies ist nach der gängigen Etymologie eng verwandt mit der kelt. Sippe von ir. *boc* >Ziegenbock<, mit pers. *buz* >Ziege(nbock)< (awest. *būza-* >Ziegenbock<) und armenisch *buc* >Lamm<. Dies geht nach EWD ebd. von idg. **bhūĝ-* aus. Duden 7 ebd. hält die Beziehungen dieser Wörter für unklar, sieht aber die Ausgangsbedeutung in >Ziegenbock<, die dann auch auf Männchen anderer Tiere wie *Schaf-, Rehbock* übertragen wurde.-

Ich sehe hier den Ursprung in einer neolithischen Überlagerung von mesolithisch BaGa wie → **Bauch – Bakken – Berg** (aus dem Kontext der Jugend-Initiation). Wie bereits armenisch *buc* >Lamm< zeigt, geht diese Formbildung **nicht** von der Bedeutung >Ziegenbock< aus. Tatsächlich findet sich *buga/baga/bog* z.B. in den Turk- und Kaukasussprachen als Wort für >*Stier*< und bei den Kassiten, Iraniern und Slawen für >*Gott*<. [13]
Demnach handelt es sich bei >Bock< an sich um eine Form der neolithischen → **Geiß** = **Ziegen**-Symbolik, die wie *Geiß – Ziege* und **Bache** weiblich ist, vgl. dazu etwa ägyptisch *bak'a* >schwanger sein<, ndl. *baker* >Amme<, Hindi (Indien) *baccā* >Kind<, elamisch *pak* >Tochter<, *Page,* serbokroatisch *bok* >Hüfte, Lende< usw. (→ **pagan**). Bei *neolithisch* BaGa handelt

---

[13] RGG, *Stierdienst*, S. 372

es sich um eine Parallele zu Ma Ga >Mutter Erde< mit „Magen"
– *machen* → *Mädchen* wie auch zu (neolithisch) TaGa → **Ziege**
– **zeugen**, umgekehrt GaTa → **Geiß** – ^{be}**gatten - Kitz**. *Bock* entstand dazu als die männliche Form, ggf. als patriarchale Umdeu-
tung der vorher weiblichen Symbolik.

pagan   BK.1
- moderne Bildung für „heidnisch" (im bejahten Sinn), von lat.
pāgānus >dörflich, ländlich; bäuerlich<, *pāgus* >Gau, Dorf, Be-
zirk<, dazu wohl auch *prōpāgō* >Setzling, Ableger; Sprosse,
Kind; Nachkommenschaft, Geschlecht, Stammbäume< (²**pfrop-
fen; Wonneproppen; Propaganda**). S. auch → *Page*. Dies entspricht der mittelalterlichen Verbindung von *der* **Heide** – *die*
Heide.
Der Ursprung dieser Bildung dürfte mit (mesolithischer Vorgeschichte BaKa wie **Pakt**) in neolithisch BaGa (→ **Bauch**) als
Parallele zu neolithisch MaGa >Mutter Erde< liegen.

Vieh   B.0.2; B.3.3.4, BK.1
- ahd. *fihu* >Vieh<, got. *faíhu* >Vermögen, Geld<, aengl. *feoh*
>Vieh; Eigentum, Geld< (vgl. engl. *fee* >Eigentum, Besitz; Ge-
bühr<), schwed. *fä* >Vieh<. Dies basierte nach der gängigen Etymologie mit z.B. aind. *paśú-* >Vieh< und lat. *pecu(s)* >Vieh< auf
idg. **péku-* >(Klein)vieh<. Dies ginge seinerseits auf idg. **pek-*
>Wolle, Haare rupfen, zausen< zurück, was mit griech. *pékein*
>kämmen<, *pékos, pókos* >(Schaf)fell, Vlies<, lat. *pectere*
>kämmen<, lit. *pèsti* >rupfen< belegt wird. Die Bedeutung von
*péku- hätte sich von >Schaf< zu >Gesamtheit nützlicher Hau-
stiere< entwickelt, woraus die Bedeutung >Besitz, Vermögen<
entstand, wie bei lat. *pecu(s)* >Vieh< zu *pecunia* >Geld< (> **pe-
kunär**) und im mittelalterlichen Latein zu *feum, feudum* >Lehen,
Lehngut< (> **feudal**).-

Ich sehe hier vielmehr eine aus dem Mesolithikum neolithisch
übernommene Formbildung *BaGa wie → **Bauch** – **Bakken** –
Berg. Die zunächst zugrunde liegende Symbolik verknüpft sich
eiszeitlich mit der Weltberg-Uterus-Höhle als dem Ort der Neugeburt in der Jugend-Initiation. Daraus entsteht im Mesolithikum mit der Heiratspolitik eine neue Form der Jugend-Initiation,

die im Zentrum auf den >Vollzug der Ehe< hinauslief. Diese Praxis regte dann auch eine entsprechende Tier-Zucht an.

Mit dem Neolithikum entwickelte diese Symbolik eine neue Dimension, nämlich neben dem Fruchtbarkeits- und Götter-Kult auch die Vorstellung der Wiedergeburt, wo die Beerdigung wie eine Aussaat begriffen wurde. Die neolithische *Ma Ga* >Mutter Erde< war das **Machen** >hervorbringen<, der → „**Magen**" wie *maga-* → **Mädchen** und keltisch *magen* >Feld< in unseren Ortsnamen *Dormagen, Remagen* usw.

Dass sich lat. *pecus* für >Vieh; Schaf; Haustier< findet, erscheint hier von dem neolithischen Zusammenhang nicht als Zufall, handelte es sich bei *Schaf* und *Ziege* in diesem Sinn um die ersten Zuchttiere. Vgl. die zu BaGa parallele Bildung TaGa wie → **Ziege – zeugen – züchten** und dazu in umgekehrter Formbildung GaTa → **Geiß – ᵇᵉgatten – Kitz** – engl. *cattle* >Vieh< (s. auch **Kette**). Von daher erscheint es nicht als begründet, *Vieh* von *Schaf* her und noch weniger, dies von >Wolle, Haare rupfen< zu verstehen. Das Schaf wurde auch erst später zum >Woll-Lieferanten<, während der Gebrauch von Fellen für Zelte, Decken und Kleidung bereits eiszeitlicher Art war.

Becher B.5.1, BK.1

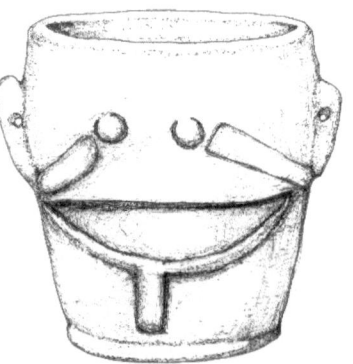

Nach EWD ebd. führt man die Ausgangsformen von *Becher* meist auf griech. *bíkos* >(Wein-, Wasser)krug, -becher< zurück. Nach Duden **7** ebd. ist dies wahrscheinlich eine Entlehnung aus dem Ägyptischen.

Ich sehe hier einen Ursprung in neolithisch BaGa aus der schon eiszeitlichen → **Bauch**-Symbolik, die im Neolithikum auf eine Fruchtbarkeits-Symbolik reduziert wird (s. Abbildung, beachte die *Kuh-Horn-Uterus*-Symbolik).[14]

---

[14] >Geschabter< Marmor-Becher (Höhe 10,5 cm) von den Kykladen, um 3.000 v. Chr. Nachzeichnung nach: Marija Gimbutas: Die Sprache der Göttin, S. 266

Becken   B.5.1, BK.1

Nach Duden 7 ebd. ist dies aus vlat. *baccinum* >Becken< entlehnt, woraus auch **Bassin** abgeleitet ist. EWD ebd. sieht den
Ausgang in spätlat. *bacca* >Sarg< mit einem keltischen Ursprung.-
Ich sehe auch hier den Ursprung in neolithisch BaGa wie →
Bauch in Parallele zu MaGa wie → *Magen, Magd* → *Mädchen.*
Unter BaGa finden sich dazu z.B. ägyptisch *bak'a* >schwanger
sein<, Hindi (Indien) *baccā* >Kind<, elamisch *pak* >Tochter<,
dän. *pige* >Mädchen<, *Page* usw., s. → *Bauch.* Zu dem Aspekt
von *baccinum* >Becken< im Sinne von *Bassin* s. auch > **Bach.**

Geiß   K.3.3.3

- mhd. ahd. *geiʒ,* got. *gaits,* engl. *goat,* schwed. *get,* lat. *haedus*
>(junger) Ziegenbock<. Dies geht nach der gängigen Etymolo-
gie auf idg. **ghaid-* >Ziege< zurück. „Welche Anschauung dieser Benennung zugrunde liegt, lässt sich nicht ermitteln. [...]
Das Wort bezeichnet heute als Gegensatz zu >Bock< die weibliche Ziege und das weibliche Tier von Gämsen, Hirschen und
Rehen." (Duden 7 ebd.)-

Als wahrscheinlichste Erklärung sehe ich eine neolithische Ableitung von mesolithisch Mebuntu GaTa und umgekehrt TaGa
→ **Ziege** für *Schaf* und *Ziege* als den ersten Zuchttieren im Kontext der Nahrungsproduktion. Entsprechend dürften *Geiß - Ziege*
ebenso wenig wie *Tier* und *Kuh* eine ganz bestimmte Tierart
meinen, sondern >Zuchttier, Zögling< bedeutet haben, belegen
sich entsprechende Wortbildungen auch für andere Tiere wie
tīke mnd. >Hündin<, *tyke* engl. >Köter< und GaTa in engl. *kid*
>Kitz, Zicklein<, > [1]**Kette** >Reihe, Schar<, engl. *cattle* >Vieh<
usw.

Doch geht es in dieser Symbolik grundlegend um [be]**gatten** =
[(er)]*zeugen* = [er]*schaffen* als (Ausdrucksform und Nachvollzug der)
>Schöpfung<. Man wählte für seine Zucht (künftige) *Mutter-
tiere* aus. Entsprechend findet sich dt. **Gat**(t) >Loch<, engl. *gut*
>Eingeweide, Bauch; das Innere<, ahd. *quiti* >weibliche
Scham<, gotisch *qiþus* >Bauch, Mutterleib< (> **Quaddel**), engl.
gate >Gatter, Tor, Pforte< in Parallele zu → **Tor** - kymrisch
(keltisch) *tor* >Bauch, Unterleib< usw.). Auch neolithisch Ma

Ga >Mutter Erde< steht für >Magen<, *magis = mehren,* → *machen, *mag-* >Junge, Mädchen<, kelt. *magen* >Feld< (in *Dormagen*), die Parallele BaGa für → Bauch (mit z.B. elamisch *pak* >Tochter<, lat. *prō-pāgō* >fortpflanzen<) usw.

Es ist hierbei zu beachten, dass sich damit die historische Begründung von dem verknüpft, was man bislang gemeinhin unter >Religion< bzw. >Zivilisation< versteht. Es sind diese neolithischen Kult-Komplexe, auf die die urbanen Zentren mit ihren Götter-Kulten zurückgehen. Die entsprechende *Ziegen*-Symbolik ist von dem griech. Gott → **Pan** >alles< und via lat. >Fauna< bekannt.

Ziege — T.2.1.3, T.2.2.3 — Ziegenbock

- mhd. *zige,* ahd. *ziga.* Nach Duden 7 ebd. ist dies vermutlich mit griech. *díza* >Ziege< und armen. *tik* >Schlauch aus Tierfell< verwandt. Nach EWD ebd. ist die Herkunft nicht gesichert, doch kann mit den genannten Formen idg. **dig(h-)* >Ziege< angenommen werden. Einc Bildungen dazu ist **Zicke.** EWD ebd. ergänzt dazu noch norwegisch mdal. *tikka* >Mutterschaf<, *tiksa* >Schaf, Hündin<, *tikla* >junges Schaf, junge Kuh<, mnd. *tīke,* anord. *tīk,* schwed. norw. *tik* >Hündin< und (davon) engl. *tyke* >Köter<.-

Hierbei gerät der gängigen Etymologie wie üblich der Hintergrund einer bedeutsamen Symbolik nicht in den Blick: in diesem Fall die neolithische *Ziegen*-Symbolik, obwohl dies hier für das Verständnis der Herkunft, Ausgangsformen und ursprünglichen Semantik von *effektiver* Relevanz ist. Dabei sind diese Kontexte (heute) sehr gut auszumachen, handelte es sich (nach dem ganz anderen Hintergrund bei *Hund*) bei *Schaf* und *Ziege* um die ersten für die Nahrungsproduktion systematisch gezüchteten Tierarten.

Ich sehe hier die Ausgangsform in einer neolithischen Übernahme von mesolithisch TaGa, wozu es die umgekehrte Formbildung GaTa wie engl. *goat* = → **Geiß,** [be]**gatten,** engl. *cattle* >Vieh<, **Kitz** usw. gibt. TaGa - *Ziege* ist hier als der Inbegriff der neolithischen Weltanschauung von **ziehen, zeugen, züchten** als der Eigenschaft von Ma Ga >Mutter Erde< zu verstehen.

Es geht hier nicht um eine bestimmte Tierart. >Ziege< ist die Symbolik für den Komplex von >ziehen – zeugen – züchten<. Interessant ist hier norwegisch mdal. *tikka* >Mutterschaf<, was bei uns als → *Aue* besteht und (ebenso wie *Kuh*) als >Ursprung, Quelle, (Gebär-) Mutter< zu deuten ist.

Fotze   B.3.3.4

- von gleichbedeutend mhd. *vut*. Dies gehört nach der gängigen Etymologie wahrscheinlich zu der unter *faul* dargestellten idg. Wurzel **pu-* >faulen, stinken<" [*pfui*]. Diese Form steckt auch in *Hundsfott*.-

Hier haben wir ein besonders ärgerliches Beispiel für die Problematik der herkömmlichen Etymologie, unbesehen von der erst in der Antike entstandenen modernen Sprachauffassung auszugehen, keine hinreichenden Grundlagen in der alten Symbolik zu haben und dann auf der Basis von angeblichen >Lautgesetzen< Zusammenhänge herzustellen. Dabei dürfte es sich hier um einen **positiven Zentralbegriff** der *neolithischen* **Fruchtbarkeits**-Symbolik handeln.

Es bleibt wohl unsicher, von woher genau die Ausgangsform ausgeht. Doch ganz ohne Zweifel handelt es sich dabei um eine Parallele zu Ma Ga wie „**Magen**" → Mädchen und → **Macht** für → **können, vermögen**, s. etwa lat. *potis* >vermögend, mächtig<, *potestās* >Kraft, Macht<. Dies könnte als Element mit der anatolischen Göttin *HePat* = *KiBele* >**Herrin** der Erde< verbunden sein, woher wahrscheinlich in **direkter** Form die Bildungen lat *caput* = **Haupt** (*Oberhaupt*) und **Gipfel** entstammen dürften (s. dazu → **Gipfel**).

Auf jeden Fall findet sich hier eine entsprechende Form *Puti* für >Vulva<, die nach Richard Rudgley nach Ruhlen & Bengtson ein tendenziell weltweit verbreitetes „Urwort" wäre. Dazu genannt werden: [15]

---

[15] Richard Rudgley: Abenteuer Steinzeit, S. 76

B.3.3.4.1 PUTI >Vulva<

butu >Vulva< auf *Malinke* (Niger-Kordofanisch)
buti >Vulva< auf *Gao* (Nilosaharanisch)
pot >Vulva< im *Hebräischen* (Afroasiatisch)
paate >Vulva< in der tschad. Sprache *Jegu* (Afroasiatisch)
puti >Rektrum< im *Ostjakischen* (Uralisch-Jugakirisch)
puti >Vulva< im Dravidischen *Tulu*
puki >Vulva< im Austrischen *Ami*
puta >Loch< in *Yamana* (indianisch Amerind)
petu >Vagina< in *Guahibo* (indianisch Amerind)
poita >Vagina< in *Jarucura* (indianisch Amerind)
pute >Hure< im *Altfranzösischen* (Indoeuropäisch) =
putain >Hure< im heutigen *Französisch*

---

pot פת hebr. für >weibliche Scham< (unsicheres Wort)
patah פתה hebräisch >verführen; sich verführen lassen< א
*putt/futt idg. >Vulva< [16] - engl. *pussy*
putte dän. >Schatz, Liebling<
pudor lat. >Scham, Ehrgefühl<
usw.

Es ist in der Tabelle auch die Form *puki* genannt. In dieser Art finden sich auch z.B. nganasanisch (sibirisch) *bagir* >Vagina< und polnisch *pochwa* >Scheide<. Dies ließe sich mit der neolithischen Auffassung [Hindi (Indien) *baccā* >Kind<, elamisch *pak,* >Tochter<] von mesolithisch BaGa → **Bauch – Bakken – Berg** als der Parallele zu Ma Ga >Mutter Erde< und der umgekehrten Form GaBa → **Gabe – geben – Giebel** in Verbindung bringen.
Die Bed. *Fott* zeigt, dass in der alten Symbolik nicht unbedingt zwischen >Loch – Höhle< unterschieden wurde, vgl. dazu *Bauch* (- *Bogen*) und (Arsch-) *Backe,* engl. *back* >Rücken<, wie auch die Bildungen **Anus** und **After** (= *nach – Nachkomme*) annehmen lassen.

---

[16] nach: W. Meid, in: Heinrich Beck: Germanenprobleme […], S. 205

Puti erklärte sich parallel zu BaKa als ursprünglich BaTa (zu MaTa = neolithisch *MaTar* >**Mutter, Gebärmutter**<). Beachte hierzu auch dän. *putte* >Schatz, Liebling<, *Putte – Buz – Butz* >Knirps< - griech. *paīs* >Kind< (in **Pädagogik**).

pan-   B.3.2.1   **Pan-Amerika; Panorama**
- das Neutrum zu griech. **pa-* ♂ *pās,* ♀ *pāsa* >ganz, all, jeder; auf, über<

Wenn sich dies bislang auch nicht sichern lässt, so sehe ich diese Wortwurzel **pa* als unreduplizierte Form von *PaPa* als Ableitung von der eiszeitlichen Lautwurzel **Φ* wie *abba/appa – BaBa/PaPa* in der Erstbedeutung >Mutter<. Diese Erstbedeutung >Mutter< wurde eiszeitlich über das Motiv der mythologischen >(Ur-) Mutter/Vater< u.a. auch zu einer Ganzheits-Symbolik entwickelt.

In etwa diesem Zusammenhang finden sich u.a. mit *Abuk* bei den afrikanischen Dinka für die >Urmutter<, *Aba* als der >Schöpfergott< der indianischen *Choctaw;* [17] *Baba Yaga* als die slawische >Mutter Erde<, *Baba* für die sumerische Göttin der Vegetation, [18] *Papa* als die „Erdmutter" Hawaiis. Das entsprechende Element erscheint auch als Bestandteil der mesolithischen bzw. neolithischen Bildungen BaGa wie u.a. *Pacha Mama, Bacchus* und umgekehrt KaBa/HaPa wie etwa hebräisch *Chawwah* >Eva<, der (vor)griech. Göttin *Hēbē,* anatolisch *HePat,* ägyptisch im männlichen >Erdgott< *Geb* (> **Gabe, geben; Giebel, Gipfel – Kopf, Koppe, Haupt** usw.).

Demnach wäre griech. *pas, pasa, pan* als **pa* eine Ableitung unter der eiszeitlich mit >Ur-Mutter< bzw. (eigentlich androgyn) >Ur-A^{h}n^{os}< entwickelten **Ganzheits**-Symbolik, vgl. dazu im Germanischen die Parallele mit der >Göttin< *Hēl* > **heil,** ganz< = → *all/e/s* (**All,** *Allamania* >alle<). Im Griech. findet sich dies in Gott *Pan* mit der neolithischen → **Ziegen**-Symbolik. *Pan* entspricht *sprachlich* lat. *Faunus* > **Fauna.**

---

[17] D. M. Jones & B. L. Molynaux: Die Mythologie der Neuen Welt, S. 56
[18] J. van Dijk, in: Asmussen & Læssøe: Handbuch der Religionsgeschichte I, S. 439

Mit dem Neolithikum erwächst aus dieser ursprünglichen Symbolik für das >Ganze< (*Pan*) von >Welt, Leben; Geist, Liebe, Bewusstsein; Kultur< als dem entscheidenden Mehr gegenüber den einzelnen Teilen eine als >Göttin< formulierte Herrschafts-Symbolik, die durch das Thronen auf den *Leoparden* (→ **Panther**) zum Ausdruck gebracht wird. Von hierher entsteht z.B. unter KaPa/HaBa aus der >Ur-Mutter< wie *Chawwah* >Eva< eine Gottheit u.a. mit den bezeichnenden Semantiken (*Ober*) **Haupt – Giebel – Gipfel** entsprechend der anatolischen Göttin *KiBele,* bei der nun das ursprüngliche *Ba* z.B. >Mutter (Erde)< als *Bele* eindeutig als >Herrin (der Erde)< bezeichnet ist.

Ganz entsprechend sehe ich griech. *basileía* >Königreich, Reich, Königtum< als Ableitung von der **femininen** Form *pasa* von griech. **pa-,* wie sie bei uns in *Gens* > Queen – *Königin* (→ **Gynäkologie**) sowie **Frau** (>Herr/in<) besteht. Der Form *basileía* >Königreich, Reich, Königtum< entspricht griech. *basíleia* >Königin, Fürstin<, wozu es auch die männliche Form gibt (- **Basilika**). Auch **Mogul** usw. (→ **Macht**) dürfte auf die neolithisch weibliche Form MaGa >Mutter Erde< zurückgehen.

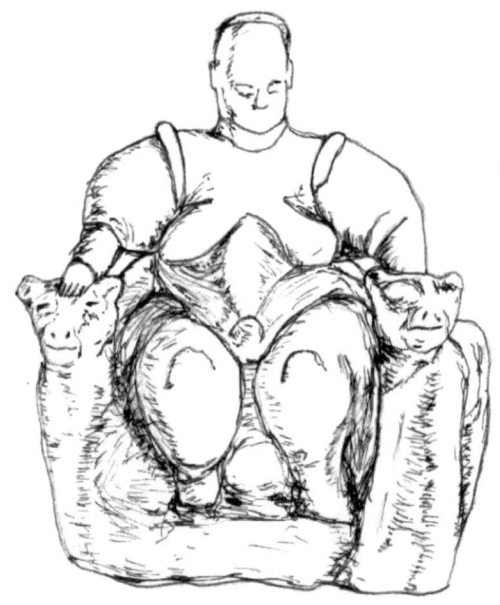

Die *Pan-Thera*-Symbolik:

Diese Plastik aus Çatal Höyük [19] erscheint als **das** *Symbol der >neolithischen Revolution< und der neolithischen Kulturentwicklung.*

---

[19] Höhe 11,8 cm, nach: Marija Gimbutas: Die Sprache der Göttin, S. 107

Panther T.2.2.3; T.5.2; B.5.3

- von lat. *panther*. Dies ist nach Duden 7 ebd. von griech. *pánthēr* übernommen, dessen weitere Herkunft unklar ist. EWD ebd. fügt hinzu, dass es sich dabei um ein Fremdwort östlichen Ursprungs handele, doch dass ein mehrfach angenommener Zusammenhang mit aind. *puṇḍarīkaḥ* >Tiger< bezweifelt wird.-

Der Ausgang von *Panther* meint nicht speziell den Panther in unserem heutigen Sinn. Die entsprechende Symbolik geht nach den historisch ersichtlichen Darstellungen von *Leoparden* aus, meint aber wohl allgemeiner die großen Raubkatzen. Entsprechend ist bei uns *panthera* zum wissenschaftlichen Grundbegriff für die großen Raubkatzen geworden, so *panthera leo* für >Löwe<, *panthera tigris* >Tiger< usw.

Ausschnitt von einem Pfeiler von Göbekli Tepe

Bei allen etymologischen Schwierigkeiten der Klärung soll diese Form doch aufgenommen werden, weil sich damit schon von einer längeren Geschichte her eine höchst aufschlussreiche Symbolik verknüpft. Die ältesten systematischen *historischen* Spuren der Leoparden- oder Raubkatzen-Symbolik belegen sich in der Megalith-Anlage von Göbekli Tepe (s. Abb. oben).

Hierbei ist diese zunächst in dem Kontext der allgemeinen Aggressions-Symbolik von Göbekli Tepe zu sehen.[20] Es wäre jedoch von den weiteren Zusammenhängen gut möglich, dass die Raubkatzen-Symbolik, die sich auf den jüngeren Pfeilern (nach 8.800 v. Chr.) findet, bereits als Krieger-Symbolik zu verstehen ist. Auf jeden Fall war sie es schon vor dem Neolithikum, wenn nicht schon im 9. Jahrtausend, dann ab 8.000 v. Chr. nach dem

---

[20] „Es dominieren Tiere in aggressiver Haltung; die Mehrzahl der Skulpturen lässt sich ohne Zögern in die Kategorie >gefährliche Erscheinungen< einordnen." Harald Hauptmann & Klaus Schmidt, in: Badisches Landesmuseum Karlsruhe: Die ältesten Monumente der Menschheit, S. 76

Ende von Göbekli Tepe. Denn ich verstehe ich die oben darge-stellte Plastik von Çatal Höyük, wozu sich auch eine Entspre-chung in Hacilar findet, als Ausdruck des Triumphs des neoli-thischen Mutter Erde-Kults **über** die Leoparden-Krieger.

Mit diesem Triumph entstand in Çatal Höyük **auch** ein völlig neuartiger Sinn der Leoparden-Symbolik, der sich im Alten Ori-ent belegt und der auch für die weitere historische Entwicklung effektiv bezeichnend und entscheidend war. Ich deute die obige Plastik als – erstmaligen – Ausdruck der >Herrin des Lebens<. Auch wenn es noch nicht sofort zu der Ausprägung der neuen Götter-Vorstellung kommt, ist dies in dieser Plastik bereits an-gelegt. Wie immer das Thema der → **Macht** über >Leben und Tod< damals auch gedacht wird, so besagt es auf jeden Fall, dass dies in den Händen der >Herrin des Lebens< lag. Demnach hatte man die besten Chancen, wenn man sich zu ihr hielt, statt gegen sie zu kämpfen. Nachdem diese Vorstellung erst einmal Fuß ge-fasst hat, lagen die großen Mehrheiten in der Bevölkerung auf dieser Seite. Die Leoparden-Krieger verloren den (vermutlich terroristisch gewordenen) kulturellen Freiheitskampf gegenüber den nahöstlichen Machtentwicklungen und stehen nun, wie die Plastik demonstrativ heraushebt, im Dienst der aufkommenden Priester/innen-Herrschaft.

Im Ägyptischen findet sich *B𓏤* (~ *Ba*) für u.a. >mächtig sein< wie auch für >Panther (*Panthera pardus*)<. [21] In Afrika wurden Leopardenkopf-Felle als Autoritäts-Symbolik als Kopfbede-ckungen getragen: „Die Leopardenkopfbedeckung symbolisiert Macht." [22] Dazu:

> „Der unbestrittene Gebieter aller ist jedoch der Leopard [...]. Er ist überall, in Bronze oder Elfenbein, mächtig, wild, mit messerscharfen Zähnen und sehnigem Rücken, mit Samtpfo-ten und prächtigem, gefleckten Fell. Er ist Symbol des Oba [*Herrschers*], der seine unbegrenzte Kraft zu beherrschen weiß." [23]

---

[21] Rainer Hannig: Großes Handwörterbuch Ägyptisch-Deutsch, S. 237 f.
[22] H. Christoph, K. E. Müller & Ute Ritz-Müller: Soul of Africa, S. 179
[23] Laure Meyer: Schwarzafrika, S. 46

Die ägyptische Göttin Hathor, die gemeinhin als → *Kuh* darge-stellt wird, tritt auch als Löwin *Sachmet* = >die Mächtige< in Erscheinung und richtete als solche auch ein gewaltiges Blutbad unter den Menschen an [24] (was auf einen früheren Bürgerkrieg deutet). Interessant ist hier die Symbolik der ägyptischen >Son-nenkatze< *Tefnut,* der Tochter des Sonnengottes Re, denn: „Sooft Tefnut in Wut gerät, wandelt sich ihre >gute Katzenge-stalt< in eine grimmige Löwin und ist damit geradezu ein Mus-terbeispiel für den Furcht-Liebe-Doppelcharakter mancher ägyptischer Götter." [25] Vielleicht lässt sich diese Erscheinung als Schmuse- und als Raubkatze als Entsprechung der >Herrin über Leben und Tod< bzw. der Göttin der Liebe und des Kriegs (wie Ischtar – Inanna usw.) deuten. S. hierzu > **Katze** und auch die Symbolik in der Darstellung der *Lilith* unter → **Eule**.

Diese Katzen-Symbolik findet sich auch in Verbindung mit der germanischen Göttin Freya, in einer gewissen Ähnlichkeit zu der obigen Plastik, nämlich insofern, als dass sie einen von **zwei** Waldkatzen gezogenen Wagen besitzt. [26] Von hierher kommt eine erheblich ältere Überlieferung des Wortes *Katze* in Be-tracht.

Weiterhin ist zu erwähnen, dass im Alten Ägypten die hö-heren Priester bei bestimmten Ritualen Leopardenfelle tru-gen, so auch im Toten-Kult. [27] Dazu findet sich auch ein mit zwei Raubkatzen gestalteter Tisch zum Einbalsamieren (s. 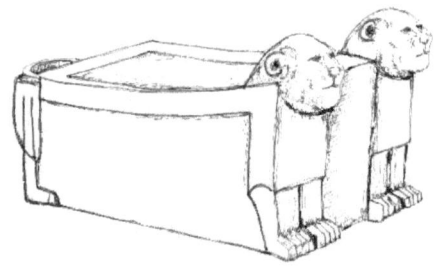 Abb.).[28] Dies spricht auf jeden Fall dafür, dass dies auch mit be-sonderen Verheißungen für eine Existenz nach dem Tod verbun-den war. Dies konnten die mesolithischen Leoparden-Krieger

---

[24] Rachel Storm: Die Enzyklopädie der östlichen Mythologie, S. 38
[25] Emma Brunner-Traut: Altägyptische Märchen, S. 162
[26] Wikipedia: Freya [abgerufen am 18.09.22 um 17:08]
[27] H. L. Jansen, in: Asmussen & Læssøe: Handbuch für Religionsgeschichte I, S. 414
[28] Nachzeichnung nach: Rose-Marie & Rainer Hagen: Ägypten, S. 147

nicht bieten, was für den neuen neolithischen Kult-Komplex sprach.

Es ist wahrscheinlich, dieses *panthera* als eine Zusammensetzung aus (griech.) *pan* >auf, über< + *Tara* entsprechend MaTar > **Mutter**, lat. *terra* >Erde< **und** griech. *thēr* >Tier< wie *panthera* >König der Tiere< zu verstehen.

Damit wird also zum Ausdruck gebracht, dass hier die in dieser Form neuartig proklamierte MaTar = MaGa >Mutter Erde< die >**Herrin** des Lebens< = >Herrin über Leben und Tod< ist. Dies entspricht dem Sinn von *KiBele*, sumerisch *EnKi* (*explizit* weiblich *NinKi*) usw. oder vereinfacht *Dana, Pallas* = *Athene, (Ma)Donna* (→ **Tanne**) = *Frö* → *Frau – Freia* >Herrin<. Die Divergenz von *terra* >Erde< und *thēr* >Tier< ist wohl erst später entstanden (vgl. dazu auch → **Kuh**). Das uns bekannte griech. *panthera* ist jedoch als >Herr/König der Tiere< zu deuten.

Diese Auffassung entstand ursprünglich als eine Krieger-Symbolik. Diese wurde mit dem Neolithikum durch eine mit Göttern begründete neue Weltanschauung übertrumpft, aus der heraus die Priester/innen-Herrschaft entstand (→ **Macht, Magie, machen**). In dem Aufkommen der Probleme der Priester/innen-Herrschaft (s. z.B. → **Eule**) wurde diese an sich bereits veraltete Krieger-Symbolik im Hinterland zu einer militaristischen Krieger-Initiation weiterentwickelt (griech. *leopardos* z.B. >rohe Soldaten<,[29] *Berserker* >der im Bärenfell (Kämpfende)<, s. dazu auch > **Werwolf**.

Luchs L.1.3.1

- mhd., ahd. *luhs*, ndl. *los*, aengl. *lox*, schwed. *lo*. Dies geht nach der gängigen Etymologie mit z.B. griech. *lýgx* >Luchs< (davon lat. *lynx*) und lit. *lūšis* >Luchs< zurück auf idg. *lūк̑-*, *lunk->Luchs< und dies auf idg. *leuk-* >leuchten, strahlen, funkeln< wie → **licht**. Dazu weiter nach Duden 7 ebd.:

„Das kleine Raubtier ist nach seinen funkelnden bernsteinfarbenen Augen von ungewöhnlicher Sehschärfe als >Funkler< benannt. Die

[29] Walter Bauer: Griechisch-Deutsches Wörterbuch, *leopardos*

Scharfsichtigkeit des Luchses findet auch im Dt. ihren sprachlichen Ausdruck, vgl. z.B. die Wendung >aufpassen wie ein Luchs<, die Zusammensetzungen **Luchsauge** (16. Jh.), **luchsäugig** (19. Jh.) und das abgeleitete Verb **luchsen** >scharf aufpassen, lauern; stibitzen< (18. Jh., beachte dazu die Präfixbildungen *ab-, be-, erluchsen*)." Die Tier-Bezeichnung wäre bereits idg. Alters.-

Auch ich nehme hier einen Bezug zu **Licht – leuchten** an (beachte auch *Leu* für >Löwe<), nur ebenso zu **lugen** – *to look,* was hier trotz >**Luchsauge**< in der gängigen Etymologie nicht in den Blick gerät. Dabei ist gerade dieser Zusammenhang etymologisch von Aufschluss. Die Zusammenhänge erklären sich dadurch, dass bereits in der eiszeitlichen Mond-*Eulen*-Symbolik *Mond* und *Sonne* in den Kindergeschichten auch als >Augen< (→ *Aug=Ei*) erklärt werden, ursprünglich vor allem in dem Sinn, dass VaterMutter >Mond< (= *Eule*) nachts aufpasst, „dass, wenn wir schlafen, uns nichts passiert" (s. unten das Trommel-Bild).

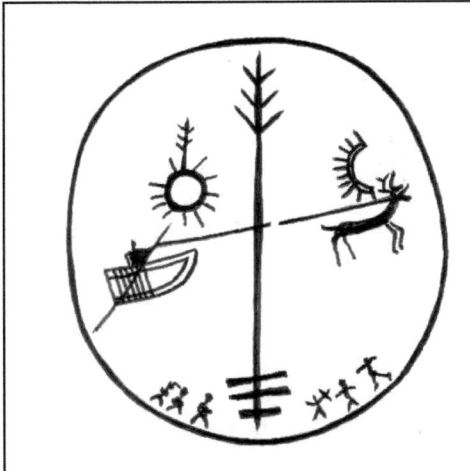

„Weltenbaum auf einer sölkupischen Schamanentrommel. Der Baum wurzelt in der dreischichtigen unteren Welt, die oberen drei Astpaare bezeichnen die Himmelsschichten. Der Baum ist zugleich Achse eines kosmischen Gesichts mit Sonne und Mond als Augen."

Text und Nachzeichnung nach: Mihály Hoppál: Schamanen, S. 158

Daraus entstand im Kontext der neolithischen Entwicklung der Priester/innen-Herrschaft eine mitunter wahrhaft orwellsche

Überwachungs-Symbolik, was der → **Eule** einen dämonischen Charakter anhaftete.

Bei Sonne und Mond als >Augen< ergibt sich gleichzeitig der Bezug zu *Licht – leuchten* wie *lugen – to look*. Im Keltischen gab es einen entsprechenden >Sonnengott< namens **Lug**, von dem *London, Lyon* und „mehr als ein Dutzend größerer Städte Europas" ihren Namen haben. [30]

Die neolithische Symbolik von >Mutter Erde< ist von Anfang (in Çatal Höyük) an mit der **Leo***parden-Raubkatzen*-Symbolik (als einer Art „Polizei" zur Sicherung der Ordnung) verbunden (→ *Panther*). Es ist hier anzunehmen, dass das Wort *Luchs* diesen originären neolithischen **Symbol**-Hintergrund zum Ausdruck bringt, jedoch in Form der jeweils vorhandenen Raubkatzen-*Art* oder wohl auch als *lýkos* als griech. für den **Wolf**. Da sich bei *Wolf* eine Verbindung zu *Welpe* andeutet, könnte auch *Wolf* neolithisch eine weibliche *Symbolik* gewesen sein. Mit *Lug* als männlichem Sonnen-Gott und *Wolf* in Verbindung mit *Werwolf* kommt jedoch ohne Zweifel eine patriarchale Tradition zum Ausdruck.

zirka = *circa* K.3.2.2

>um, ungefähr<, von lat. *circum* >im Kreis, rings, um, bei<. Im Lateinischen war dies auch eine „Vorsilbe" in vielen Wortbildungen. Von dort her stammen bei uns **Zirkus, Zirkel; zirkulieren; Bezirk; Zirkumflex;** frz. *chercher* > **recherchieren** usw.-

Wie hier gezeigt werden soll, spricht einiges dafür, dass es sich hierbei etwa ab der Kupfersteinzeit um eine bedeutsame *weibliche* Sonnen-Symbolik handelte (s. Abb. nächste Seite).

Den Ausgang dieser Formbildung sehe ich in der eiszeitlichen Lautwurzel *Γ mit *aga – KaKa* in der Erstbedeutung >Mutter<, woraus dann auch die Wörter für >Vater<, die >Ur-Mutter< (mit Sonne – Mond) usw. gebildet wurden. Dazu gehört auch der

---

[30] s. dazu z.B.: Botheroyd: Lexikon der keltischen Mythologie, *Lug*. S. dort auch die Form *Lleu*

Kontext von → **Auge – achten - kucken**, wozu sich die Parallele engl. *eye – egg* → **Ei – Kugel – Ball** (> **blicken – blank – glotzen – glänzen** usw.) findet.

Die Ausgangsform läge hier also in der reduplizierten Form *KuKu* wie **Kugel** wie (evtl. als *KuKu-lus) in **Zyklus** (griech. *kýklos*, nach Menge „wohl redupliziert"). Es ist hier demnach völlig eindeutig, dass dies **nicht** von *Rad (- Scheibe)* und dem Wagenbau ausgeht, wie in etymologischen mit weitgehenden Konsequenzen angenommen wird, sondern von *Kugel – Ei* und zwar für Sonne und Mond, wie dies verbreitet in den Mythologien der Welt erscheint (→ *Ei*). Hier steht dies in Verbindung mit dem *Zyklus* von Sonne und Mond insbesondere in dem *Mond-Monats*-Zyklus (s. dazu insbesondere → *neun*).

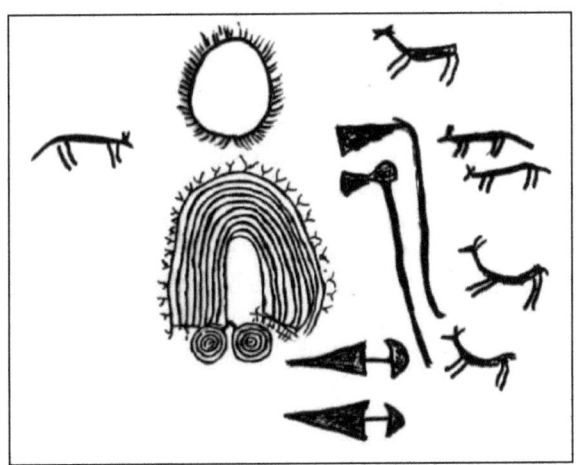

Valcamonica (Italien Grenze CH),
ca. 3200 - 2500 v. Chr. [31] (etwa die Zeit von >Ötzi<)

Vermutlich hier noch eine Darstellung der >Ur-**Mutter**< aus Sonne + Erde. Die Halskette enthält (links) 9 „Schlangen" (NoNa) und etwa 27 V (Sichel-Hörner, wohl = >Monat<). Offenbar geht es um Opfergaben für einen Erfolg beim Paaren.

---

[31] in: Göran Burenholt: Illustrierte Geschichte der Menschheit II, S.120

Zumindest in der älteren Etymologie wird aind. *cakrás* >Kreis< (> **Chakra**) als Parallele zu griech. *kýklos* gesehen (wobei hier eine L-R-Parallele vorläge, wie sich auch im Altindischen häufiger das R findet als in den westlichen Formen). Auch gibt es die Erwägung, **Kreis** als eine verkürzte Bildung in diesem Kontext zu sehen, wobei jedoch aind. *cakrás* eher in Betracht käme als lat. *circum*. Bei *circum* wäre das R (wie wohl auch bei *Marke – Markt*) eher als Gleitlaut aufgekommen, wobei Formen wie lat. *currō* > **Kurier - Kurs** (– **Kurve – Karren** - engl. *car*) eine Rolle gespielt haben werden.

An sich ist die eiszeitliche Zyklus-Symbolik mit Sonne und Mond (und Stern-Bildern) verbunden. Im Neolithikum ging diese Symbolik verstärkt von dem >unten< als Ende und Anfang des Tages, des Jahres und insgesamt des **Lebens** in >Mutter Erde< (im *Acker*-Bau-Kult) aus. Im Verlauf des Acker-Baus trat aus praktischen Gründen die Sonnen-Symbolik in den Vordergrund, wie es sich auch in den kultischen Kreis-Anlagen wie auch bei Stonehenge belegt (→**Jul**).

Doch kam es offenbar mit der Entwicklung des Neolithikums auch dahin, dass die neolithische Priester/innen-Herrschaft zunehmend tyrannisch und ruinöser wurde. Von hier aus entstand mit oder in der Kupferzeit eine der *Unten*- und der → **Eulen**-Symbolik entgegengesetzte Aufstandsbewegung unter dem Vorzeichen eines nun männlichen Sonnen-Gottes (→ **rot**), die mit der Zeit mit der neuen militärischen Ausrüstung mit den >roten< Metallen (hier Bronze) und den Streitwagen (→ **Rad**) besonders durchsetzungsfähig und dann auch erfolgreich war. Doch wenn auch im Verlauf der Zeit diese männliche Sonnen-Gott-Symbolik das Übergewicht erreichte, ist es falsch, die Sonnen-Symbolik per se als „männlich" zu sehen. Sie findet sich auch unter weiblichem Vorzeichen, wie in Japan mit der >Sonnen-Göttin< *Amaterasu* oder im Baltischen etwa als *Saule* >Sonne< als weiblicher „Gottheit".[32] Auch im Deutschen ist *die Sonne* neolithisch weiblich geblieben.

---

[32] Harald Biezais: Baltische Religion, RelMen 19/1, S. 329 f.

In dem hier vorliegenden Kontext finden sich griech. *Gorgo* und lat. *Circe*. Beides stellt sich als eine im Prinzip gleichartige Formbildung dar: Beides ist mit einer Sonnen-Symbolik verbunden, die in diesem Kontext jedoch als weibliche Form einer verzerrenden siegreichen patriarchalen Darstellung unterlag.

Circe wird bei Stowasser als >Tochter des Helios [*Sonnengott*], Zauberin< bezeichnet (> *be***zirzen**). Es ist hier ganz entsprechend MaGa → *Magie* anzunehmen, dass es sich um eine Bezeichnung für >Priesterin< (ggf. auch >Priesterherrscherin<) handelte, und zwar als >Tochter< und Stellvertreterin einer entsprechenden gleichnamigen **weiblichen** >Sonnen<-Gottheit.

Bei *Gorgo* handelt es sich laut Stowasser lat. um >die 3 Töchter des Phorkys< der griech. Mythologie, was mit dem schrecklichen *Gorgonen*-Haupt verbunden ist, das mit dem **Medusen**-Haupt (→ **dösen**) identisch ist. *Phorkys* ist hier auch insofern interessant, als dass dies zumindest vom Wort her lat. *Parca* >Parze< entspricht, sprich der alten Trinität der drei Parzen (→ *drei*). Diese Dreiheit der *Gorgo* ist hier von dem Wort her wie mit dem >Gorgonen-Haupt< mit einer (weiblichen) Sonnen-Symbolik verbunden.

Das hierbei erwähnte Schild lässt neben den Goldschalen seit der Kupferzeit insbesondere an eine Scheibe wie auf dem bekannten >Sonnenwagen von Trundholm< denken (Dänemark um 1400 v. Chr., s. mit Abbildung in Wikipedia ebd.). Diese Scheibe dürfte eine rituelle Funktion gehabt haben. Man denke hierbei auch an die nur wenige Jahrhunderte ältere >Himmelsscheibe von Nebra<.

Eine modifizierte Entwicklung dieser Scheiben findet sich mit Masken wie hier insbesondere die >Goldmaske des Agamemnon<, die nach heutigen Erkenntnissen aus dem 16. Jh. v.Chr. stammen soll (s. Wikipedia: Agamemnon) und damit an die Zeit der Himmelsscheibe von Nebra anschließt. Diese Masken könnten als Scheiben (tänzerisch) rituell eingesetzt, dann aber auch von Priester/innen direkt als Maske verwendet worden sein (wofür schon das Wort **Maske** → *Magie* selbst spricht).

Sowohl diese Scheiben als auch diese Masken wurden dann wohl auch zunächst vor allem mit ihrer >magisch-religiösen< Wirkung in Kämpfen eingesetzt. Es wäre möglich, dass zunächst ein Angriff auf solch ein >Medusen-Haupt<-Schild als eine Art Beleidigung der Göttin in den Raum gestellt wurde (die einen entsprechenden Fluch nach sich ziehen würde). Es wäre auch denkbar, dass hier Schilder mit Gold- oder Kupferblechen so überzogen waren, dass sie bei Sonne zum Blenden kriegerisch genutzt werden konnten. Insgesamt dürfte die griech. Mythologie – wie wohl auch den Amazonen-Mythos – Erinnerungen an einen patriarchalen Kampf gegen konkurrierende matriarchale Kulte wie etwa bzgl. einer Sonnen-Göttin zum Ausdruck bringen. Doch man beachte, dass sich mit *Athene* in *Athen* die Vorherrschaft einer alten Göttin samt ihrer → *Eulen*-Symbolik hat halten können.

Herakles im Löwenfell mit **Gorgo/Medusa** *auf dem Schild, Zeichnung um 560 v. Chr.*

Nachzeichnung nach:
K. Schefold: Götter- und Heldensagen der Griechen, S.179, vgl. S. 108, 242

Interessant an den altgriechischen Darstellungen des >Gorgonen<-Hauptes finde ich auch, dass sie nicht typischer griechisch wirken. Mich erinnert diese in Form der obigen Abbildung an einen in Asien verbreiteten Stil. Ich halte es für möglich, dass sich dieser Stil über entsprechende Schilde (z.B. in der Suche und dem Handel mit Metallen) verbreitet haben. Wenn diese Schilde als >Sonne< als > **Haupt** eine Verkörperung der Sonnen-Gottheit war (wie ursprünglich das >Mond-Gesicht<), dann ließe sich sogar eine Verbindung nach Amerika denken, schufen die Olmeken vor rund 3000 Jahren aus zumeist Basaltlavakugeln menschengroße Kolossal-Kopf-Plastiken (s. mit Abbildungen bei Wikipedia unter >Olmekische Kolossalköpfe). Der teilweise negroid anmutende Zug dieser Köpfe spräche weiter für diese Verbindung.

Bei dem Zeichen >Zirkel-Kreis< belegt sich auf jeden Fall eine solche Verbreitung. Der Kreis mit einem Punkt in der Mitte findet sich sowohl bei den ägyptischen Hieroglyphen wie bei den ursprünglichen chinesischen Schriftzeichen für >Sonne<, und dessen heutige chin. Lesung *rí* >Sonne< [33] liegt überaus eng bei *Re* oder *Ra* für den ägyptischen Sonnen-Gott. S. dazu mehr unter → rot.

Die eiszeitliche Stier-Kuh-Symbolik ist neolithisch noch immer bekannt: Große Wandmalerei, in Çatal Höyük, Anatolien (ca. 5 x2 m), etwa 7. Jahrtausend v. Chr.

Nachzeichnung nach einer Zeichnung aus einer Mediendatei der damaligen Ausstellung im Badischen Landesmuseum Karlsruhe

---

[33] Edoardo Fazzioli: Gemalte Wörter, S. 184

4.2 Die neolithischen Wurzelerweiterungen mit -R wie *MR wie → **mehren** (→ S. 228)

S. hierzu auch die schon unter → 1.2 aufgeführten Wörter.

Organ, Organismus; Orgel A.2.2.1 **organisch**
- von lat. *organum* >Werkzeug; Musikinstrument, Orgel< von griech. *órganon* >Werkzeug, Instrument, Körperteil<. Dies ist nach Duden 7 ebd. eine Ableitung von griech. *érgon* >Werk, Dienst<.-

Ich sehe in diesen Formen Ableitungen von der neolithischen Bildung *אrΓא wie OrGa (= **archä-**) als eine direkte Parallele zu neolithisch BaGa = MaGa >Mutter Erde< → **machen, Magen** usw.
In Form von OrGa - *UrKuʰ* - *archē* >Anfang< finden sich die vielfältigsten Wörter in bezeichnenden Kontexten, so z.B. frz. *orge* >Gerste<, griech. *orgás* >Aue, üppig fruchtbare Gegend; insb. das heilige, der Demeter und Persephone geweihte Land zwischen Attika und Megaris<, *órchatos* >Garten<, *orgē* >Trieb; Leidenschaft< → **Orgie**, *Orgasmus* usw. Der Sinn dessen verknüpft sich mit griech. *archē* >Anfang; erste Ursache, Urgrund< = lat. *orīgō* >Ursprung; Geburt; Stammmutter/vater. Mutterland, -Stadt<, dän. *orke* >**können**, ver**mögen**< = ᵇᵉ**wirken** (>er/**zeugen**, hervor**bringen**<) – **Werk** u.a. als → *Ackerbau-*, Toten- und Götter-**Kult** (> **Orcus** → **Hades**).

Orgie A.2.2.1
- von griech. *órgia* >heilige Handlung, Opfer, Weihen, Geheim-, Gottesdienst<, was sich nach Duden 7 ebd. speziell auf die Bacchus-Feiern „und die damit verbundenen wilden und ausgelassenen nächtlichen Schwärmereien" bezog.-

Es handelt sich bei dieser Formbildung, wie unter → **Organ** beschrieben, um eine neolithische Bildung wie etwa OrGa in direkter Parallele zu neolithisch MaGa >Mutter Erde< (→ *Magen*) = BaGa (in → *Bauch, Bock* usw.).

Dies findet sich später patriarchal herausgehoben in der männlichen Form **Bacchus** (die männliche Form dürfte nicht neu, aber ursprünglich sekundär gewesen sein). Eine weitere bezeichnende Parallele dazu ist (von mesolithisch) TaGa abgeleitet → *Ziege – zeugen - züchten* und umgekehrt GaTa → *Geiß – Gott – ^{be}gatten*. In diesen Formen kommt der Ursprung des neolithischen Fruchtbarkeits-, Toten- und Götter-*Kultes* besonders augenfällig zum Ausdruck.

Werk A.2.2.1 be/wirken; Werg

- mhd. *werc*, ahd. *werc(h)*, ndl. *werk*, engl. *work*, schwed. *verk*, dazu als Verb auch (*be*)*wirken*. Dies ist nach der gängigen Etymologie verbunden mit griech. *érgon* >Arbeit, Werk<. EWD ebd. führt diese Formen auf idg. *$\ureg$-, $\ureg$- >wirken, tun< zurück.-

Ich sehe hier den Ursprung in der eiszeitlichen Symbolik der *Ur=Kuh = Ur-Mutter*, woraus wie in den daraus abgeleiteten Formen griech. *archä-* = lat. *orⁱgo* die Bedeutungen >Ur(sprung); schaffen, ^{be}wirken, hervorbringen< gebildet werden (*origin* → **Beginn**). Das R in → *Ur, ar, or* ist hierbei als eine neolithische Bildung einzuschätzen. Von dorther erklärt sich im Besonderen, dass dän. *orke* >können, vermögen< als OrGa (→ **Orgie**) eine Parallele zu MaGa >Mutter Erde< → **machen** (- *Magen*), *vermögen* ist. Die entsprechende Form griech. *érgon* >Werk< findet sich in unserem Fremdwörter **ergonomisch, Energie – energisch, Allergie, Chirurgie, Liturgie** (s. Duden: Energie).

Die spezielleren Bedeutungen von → *Wirken* (**Bandwirkerei**) und **Werg** deuten auf die im Mesolithikum bedeutende → **Spinnen**-Symbolik, bei der es durch die Heiratspolitik und das Produzieren von gemeinsamem Nachwuchs um das Bilden von Netz-*Werken* und (Ver-)*Bindungen* → *Bund, Bündnissen* ging (vgl. auch engl. **web – Weib – weben**). Dies mutierte mit dem

Neolithikum zu einem Fruchtbarkeits- und Götter-Kult (→ **Magie** und **Freia** > *Freitag*).

-bar (wie in *fruchtbar*) B.0.3, B.5.2.2

- zu ahd. *beran* >tragen, bringen<, aisl. *bārr* >tragfähig<, in Zusammensetzungen ahd. *–bāri,* mhd. *–bāre* mit der Grundbedeutung >tragend, fähig zu tragen<.-
Ich sehe hier den Ausgang in der neolithischen Wortwurzel *ΦR für die neolithische Fruchtbarkeits-Symbolik wie etwa → **Beere, paaren, gebären, Frucht** usw.

gebären B.5.2.2 Geburt

- mhd. *gebern,* ahd. *giberan* >(hervor)bringen, erzeugen, gebären<, mit der Vorsilbe *ge-* von mhd. *bern,* ahd. *beran* >tragen, bringen, hervorbringen, gebären<, got. *bairan* >tragen, ertragen, leiden, gebären<, engl. *to bear* >tragen, bringen, ertragen, aushalten, zur Welt bringen, gebären<, schwed. *bära* >tragen, bringen, ertragen, aushalten<. Dies gehört nach der gängigen Etymologie zu idg. **bher[ə]-* >(sich) heben, (sich) regen, (sich) bewegen<, dann auch >tragen, bringen, holen, hervorbringen, erzeugen, gebären< wie u.a. aind. *bhárati* >trägt<, griech. *phérein* >tragen, bringen<, *phértron* >Bahre<, *phóros* >Ertrag, Steuer<, *-pher, -phor* >tragen, bringen< (**Euphorie, Peripherie, Metapher, Phosphor, Ampel, Ampulle, Eimer**) und lat. *ferre* >tragen, bringen<, *fertilis* >fruchtbar<, dt. in →
-bar. -

Den Ursprung dieser Formen sehe ich in der neolithischen Wurzel *ΦR wie *paaren – freien - Beere – Frucht –* (hervor)*bringen* in Parallele zu den anderen mit R gebildeten neolithischen Wurzelformen wie *ĦR wie **tragen – trächtig – Getreide**, *ΓR wie *creare, to grow –* **Gras – grün – Gerste** und *ℵr wie Ur – *origo* – → ᵇᵉ**wirken** usw.

Bärme B.5.2.2

(norddt.) >Bierhefe<: mnd. *berme, barm[e]*, älter ndl. *berme[e]*, engl. *barm* >Hefe<. Dies beruht nach Duden 7 ebd. wie lat. *fer-*

mentum >Gärungsstoff, Sauerteig< (> **Ferment**) auf idg. **bher-* >tragen, heben< (- vgl. **Hefe**).

Ich sehe hier insgesamt den Ursprung in der neolithischen Wurzelform *ΦR in dem Kontext der neolithischen Fruchtbarkeits-Symbolik, die insgesamt noch weit umfassender entwickelt ist als hier angesprochen. Insofern bestehen hier manche Zusammenhänge, die aber andererseits anders zu differenzieren sein dürften (s. etwa → **gebären, bar** und **Barsch**). Hier kommt im Besonderen der Kontext von **Gären** in Betracht (**Bier - brauen – Brot,** vgl. auch **Braut – brüten**), wobei *gären* selbst zu der parallelen neolithischen Wurzelform *ΓR wie *to grow* in Parallele zu neolithisch *ħR wie *drängen, treiben, trächtig* gehört. S. hier auch **Hefe – heben** (- **Urheber**). *Brauen – Brunnen* ist hier eher mit **sprudeln** als mit **brodeln** zu verbinden, doch lässt sich auch eine Verbindung von → *sprudeln* (*spritzen, sprühen* – **Spirit** usw.) zu *brodeln* herstellen, die auch zu **Brodem** und anders **braten** führt.

Beere   B.5.2.3

- ahd. *beri,* engl. *berry,* schwed. *bär,* dazu mit –s gebildete Formen wie got. *waina-basi* >Weinbeere<, ndl. *bes* >Beere<, nd. mdal. *Besing* >Heidelbeere<. Nach Duden 7 ebd. gehören diese germ. Wörter für >Beere< vielleicht zu aengl. *basu* >purpurn<, das mit mittelirisch *basc* >rot< verwandt ist. Demnach wäre die Beere als >die Rote< benannt worden. Nach EWD ebd. ist dies jedoch unsicher.-

Ich sehe hier insgesamt verschiedene Wortbildungen, die letztlich auf eiszeitlich *Φ wie z.B. *Ba von *abba – BaBa* für >Mutter< zurückgehen. Dies ist auch mit >Brust, säugen; trinken, Nahrung< verbunden, wie es sich z.B. in [1]**Futter** (idg. **pa-*) und **päppeln** > **Pappe** (urspr.) >Brei< findet.

Das Verstehen des Samens ist nicht erst neolithisch, doch wird dies im Neolithikum zu einer regelrechten Fruchtbarkeits-Symbolik. Die Form lat. *baca* >Beere< verweist auf eine evtl. bereits mesolithische Herkunft aus BaGa wie → *Bauch, Backe, Bakken* usw.

Die Form *Beere* deutet analog zu *Frucht* auf eine Abkunft aus der speziellen neolithischen Wurzel *ΦR für den Fruchtbarkeits-Komplex wie *paaren,* *ge*bären. Dazu entsprechend finden sich engl. *to bear* >(Frucht) tragen, hervorbringen, gebären<, hebräisch *peri* >Frucht (auch übertragen), bes. Baumfrüchte; Leibesfrucht< und weiter entsprechend *para- paaren* hebräisch *parah/farah* >fruchtbar sein, Frucht bringen<, lat. *far, farris* >Spelt, Dinkel<, Bedscha (Afrika) *fār* >Blume< sowie hebräisch *par* >junger Stier< = dt. **Farre** usw. S. auch → **Ferkel**.

Brunnen   B.5.2.2

- ahd. *brunno,* mnd. *born,* got. *brunna,* aengl. *brunna,* schwed. *brunn.* Dies ist nach der gängigen Etymologie eng verwandt mit der Wortgruppe von > **brennen** und gehört zu idg. **bher(ə)-* >aufwallen, sieden<, vgl. z.B. aus anderen idg. Sprachen griech. *phréar* >Brunnen<. Eine Bedeutungsparallele ist mhd. *sōt* >Brunnen< zu *sieden.-*

Offenbar besteht in der älteren Symbolik eine Verbindung von *sprudeln – quellen – wallen – kochen,* beachte dazu aber auch *hitzig, Wallungen, vor Liebe brennen.* Doch dürfte *Brunnen* von der neolithischen Wurzelform *ΦR aus dem Kontext der neolithischen Fruchtbarkeits-Symbolik ausgehen. Hier ergibt sich der Komplex *Brunnen –* **Born** - engl. *born/e* = dt. **ge*boren** in einem zumal klar ersichtlichen Bild. Dies dürfte u.a. Ngarinyin-Aborigines *bare* >Vagina< (vgl. auch → *bar*) und griech. *pórne, -os* >Buhler/in< [> **Porno**] entsprechen.

Dies ist mit engl. *to bear* → (*hervor-*) **bringen – entspringen –** *ge*bären verbunden, vgl. dazu u.a. aramäisch (semitisch) *bar* >Sohn<, lat. *puer* >Kind< und dän. *barn* >Kind<. Es handelt sich also bei *Born* und (*Spring=*) *Brunnen* um neolithische Ableitungen der schon eiszeitlichen *Ur=sprungs*-Symbolik (*or*^{i}*go*), vgl. → **Au**, den Ortsnamen *Lippspringe* (>Lippe-Quelle<). Vgl. auch hebräisch *bor* >Zisterne< und *bəer* >Brunnen, Grube< (auch in Ortsnamen wie *Beer Scheba*). Dazu findet sich auch recht original kymrisch (keltisch) *ffrau* >das Hervorsprudeln, Strom< (EWD, *Spreu*).

Ferkel   B.5.2.4   **Ferkelei**

- von ahd. *far(a)h* >(junges) Schwein<. Nach Duden 7 ebd. beruht dies auf idg. **porko-* >Schwein<, nach EWD auch >neugeborenes Tier, Ferkel<. Nach Duden 7 ebd. leitet sich dies wie *Furche* von idg. **perk-* >aufreißen, wühlen< ab und bedeutete dies demnach eigentlich >Wühler<. EWD hält das für möglich, aber nicht für sicher.-

Ich sehe hier vielmehr eine Ableitung der neolithischen Fruchtbarkeits-Symbolik *ΦR wie *paaren,* ^{ge}*bären, Frucht – fruchtbar,* s. dazu auch **Eber**. Eine Form entsprechend ahd. *far(a)h* >(junges) Schwein< sind die lat. *Parzen,* wobei lat. *Parca* im Maskulinum mit lat. *porcus,* griech. *porkos* >Schwein< identisch wäre, vgl. auch lat. *procus* >Freier<.

Die neolithische Grundform *ΦR wie *far-* (wie *paaren, bar -gebären*) findet sich etwa in dän. *får* >Schaf<, hebräisch *par* >junger Stier< = dt. **Farre**, hebräisch *ba'ar* >Vieh<, lat. *verres* >(zahmer) **Eber**< und mit Anlaut wie lat. *aper = Eber* hebräisch *'ophär* >Junges, Kalb von Hirsch, Reh oder Gazelle<, hebräisch *'abir* >Stier<, polnisch *obora* >Kuhstall< usw.

Frosch   B.5.2.2, B.5.2.4

- ahd. *frosg,* ndl. *vors,* aengl. *forsc, frosc,* aengl. *frogga* (engl. *frog*), aisl. *frauki* und *frauðr.* Nach der gängigen Etymologie gehört dies – nach Duden 7 ebd. als >Hüpfer< - zu einer Wurzel **preu-* >hüpfen, springen<. EWD ebd. sieht dies analog, meint jedoch auch: „Zieht man jedoch noch anord. *frauð* >Schaum< heran, so kann von germ. **fruþska-* bzw. **frauþski-* als >schleimiges Tier< ausgegangen werden, und Anschluss an eine Dentalerweiterung der Wurzel ie. **per(ə)-, *preu-* >sprühen, spritzen, prusten, schnauben< (s. **prusten**) bzw. **(s)p(h)er-, *(s)preu-* >streuen, säen, sprengen, spritzen, sprühen< (s. **sprühen**) wäre denkbar." -

Tatsächlich handelt es sich bei *Frosch* (neolithisch *ΦR) mit der ursprünglichen Laut-Parallele **Kröte** (*ΓR) um einen Inbegriff der neolithischen Fruchtbarkeits-Symbolik. Zu *Frosch* heißt es etwa:

„In Altägypten war er wegen seiner Fruchtbarkeit und wohl auch wegen seines auffälligen Gestaltwandels vom Ei über die Kaulquappe zum vierbeinigen, entfernt menschenähnlich anmutenden Wesen ein Symbol des entstehenden und sich immer wieder erneuernden Lebens. Nicht selten wurden die Urgötter der Achtheit, aus dem Schlamm entstanden, froschköpfig dargestellt. Die Geburtsgöttin Heket (Hiqet),[34] gütige Helferin der Volksreligion, wurde als Frosch gesehen [*symbolisiert!*].“ [35]

Auf den Ausgangssinn verweist in tendenzieller Ausgangsform dän. *frø* >Same(n), Sämerei; Frosch<, vgl. dazu auch die griech. *Aphro-Diti* (griech. *aphrós* >Schaum [des Meeres]<. Die von EWD zu anord. *frauð* >Schaum< gesehene Verbindung dürfte sich entsprechend frz. *frai* >Laichzeit; Laich<, *frayer* >laichen; verkehren mit<, dt. **freien** - lat. *procus* >Freier, Bewerber< er­klären (wobei sich mit *Meer-Schaum* eine eigene Symbolik ver­knüpft, die u.a. auch mit der Entstehung des >Ur-Hügel< aus *der* → **Meer** >Mutter< verbunden ist). Damit ursprünglich verbun­den sind wohl auch –**bar** in *urbar,* hebräisch *barah* >erschaffen<, *paaren,* lat. *pario* >hervorbringen, erzeugen, gebären<, *to bear – bore – born –* dt. *geboren* und vieles mehr.
Die Parallele zu *Kröte* belegt sich in *Protz* >Kröte<, Suaheli (af­rik.) *chura* >Frosch<, russ. *krjak* >Froschlaich< usw. S. auch die Symbolik unter → **Kröte**.

Kröte   K.4.2.3

- mhd. *kröte, krot[t]e, krete,* ahd. *krota, kreta,* mitteldeutsch *krade, krate.* Nach der gängigen Etymologie ist der „Ursprung der nur dt. Bezeichnung für die Froschlurch-Art" unklar (Duden 7 ebd.). -
Ich sehe *Kröte* als *ΓR (wie lat. *creare* >hervorbringen; zeugen, gebären<) als ursprünglich gleichsinnige Parallele zu → **Frosch** (*ΦR) als Inbegriff der neolithischen Fruchtbarkeits-Symbolik. Diese Parallele belegt sich in **Protz** >Kröte<, Suaheli (afrik.) *chura* >Frosch< usw.

---

[34] S. zur „Forsch-Göttin" *Heket* auch Wikipedia ebd.
[35] Biedermann: Knaurs Lexikon der Symbole: *Frosch*

Eine besondere Symbolik verknüpft sich hierbei speziell mit der *Schild*kröte. >>

„Bei vielen antiken Völkern symbolisiert sie das Universum. Dabei ruht die Welt auf dem Schild einer oder mehrerer auf dem Wasser schwimmenden Schildkröten. [...] Im volkstümlichen Sinne steht sie allerdings auch für [...] die sexuelle Aktivität." [36]

Bei der historischen Entwicklung des chin. Schriftzeichen für gui *>Schildkröte< lässt sich zunächst sehr gut die* **Erde**-*Symbolik erkennen: z.B. die „vier Himmelsrichtungen<.*

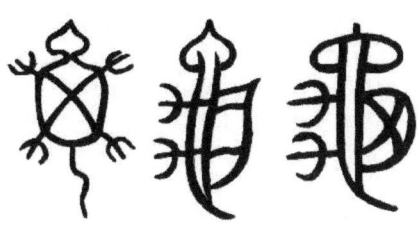

gui	chin. >Schildkröte< (griech. *gē* >Erde< = **MaGa**) >>
maukui	südamerik. Kogi >Kröte<, insb. die „Große Meereskröte"
Kurma	die Schildkröte in der indischen Mythologie, die den **Weltberg** im Meer trägt [37]

(ent-) **springen**   B.5.2.2   **Sprung - Ursprung**

- ahd. *springan*, ndl. *springen*, engl. *to spring*, schwed. *springa*. Dies bedeutete nach der gängigen Etymologie ursprünglich >aufspringen, hervorbrechen< und bezog sich im Deutschen zuerst auf Quellen, wie heute >entspringen< oder auch *Springbrunnen*. *Entspringen* wurde mhd. auch für >hervorsprießen< gebraucht. Im 17. Jh. kam hierbei auch die Bedeutung >bersten< auf (>ein Glas springt<, >Knospen springen [auf]<). EWD ebd. bietet dazu eine kompliziertere Rückführung.-

Ich sehe hier vielmehr eine mit S- erweiterte Ableitung der neolithischen Wurzelform *ΦR wie *Frucht, Beere, to bear, paaren,*

---

[36] Edoardo Fazzioli: Gemalte Wörter, S. 161. Dort auch die Zeichen
[37] Rachel Storm: Die Enzyklopädie der östlichen Mythologie, S. 100

gebären, Born - Brunnen aus dem Komplex der neolithischen Fruchtbarkeits-Symbolik. Das anlautende S- erscheint häufig als Relikt einer ursprünglichen Vorsilbe analog zu dt. *aus (ur-, hervor-)* wie *aus***breiten** = engl. *to spread.* Damit entspräche (*ent-)* ***springen*** = *hervor***bringen**. Es ist in diesem Sinn mit *Ursprung* verbunden und erscheint im Sinne von Quelle z.B. in dem Ortsnamen *Lippspringe*. Dies entspricht *Born – Brunnen – ᵍᵉboren.*

Dieser Komplex findet sich in hebräisch *bəer* באר >Brunnen, Grube<, *bor* בור >Zisterne<, *barah* ברה >(er)schaffen< [→ *schaffen*] – *paaren – bereiten – gebären – to bear* = → *tragen – trächtig (- Drache!) – urbar – hervorbringen – ausbreiten – to spread –* griech: *speírein* >säen, (aus)streuen< - *sporā* >das Säen, Saat, Zeugung, Abstammung< (> **Spore, sporadisch**) - *spérma* >Samen, Saat, Keim, Stamm, Spross< (> **Sperma**) – polnisch *proso* >Hirse<, **sprießen, Spross** und *vieles* weitere mehr. Dazu finden sich parallel die ebenfalls mit R- gebildeten **neolithischen** Wurzelformen *ΓR wie *creare, to grow - groß, Gras, Ger, Gerte, Gerste* und *ħR wie *tragen – Ertrag, Getreide – trächtig, treiben – Trieb* usw.

gern K.3.4.6.1; K.4.3.1.2

- ahd. *gerno,* ndl. *gaarne,* aengl. *georne,* schwed. *gärna.* Dies ist nach der gängigen Etymologie verbunden mit ahd. *gern* >eifrig<, got. (*faihu*)*gairns* >(hab)gierig<, aengl. *georn* >begierig; eifrig; ernst<, aisl. *gjarn* >begierig< und gehört mit dort den unter **Gier** und **begehren** behandelten Wörtern zu der idg. Wurzel *ĝher-* >sich an etwas erfreuen, nach etwas verlangen, begehren<, vgl. z.B. griech. *charēnai* >sich freuen<, *cháris* >Anmut, Gunst< (> **Charisma**).-

Bestimmte Wortbildungen wie *to care* → *Herz – cher* >lieb, teuer< und Bergnamen in der Art von *Kar-* wie *Karawanken, Karst, Harz* deuten auf einen Ursprung der eiszeitlichen Weltberg- und Höhlen-Symbolik der Jugend-Initiation unter einer spätmesolithischen Wurzel *Kara* (→ 3.1). Dieser Komplex wurde neolithisch unter der Wurzel *ΓR in die Fruchtbarkeits-Symbolik eingeordnet. In Parallele zu der ebenfalls neolithischen Wurzel *ΦR wie *paaren – gebären – Frucht* finden sich hier *begehren, gerieren, Gerte,* → **Gerste**, *Gras, to grow* usw.

Acker K.4.2.3; K.0.3.1

- ahd. *ackar,* schwed. *åker.* Die gängige Etymologie erklärt dies aus idg. **aĝ-* als >treiben< von einer Ausgangsbedeutung >Viehweide< her.-
Dies scheint jedoch nicht besonders begründet und historisch auch kaum zutreffend. Es dürfte sich bei *Acker* wie bei *Ecker, Okra (-Schoten)* vielmehr um eine Ableitung der neolithischen Wurzelerweiterung *ΓR wie engl. *to grow* → **grün** für ihre Wiedergeburts- und Fruchtbarkeits-Symbolik handeln, wie *Korn, Hirse, Gras, groß, Greis, Kraut* usw.

Diese Fruchtbarkeits-Symbolik ist im Neolithikum in die Auffassung von >Mutter Erde< eingebunden. Dies belegt sich etwa als Ma Ga mit → „**Magen**" wie u.a. keltisch *magen* >Feld< (in unseren Ortsnamen *Remagen, Dormagen*). Im Lateinischen findet sich dies in *Ceres* als >Göttin des Wachstums< (→ **Zerealien**). Es handelt sich hierbei um eine Parallele zu der neolithischen Wurzelform *ΦR wie **Freia, Aphro**diti* und weiter **Frucht, fruchtbar,** → **Frosch.**
In Form von *Acker* findet sich im Alten Ägypten ein „Erdgott" *Aker,*[38] der - anders als der ägyptische „Erdgott" *Geb* (→ **Gabe - geben**) - mit der neolithischen Leben-Tod- bzw. Unterwelt-Symbolik verbunden war. Bei *Geb* ist es noch wahrscheinlicher, dass es sich bei diesen männlichen Formen um eine patriarchal gedrehte Symbolik handeln.

Zerealien

>Getreide<, von lat. *cerēs* > Saat, Getreide; Korn, Brot<, verbunden mit *Ceres,* der lat. >Göttin des Wachstums< „personifiziertes Wachstum"[39] (s. dazu mehr bei Wikipedia ebd.). Dies geht nach der gängigen Etymologie unter **Hirse** zurück auf idg. **ker-* >wachsen; wachsen machen, nähren; füttern, aufziehen<, wozu etwa auch *creare* >zeugen, (er)schaffen< (> **Kreatur, kre-**

---

[38] s. dazu z.B.: Mary Barnett: Götter und Mythen des Alten Ägypten, S. 80
[39] Mircea Eliade: Geschichte der religiösen Ideen, Band 2, S. 119

ieren), *crescere* >wachsen, zunehmen< und lit. *šérti* >füttern<
gehören.- Ich sehe den Ursprung in der neolithischen Wurzelform *ΓR wie etwa **Ger, Gerte** → *gern – begehren; Gerste,
Gras,* to grow, *groß, grün* usw.

Gerste   K.4.2.3

- mhd. *gerste,* ahd. *gersta,* ndl. *gerst* (demgegenüber engl. *barley*
[*ΦR!], schwedisch *korn*). Nach der gängigen Etymologie ist
die Herkunft des Wortes unklar.–

Ich sehe den Ursprung in der von der >Sprache der Neolithischen Revolution< gebildeten Wurzel *ΓR für die Wortbildungen ihres Fruchtbarkeits-Kultes wie **Ger, Gerte, Gerste, Hirse,
Korn, Gras, grün** – *to grow* – **groß, grau** usw., was in ihren
weiteren Wurzelformen wie *ħR wie → *tragen, trächtig, Getreide* und *ΦR wie → *Beere, ^{ge}bären, bringen, Frucht* in mitunter direkten Parallelen erscheint, wie hier in engl. *barley.* Bestimmte Bedeutungsunterscheidungen dürften sich mit entsprechenden Lautunterschieden erst mit der Zeit herausgebildet haben, in etlichem erst in der Antike, und manche sind erst am
Ende des Mittelalters entstanden.

grün   K.4.2.3

- ahd. *gruoni,* ndl. *groen,* engl. *green,* schwed. *grön.* Dies ist
nach der gängigen Etymologie eine Bildung zu dem im Nhd. untergegangenen Verb mhd. *grüejen,* ahd. *gruon* >wachsen, gedei-
hen<, engl. *to grow* >wachsen, gedeihen, zunehmen<, schwed.
gro >wachsen<, was auf idg. *gher(ə)* >hervorstechen< (von
Pflanzentrieben, Borsten, Erderhebungen) zurückführte.
Ich sehe den Ursprung in der neolithischen Wurzelerweiterung
*ΓR für die Wortbildungen ihrer Fruchtbarkeits-Symbolik wie
Ger, Gerste, Hirse, Korn, – *to grow* – *groß, grau* usw. S. mehr
unter → *Gras.*

5 Kupferzeitliche Wörter

Grundlegende Wortwurzel-Formen, deren Ursprung erst mit der in dieser Hinsicht so späten Kupferzeit in Verbindung zu bringen sind, sind allein die originär mit R anlautenden Wörter wie etwa → **Rad** und **rot**.

Skandinavische Steinritzungen der **Sonnen-Rad**-*Symbolik* [40]

Die originär mit R anlautenden Wörter wie insbesondere *Rad* und *rot* lassen sich mit der kupferzeitlichen Symbolik eines Kultes um einen neuartigen männlichen Sonnen-Gott, mit dem Aufkommen der Metallurgie der >roten< Metalle Kupfer, Bronze und Gold sowie der patriarchalen Kultur in Verbindung bringen. Vom Wort her tritt dieser Gott prototypisch in Ägypten als *RꜢ*

---

[40] Nachzeichnungen, rechts nach E. Anati, Höhlenmalerei, S. 277

wie *Ra, Re* (im Pharao-Namen *Ramses*) in Erscheinung. Von der Verbreitung (s. → *rot*) ist also keineswegs ausgemacht, dass der Name und entsprechende Wörter indogermanischen Ursprungs sind.

Das Aufkommen der mit R anlautenden Wörter erklärt sich im historischen Befund aus neolithischen Wortbildungen, die ursprünglich zumeist mit *ℵr wie *Ur, oro* oder aber mit *ΓR wie *Horn* anlautenden, dann aber wie *Rind, Ren* usw. diesen Anlaut verloren (wie dies noch im Althochdeutschen der Fall war). Dies dürfte aus einer sehr prononcierten Aussprache des R entstanden sein.

Es wäre von der Wortform möglich und inhaltlich nicht unwahrscheinlich, dass diese Entwicklung ursprünglich in lat. *re* >zurück< zum Ausdruck kommt. Im Hinterland war das auch dort aufkommende Problem der Fehlentwicklungen der neolithischen Priester/innen-Herrschaft deutlicher zu erkennen und dem mit einem Rückzug zu entkommen. Von diesem Problem, das etwa auch in der → *Eulen*-Symbolik ersichtlich ist, mutiert nun die ursprünglich gleichbedeutende wie auch komplementäre Symbolik von >Mutter Erde< und dem >Himmels-Vater< zu einem Gegensatz (analog von >Geist< und >Körper<), und die neolithisch teilweise rein weibliche Symbolik von >Mutter Erde< wird hier nun in eine patriarchale Götter-Symbolik gedreht.

Es ist auch von etlichen Unruhen im frühen Alten Orient bekannt, dass diese mit dem Problem von Willkür-Herrschaft und mit Forderungen nach Rechtsetzungen und Gerechtigkeit in Verbindung standen. Die Wortformen wie *recht, richtig, gerecht* und *Richter* lassen sich sprachlich mit diesem kupferzeitlichen *R in Verbindung bringen, doch ist diese Zuordnung bislang nicht genauer zu klären. Von daher sollen hier jetzt allein *Rad* und *rot* aufgenommen werden, wo diese Verbindung zur kupferzeitlichen Entwicklung eine gute Wahrscheinlichkeit hat. Eine Gleichsetzung mit >Indogermanisch< ist hier jedoch nicht begründet.

rot R.2.1 **rosarot; Morgenröte**

- mhd., ahd. *rōt*, got. *rauÞs*, engl. *red*, schwed. *röd*. Dies gehört nach der gängigen Etymologie mit z.B. aind. *rudhiraḥ* >rot, blutig<, griech. *erythrós* >rot<, *éreuthos* >Röte<, lat. *rubeus* >rot< (> **Rubin**), *ruber* >rot<, *rubrica* >rote Farbe, rote Erde< (> **Rubrik**) zu idg. **reudh-, *roudh-, *rudh-* >rot<.

Ich sehe hier den Ursprung in kupferzeitlich *R‍ℵ wie etwa:

Rℵ (*Ra, Re*)	der altägyptische „Sonnengott", im Namen ***Ra**mses*
Rā	Maori >Sonne< in Sprache und Mythologie.
rí	chinesisch >Sonne<, [41] die Ausgangsform des Zeichens dafür (☉) entspricht exakt dem ägyptischen Hieroglyphen-Zeichen für *Ra, Re* >Sonne<
ra	Quichua-Maya >was brennt< *
râá	Berber-Sprache (Afrika) >was brennt< *
raana	Hausa (Tschadisch, Afrika) >Sonne< [42]
Rudra	hinduistischer Gott mit der Bedeutung >der Rote<
Roth	altirischer Gott mit *Sonnen-/Blitz-Rad*-Symbol [43]
Ruto	der >böse Gott< der Samen (Lappen)
rǫðull	altnordisch >Sonne, Strahlenkranz< **
rodor, rador	aengl. z.B. >Himmel<** (** EWD, *Rad*)
Rad	als ursprüngliche *Sonnen-Rad*-Symbolik

rot
ruda altslawisch >Erz< (EWD, *rot*)
[2] **Rost, rostig**
[1] **Rost, rösten** ahd. *rōst* >Rost, Scheiterhaufen; Feuersbrunst, Glut<
ruber, rubeus lat. >rot, gerötet, rot glühend< (EWD > **Rubin**]

---

[41] Edoardo Fazzioli: Gemalte Wörter, S. 184
* Jacques de Mahíeu: Die Erben Trojas, Auf den Spuren der Megalithiker in Südamerika, S. 305. Hierbei wird mit weiteren Beispielen eine Verbindung von Nordafrika nach Amerika hergestellt
[42] Wikipedia: Hausa (Sprache): Wörter des Grundwortschatzes (27.02.21, 15:01)
[43] Sylvia & Paul F. Botheroyd: Lexikon der keltischen Mythologie: Rad

Es spricht insgesamt einiges dafür, dass dieser Komplex von *rot* und der Sonnen-Rad-Symbolik in der Kupferzeit in Verbindung mit der Metallurgie entstanden bzw. historisch von Bedeutung geworden ist.

Ur, Aurora

orīrī	lat. >aufgehen, entstehen, geboren werden, sich **erheben**<
ūrō	lat. >brennen; entflammen, glühen< [auch in Liebe!]
or, orah אור, אורה	hebräisch >Licht<
aura	lat. (= griech.) >Oberwelt; Luft; Tageslicht; Schimmer, Hauch, Wind; Gunst< $^\lambda$ (> **Aura**)

aurum	lat. >Gold< $^\lambda$
ore	engl. >Erz<
*aes, **aeris***	lat. >Kupfer, Kupfernes; Bronze, Bronzenes< (- **As**)
Erz	

„**Re** (auch **Ra**)
ist der altägyptische Sonnengott. Das heißt, dass die Sonne selbst ein Gott ist und daher nicht von einem göttlichen Wesen geschaffen ist. Er kann bis in die späten Perioden als wahrscheinlich wichtigster altägyptischer Gott bezeichnet werden, da er durch das Wirken seiner Kraft (die Sonne) das Leben auf der Erde ermöglichte und es fortbestehen ließ. Sein Name bedeutet im Ägyptischen schlicht >Sonne<.

Die hervorgehobene Verehrung der Sonne als Sonnenkult lässt sich in königlichen Totentempeln bis in die 3. Dynastie unter Djoser zurückverfolgen [*er regierte um 2720 – 2700 v. Chr. – Erbauer der Stufenpyramide*]. Mit Beginn der 4. Dynastie gewann der Sonnenkult unter Radschedef mit der erstmaligen Nennung des Königs als >Sohn des Re< eine besondere Bedeutung, die sich in der 5. Dynastie steigerte, aus der auch die ersten ikonographischen Darstellungen belegt sind.

Der Kult des Sonnengottes mündete schließlich in neu errichteten Sonnenheiligtümern, beispielsweise dem Sonnenheiligtum des Niuserre. In der 6. Dynastie stieg Re in Heliopolis zur neuen

Hauptgottheit auf und löste Atum ab, der bis dahin den dort ansässigen Kult der Neunheit von Heliopolis angeführt hatte. [...]

Wikipedia: Re (Ägyptische Mythologie) (19.02.21; 11:32)

rot:
„In der inselkeltischen Überlieferung ist rot die Farbe der Anderswelt, mit Assoziationen wie Untergang, Sonnenuntergang, Verderben, übernatürliche Weisheit, Feuer, Blut und, um den Kreis zu schließen, (Über-) Leben.

Rot ist gleichbedeutend mit Macht: >Ruad Rhofessa<, der >Rote, Mächtige, Herr allen Wissens<, ist einer der Titel des → *Dagda*. [...] Ins Grotesk-Grausige gleitet die → *Morrígan* [*die Göttin >Große Königin<*] in ihrem Aufzug als >Rote< mit dem einbeinigen, roten Geisterpferd ab, dem die Deichselstange zum Kopf herausragt. Wie alle Gottheiten mit kriegerischem Aspekt freut sie sich über das Blut der im Kampf Gefallenen [...].

Das [*keltische*] Festland scheint rot hauptsächlich im Kampf- und Schlachtenzusammenhang zu sehen, wie *Rudiobus* und >Mars Rudianus< andeuten – allerdings ist der vorkeltische >Mars< mit so vielen Funktionen betraut, dass die Andersweltkomponente auch dabei war."

Sylvia & Paul F. Botheroyd: Lexikon der keltischen Mythologie, *rot*

Einen Anhalt bietet hier der Bestand des hinduistischen Gottes *Rudra* = der >Roten< als >Gott der Stürme< und als dem >zerstörerischen Aspekt< des Gottes *Shiva*. Wohl ist er ein „bedeutender Gott des Rigveda" [44] (als einer altindischen Bibel), doch gleichwohl eher *Außenseiter*. Ich sehe dies als Anhalt dafür, dass dies mitnichten mit dem Indogermanischen und einer eindimensional verstandenen Eroberung durch Indogermanen in eins gesetzt werden kann. Offenbar verkörpert der Gott *Indra* eine sehr andere (spätere) Schicht und Herkunft als *Rudra* als eine noch andere Schicht als *Brahma* usw. Letzteres deutet (u.a. mit dem

---

[44] Rachel Storm: Enzyklopädie der östlichen Mythologie: Rudra

R) wie einiges Andere auf eine Abkunft aus der aus Anatolien stammenden >Sprache der neolithischen Revolution<, die *auch* die historische Basis des Indogermanischen gestellt hat, ohne deswegen Indogermanisch zu sein. *Rudra* wäre demgegenüber mit der Ära der Verbreitung der Metalle und des Patriarchalen in Verbindung zu bringen, doch hat diese Entwicklung in dieser *Zeit* dort *nicht* triumphiert. Dies dürfte bedeuten, dass eine mit dem Indogermanischen und Nahöstlichen verwandte ältere Form seit der Neolithisierung in Indien wirksam war, was auch ein Element der Entwicklung der Indus-Kultur (*Harappa, Mohendjo-Daro* usw.) gestellt hat, ohne dass dies als indogermanisch oder als indogermanisch dominiert aufgefasst werden kann/muss. Der Einfluss des Indogermanischen nahm in Indien sprachlich und räumlich wohl über Etappen zu. Entsprechende Verbindungen zum Dravidischen sind (wie hier auch zum Semitischen usw.) zu beachten und nicht per auf eine erst späte Zeit anzusetzen (wie es auch die Theorie des >Nostratischen< sieht).

Bei den Samen (Lappen) findet sich ein ähnlicher Gott *Ruto,* doch als >der böse Gott<. Dies könnte darauf deuten, dass der patriarchale *Rot-Rad*-Sonnengott auch den höheren Norden erreichte, dort aber - mangels Problem-Eskalation bzgl. der Priester/innen-Herrschaft - mit seinem Charakter auf Ablehnung traf (was analog auch für das Baskische zu gelten scheint).

Von den weiteren sprachlichen Bezügen zwischen dem Uralischen und dem Idg. steht zu vermuten, dass es **diese** *im* Idg. bedeutsam werdende Entwicklung war, die zu einer kulturellen und sprachlichen Spaltung zwischen einerseits dem Idg. und andererseits dem Uralischen führte (in der Art von Germanisch zu Deutsch *und* zum Nordischen). Das Uralische verkörperte demnach – wie die altaischen Formen – die Weiterführung der älteren Stufe, wohingegen das Idg. in den Bezügen zum Nahen Osten ganz anders von den Weiterentwicklungen in Sprache, Technologie und Handel/Wirtschaft (mit den Metallen) und damit auch von Macht und Gewaltproblemen erreicht wurde.

Rad   R.2.1

- mhd. *rat,* ahd. *rad,* ndl. *rad,* lit. *rätas* >Rad<, ir. *roth* >Rad<, lat. *rota* >Rad<. Dies beruht nach der gängigen Etymologie auf idg. **roto-* >Rad<, was auf idg. **ret(h)-* >rollen, kullern, laufen< zurückginge.-

Ich sehe den Ausgang dieser Wortbildungen in einer etwa mit der Kupferzeit aufkommenden Ausgangsform *R א wie *Ra* aus der *Sonnen-**Rad**-*Symbolik als Ausdruck des Kults um einen neuartigen männlichen Sonnen-Gott. Hier findet sich in dem Wortmaterial erstmalig das R originär am Wortanfang. S. hierzu weiter unter → *rot.*

Ausschnitt von einer mesopotamischen Steintafel mit *Sonne* (rechts) – *Mond* und *Ischtar – Inanna* (*Venus*). Die Sonne hat hier neben den 4 Speichen 4 Strahlen.

Im Gegensatz zu in der Linguistik verbreiteten Vorstellungen stammt die *Rad*-Symbolik nicht aus dem Wagenbau, sondern von dem → **Drehen** der Welt bzw. dem **Zyklus** von *Sonne, Mond und Sterne* in Tag, Monat und Jahr. Bei den Kelten:

„Das Rad aber spielt eine bedeutende Rolle bei den Kelten. Das Rad mit vier Speichen stellt das Jahr, das heißt den Zyklus der vier Jahreszeiten, dar." [45]

---

[45] Mircea Eliade: Geschichte der religiösen Ideen II, S. 128

Damit verbunden ist die wohl bereits eiszeitliche Symbolik der *axis mundi* (Welt-Achse) = dem Weltenbaum mit den beiden → **Naben**: der oberen Nabe als der **Pol**→Stern und unten der >Nabel der Welt< (im >Bauch der Erde<), der zur Symbolik der Jugend-Initiation wird. Dies wird im Mesolithikum zu seinem kultischen Zentrum, wie insbesondere in Göbekli Tepe (s. dazu mehr unter → **Nabel**).

Auch die Speichen (s. [lat.] **Radius**) des >Sonnen-Rades< beinhalten eine Symbolik. Die Zahl 4 (s.o. unter der Einführung zu R) steht hier mit den >vier (Tages- und) Jahreszeiten< und/oder den >vier Himmelsrichtungen< in Verbindung (wobei die Zahl 4 hier immer auch schon in sich eine Symbolik bzw. ein geistiges Ordnungsprinzip ist).

rotieren   R.2.1   **Rotation**
- aus lat. *rotāre* >(sich) kreisförmig herumdrehen<. Dies ist nach der gängigen Etymologie von lat. *rota* >Rad, Scheibe, Kreis< abgeleitet, was mit → *Rad* verwandt ist. **Rolle, rollen** und **rund** erklären sich von dem gleichen Ursprung, **Rollo > Rouleau, Roulade** und **Roulett/e** ebenso von dort her aus dem Französischen.

Index der Wort-Artikel

Hier alphabetisch aufgeführt (Zahl die historische Einordnung)

Macht	4.1	Ochse	1.1	Toben	1.1
Mädchen, Magd	4.1	Organ/ismus	4.2	Tot	1.1
Magen	4.1	Orgie	4.2	total	1.1
Magie	4.1	Pack, Gepäck	4.1	Totem	1.1
Mahl	2.1	pagan	4.1	Typhus	1.1
mahnen	1.1	pan-	4.1	un-	1.1
Mahr	1.2	Panther	4.1	Ungeziefer	3.2
Mähre	1.2	Pfaffe	1.1	Uterus	1.2
Mama	1.1	Pyramide	1.2	Vieh	4.1
Meer	1.2	Rad	5	wachen	1.1
mehr. Mehren	1.2	rot	5	Weib	1.1
Minne	1.1	rotieren	5	Werk	4.2
Mond	1.1	Schlange	2.2	Wissen, weise	1.1
Moneten	1.1	sitzen	3.2	Zehe	1.1
Mord	1.2	Spinne	2.2	zehn	1.1
Nabe, Nabel	1.1	spinnen	2.2	Zeit	1.1
Nacht	1.1	(ent-) springen	4.2	Zerealien	4.2
ne-	1.1	Tanne	2.2	Ziege	4.1
neu	1.1	der Tau	1.1	zirka, Zirkel	4.1
neun	1.1	Taube	1.1	zwei	1.1
Nonne	1.1	Titte	1.1		

Literaturverzeichnis

Sprachwörterbücher (mit Hochzeichen bei Wortbelegen)

(א) Wilhelm **Gesenius**: Hebräisches und Aramäisches Handwörterbuch über das Alte Testament, bearb. von Frants Buhl,
unveränderter Neudruck der 1915 erschienenen 17. Auflage,
Berlin, Göttingen, Heidelberg, 1962

(Γ) Herman **Menge**: Griechisch-Deutsches Schulwörterbuch.
Mit besonderer Berücksichtigung der Etymologie, Berlin 1906

(Λ) Langenscheidts Taschenwörterbuch Lateinisch-Deutsch,
Deutsch-Lateinisch, Hermann **Menge**, neubearb. von Heinrich
Müller, Berlin 1960

(λ) Der kleine **Stowasser**, Lateinisch-deutsches Schulwörterbuch, bearb. von Michael Petschenig, München 1970

Wolfgang **Hadamitzky**: Langenscheidts Handbuch und Lexikon der japanischen Schrift, Berlin – München – Wien – Zürich – New York o.J.

Rainer **Hannig**: Großes Handwörterbuch Ägyptisch-Deutsch:
die Sprache der Pharaonen (2800 – 950 v. Chr.) =
Kulturgeschichte der antiken Welt, Band 64, Mainz 1995

Rainer **Hannig** & Petra **Vomberg**: Wortschatz der Pharaonen
in Sachgruppen, Kulturhandbuch Ägypten (Kulturgeschichte
der antiken Welt, Band 72), Mainz 1998

Etymologische Wörterbücher (hier zitiert):

Julius **Pokorny**: Indogermanisches Etymologisches Wörterbuch I, Bern – München 1959

Etymologisches Wörterbuch des Deutschen, 2. Bände, erarbeitet im Zentralinstitut für Sprachwissenschaft Berlin unter der Leitung von Wolfgang Pfeifer (1989, 1993[2]); · **Taschenbuchausgabe** 1995 dtv, München; 8. Auflage 2005

Duden, Band 7: Das **Herkunftswörterbuch.** Etymologie der deutschen Sprache, 6., vollständig überarbeitete und erweiterte Auflage, Berlin 2020

Werke und Lexika:

Propyläen Weltgeschichte. Eine Universalgeschichte, hg. von Golo **Mann** + Alfred **Hauß,** Band 1, Berlin, Frankfurt, Wien, 1961

Saeculum Weltgeschichte, hg. von Herbert Franke u.a., Freiburg, Basel, Wien 1965

Der **Neue Pauly** – Enzyklopädie der Antike, hg. von Hubert **Cancik** & Helmuth **Schneider,** Stuttgart – Weimar 1997 ff.

Rolf Wilhelm **Bredrich** (Hg.), Herman **Bausinger**: **Enzyklopädie des Märchens** – Handwörterbuch zur historischen vergleichenden Erzählforschung, Berlin – New York, Band 4 1984

RelMen= Die **Religion der Menschheit**, Hg. Christel Matthias **Schröder.**
- **Band** I: Friedrich **Heiler**: Erscheinungsformen und Wesen der Religion, Stuttgart 1961, 2. verbesserte Auflage 1979
- **Band** 3: I. **Paulson**: Die Religion der nordasiatischen Völker
- **Band** 10.2: Hartmut **Gese**: Die Religionen Altsyriens, und: Maria **Höfner**: Die vorislamischen Religionen Arabiens
- **Band** 19.1: Åke V. Ström: Germanische Religion
- **Band** 19/1: Harald Biezais: Baltische Religion,

RGG = Die Religion in Geschichte und Gegenwart, Handwörterbuch für Theologie und Religionswissenschaft,

3. völlig neu bearb. Auflage, hg. Kurt **Galling**, 6. Band
Tübingen 1962

Wörterbuch der Religionen, begründet von Alfred **Bertholet**;
in Verbindung mit Hans Freiherrn von **Campenhausen**; 3.
Aufl. neu bearb. und hg. von Kurt **Goldammer**, Stuttgart 1976

Göran **Burenhult** (Hg.): Illustrierte Geschichte der Menschheit, (Hamburg) 5bändige Ausgabe Augsburg 2000

Jes Peter **Asmussen** & Jørgen **Læssøe** (Hg.): Handbuch der
Religionsgeschichte, Göttingen 1971 - 1975

Harenberg Lexikon der Religionen – Die Religionen und
Glaubensgemeinschaften der Welt, Redaktion Berthold **Budde**
und Christine **Laue-Bothen**, Dortmund 2002

Hans **Biedermann**: Knaurs Lexikon der Symbole, München
1989; Augsburg 2002

Sylvia & Paul F. **Botheroyd**: Lexikon der keltischen Mythologie, München 1999

David M. **Jones** & Brian L. **Molynaux**: Die Mythologie der
Neuen Welt, Reichelsheim 2002

Rachel **Storm**: Die Enzyklopädie der Östlichen Mythologie,
Reichelsheim 2000

Badisches Landesmuseum Karlsruhe, Vor 12.000 Jahren in
Anatolien: Die ältesten Monumente der Menschheit (Große
Landesausstellung Baden-Württemberg 2007), Stuttgart 2007

GEO Wissen: Die Evolution des Menschen. Wie wir wurden,
was wir sind. Heft September 1998, Hamburg 1998
GEO (Heft) 2/2001, Hamburg 2001

Autoren

Emmanuel **Anati**: Höhlenmalerei, (1997), Düsseldorf 2002

Paul **Arnold**: Das Totenbuch der Maya, (Scherz Verlag) Gondrom Verlag, Bindlach 1991

Bärbel **Auffermann** & Gerd-Christian **Weniger** (Hg.): Frauen - Zeiten - Spuren, Neanderthal-Museum, Mettmann 1998

Mary **Barnett**: Götter und Mythen des Alten Ägypten, Blindlach 1998

Heinrich **Beck** (Hg.): Germanenprobleme in heutiger Sicht (Ergänzungsbände zum Reallexikon der Germanischen Altertumskunde, Band 1) Berlin, NewYork, 1986

Gerhold **Becker**: Die Ursymbole in den Religionen, Graz, Wien, Köln 1987

Joachim-Ernst **Berendt**: Nada Brahma. Die Welt ist Klang, (Insel Verlag Frankfurt/M 1983), Rowohlt Taschenbuch-Verlag Reinbek bei Hamburg, 1983, 1997

Bruno **Bettelheim**: Kinder brauchen Märchen (Or. New York 1975), Stuttgart 1977; dtv München 1980, 5. Auflage 1982

Harald **Braem**: Die Geheimnisse der Pyramiden. Stuttgart – Wien – München 1996

Hans-Jürg **Braun**: Das Jenseits. Die Vorstellungen der Menschheit über das Leben nach dem Tod, (1996) Insel Taschenbuch, Frankfurt/M – Leipzig 2000

Emma **Brunner-Traut** (Hg.): Altägyptische Märchen (Diederichs Märchen der Weltliteratur), Reinbek 1991, 1993

Annie **Caubet** & Patrick **Pouyssegur**: Der Alte Orient – Von 12.000 bis 300 v. Chr. (Paris 2001), Frechen o.J.

Gert **Chesi**: *Susanne Wenger* – Ein Leben mit den Göttern, Schwaz (A) 1980

Jean **Clottes** & David **Lewis-Williams**: Schamanen. Trance und Magie in der Höhlenkunst der Steinzeit, Sigmaringen 1997

Henning **Christoph**, Klaus E. **Müller** & Ute **Ritz-Müller**: Soul of Africa. Magie eines Kontinents, Köln 1999

Hoimar von **Ditfurth**: Der Geist fiel nicht vom Himmel. Die Evolution unseres Bewusstseins, (Hamburg) (Augsburg 1990)

Gerardo **Reichel-Dolmatoff**: Das schamanische Universum – Schamanismus, Bewusstsein und Ökologie und Südamerika, München 1996

Jeff **Doring** (Hg.): Gwion Gwion. Dulwan Mamaa - Geheime und heilige Pfade der Ngarinyin, Aborigines in Australien, Köln 2000

Mircea **Eliade**: Geschichte der religiösen Ideen. Freiburg, Basel, Wien, Band I: (1978). 1990[6], Band II 1979

Brian **Fagan**: Die Eiszeit – Leben und Überleben im letzten großen Klimawandel, Theiss Verlag Stuttgart, 2009

Franz Xaver **Faust**: Totgeschwiegene indianische Welten. Eine Reise in die Philosophie der Nordanden, Gehren 1998

Edoardo **Fazzioli**: Gemalte Wörter. 214 chinesische Schriftzeichen – vom Bild zum Begriff, Wiesbaden 2003 (nach der 5. Auflage von 1991; Original Milano 1986)

Richard **Fester**: Die Eiszeit war ganz anders. Das Geheimnis der versunkenen Brücke nach Amerika, R. Piper & Co., München 1973

Hans **Findeisen** / Heino **Gehrts**: Die Schamanen. Jagdhelfer und Ratgeber, Seelenfahrer, Künder und Heiler. München 1983, 4. Auflage 1996

Marija **Gimbutas**: Die Sprache der Göttin. Frankfurt/M 1995

Marija **Gimbutas**: Die Zivilisation der Göttin. Frankfurt/M 1996

Miranda J. **Green**: Die Druiden, Augsburg 2000

Marcel **Griaule**: Schwarze Genesis. Ein afrikanischer Schöpfungsbericht, (Freiburg, 1970) suhrkamp taschenbuch 1980

Harald **Haarmann**: Universalgeschichte der Schrift, Frankfurt/M – New York, 2. Aufl. 1991, Sonderausgabe Köln 1998

Harald **Haarmann**: Weltgeschichte der Sprache – Von der Frühzeit des Menschen bis zur Gegenwart. Verlag C.H. Beck, München, 2006

Rose-Marie & Rainer **Hagen**: Ägypten. Menschen, Götter, Pharaonen, Köln 1999

Elisabeth **Hämmerling**: Mondgöttin Inanna. Ein weiblicher Weg zur Ganzheit, Zürich 1990, 3.Aufl. 1994

Graham **Hancock**: Die Spur der Götter, Bergisch-Gladbach 1995

Ingrid **Heermann**: Linden-Museum Stuttgart, Stuttgart 1989

Mihály **Hoppál**: Schamanen und Schamanismus. Augsburg 1994

Johan **Huizinga**: Homo Ludens, Vom Ursprung der Kultur im Spiel, Hamburg, (1956), 1981

Åke **Hultzkrantz**: Schamanische Heilkunst und rituelles Drama der Indianer Nordamerikas, München 1994, 1996[2]

Sharukh **Husain**: Die Göttin – Das Matriarchat, Mythen und Archetypen, Schöpfung, Fruchtbarkeit und Überfluss. Köln 2001

Gerald **Hüther**: Was wir sind und was wir sein könnten. Ein neurobiologischer Mutmacher, S. Fischer Verlag Frankfurt/M 2011; Fischer Taschenbuch 2013, 2017 [8]

Michael **Jordan**: Die Mythen der Welt (Scherz Verlag, Bern, 1997), Patmos Verlag/Albatros Verlag, Düsseldorf, 2005

Wighart von **Koenigswald** & Joachim **Hahn**: Jagdtiere und Jäger der Eiszeit, Fossilien und Bildwerke, Stuttgart 1981

Hartmut **Kraft**: Über innere Grenzen. Initiation, Schamanismus – Kunst, Religion und Psychoanalyse, München 1995

Josef **Kreiner** & Hans-Dieter **Ölschläger**: Ainu - Jäger, Fischer und Sammler in Japans Norden. Ein Bestandskatalog der Sammlung des Rautenstrauch-Joest-Museums (Ethnologie, Neue Folge, Band 12), Köln 1987

Martin **Kuckenburg**: Wer sprach das erste Wort? Die Entstehung von Sprache und Schrift, Konrad Theiss Verlag Stuttgart 2004

Roger **Lewin**: Spuren der Menschwerdung. Die Evolution des Homo sapiens, Heidelberg 1992

Sig **Lonegren**: Labyrinthe. Zweitausendeins, Frankfurt/M 1993

Michel **Lorblanchet**: Höhlenmalerei. Ein Handbuch, Sigmaringen 1997

Jacques de **Mahíeu**: Die Erben Trojas. Auf den Spuren der Megalithiker in Südamerika. Grabert-Verlag Tübingen – Buenos Aires – Montevideo 1982

Johannes **Maringer**: Vorgeschichtliche Religion. Religionen im steinzeitlichen Europa, Einsiedeln, Zürich, Köln, 1956

Helma **Marx**: Das Buch der Mythen (aller Zeiten aller Völker), Verlag Styria Graz, Wien, Köln & Eugen Diederichs Verlag München, 1999

John **McCrone**: Als der Affe sprechen lernte. Die Entwicklung des menschlichen Bewusstseins, Frankfurt/M 1992

James **Mellaart**: Çatal Hüyük, Stadt aus der Steinzeit, Bergisch Gladbach, 1967

Moshe **Menuhin**: Die Menuhins. dtv München 1987   (Original London 1984)

Laure **Meyer**: Schwarzafrika – Masken, Skulpturen, Schmuckstücke, (Paris 1991) Bayreuth 1992

Michael Lukas **Moeller**: Die Liebe ist das Kind der Freiheit; rororo, Reinbek bei Hamburg, 1990, 16. Aufl. 2008 (Rowohlt 1986)

Horst M. **Müller**: Sprache und Evolution. Grundlagen der Evolution und Ansätze einer evolutionstheoretischen Sprachwissenschaft. Verlag de Gruyter Berlin – New York, 1990

John S. **Pobee**: Grundlinien einer afrikanischen Theologie. Göttingen 1981

Gerardo **Reichel-Dolmatoff**: Das schamanische Universum. Schamanismus, Bewusstsein und Ökologie und Südamerika, München 1996

Berthold **Riese** (Hg.): Schrift und Sprache (Verständliche Forschung), Heidelberg, Berlin, Oxford, 1994

Richard **Rudgley**: Abenteuer Steinzeit. Die sensationellen Erfindungen und Leistungen prähistorischer Kulturen, Wien 2001

Mario **Ruspoli**: Die Höhlenmalerei von Lascaux. Auf den Spuren des frühen Menschen, Augsburg, 1998

Oliver **Sacks**: Der Mann, der seine Frau mit einem Hut verwechselte. Rowohlt Taschenbuch Verlag, Reinbek bei Hamburg 1990 (1994) (Original New York 1985)

Vjačeslav E. **Ščelinskij** & Vladimir N. **Širokov**, Höhlenmalerei im Ural. Sigmaringen 1999

Karl **Schefold**: Götter- und Heldensagen der Griechen in der früh- und hocharchaischen Kunst, (Neubearbeitung) München 1993

Eckard **Schleberger**: Die indische Götterwelt. Gestalt, Ausdruck und Sinnbild. Ein Handbuch der hinduistischen Ikonographie, Köln 1986

Wolfgang **Schmidbauer**: Mythos und Psychologie. München 1970, Neuauflage 1999; Krummwisch 2001

Wolfgang **Schmidbauer**: Wie Gruppen uns verändern. Selbsterfahrung, Therapie und Supervision, Kösel-Verlag München, 1982

Klaus **Schmidt**: Sie bauten die ersten Tempel. Das rätselhafte Heiligtum am Göbekli Tepe. C.H. Beck (München 2006), 3., aktualisierte Auflage 2007 = Paperback 2016

Wolf **Schneider**: Wir Neandertaler, Der abenteuerliche Aufstieg des Menschengeschlechts, (Hamburg, Gütersloh o.J.)

Manfred **Spitzer**: Lernen: Gehirnforschung und die Schule des Lebens. Spektrum Akademischer Verlag Heidelberg – Berlin, (2002), korrigierter Nachdruck 2003

Walter **Torbrügge**: Europäische Vorzeit (Kunst im Bild), München o.J.

Piers **Vitebsky**: Schamanismus. Reisen der Seele, magische Kräfte, Ekstase und Heilung. Köln 2001

Literatur von Christoph W. Rosenthal

zu Humanevolution, Geschichte und Sprache

- **Die Humanevolution war ganz anders** – Eine überfällige Revision. 2018, aktuelle Version *1.1* 2019
- **Zur Evolution von Selbststeuerung, Liebe, Kommunikation & Kultur.** 2021
- **Kulturologie** - Die Wissenschaft bzgl. der Software-Struktur des Menschen. 2023

- **Die kopernikanische Wende unseres Weltgeschichts-Bildes.** 2018, aktuelle Version *1.2* 2023
- **Die Mesolithische Revolution** – die Begründung der historischen Entwicklung. 2021
- **Historiologie.** Die Wissenschaft bzgl. der Systematiken der historischen Entwicklung und ihrer Effekte für die menschliche Existenz. 2023

- **Cûl Tura: Die Entzifferung und Rekonstruktion der ursprünglichen Sprache des Menschen**

Band 1: Die ursprüngliche Sprache des Homo sapiens. 2021
Band 2: Der Ursprung unserer Wörter. 2021
Band 3: Ursprachlich und frühgeschichtlich orientiertes Herkunftswörterbuch des Deutschen. Herbst 2024
Band 4: Was eigentliche Sprache ist. Zur Evolution von Sprache und zur historischen >babylonischen Sprachverwirrung<. 2023
Band 5: Vom Wunder und Abenteuer des Lebens. 2024
Band 6: >Frau Holle und der Drache von Lascaux<. Zur Entzifferung der eiszeitlichen Symbolik und Sprache des Homo sapiens. 2021
Band 7: Mebuntu: Die erste historische Sprachform. 2021
Band 8: Unsere Wort-Schätze der Früh-Zeit, 2024

www.christoph-w-rosenthal.de

Edition Neue Kultur

www.edition-neue-kultur.de

Materialien zu Geschichte und der Neuen Kultur.
Ein Label der **Werkstatt Neue Kultur**

Werkstatt Neue Kultur

Telotopia

Ein kulturarchitektonischer Entwurf einer
wünschenswerten Kultur der Zukunft

WNK-Schriften

- Sprache beherrschen
- Kommunikation
- Zur >Neuen Kultur<

…

Weitere Materialien in Vorbereitung

Werkstatt Neue Kultur

Hg. Christoph W. Rosenthal & Andreas Poggel

Telotopia

Telotopia ist ein kulturarchitektonisches Modell einer sozial stabilen & gerechten, ökologisch nachhaltigen, kulturreichen und wünschenswerten Kultur der Zukunft. Damit möchten wir veranschaulichen, was >Neue Kultur< für uns im gesamtgesellschaftlichen Ergebnis in etwa meint.

Dieser Entwurf basiert auf Einsichten in die humanevolutionäre und kulturgeschichtliche Entwicklung, auf Beispielen historisch-ethnologischer Kulturen wie auf humanwissenschaftlichen Erkenntnissen wie u.a. der Psychologie und Pädagogik. Dabei geht es nicht um eine bloße utopische Fantasie. Die Verwirklichung einer Kultur in der Art von Telotopia erscheint real möglich – im Grunde sogar relativ leicht, sofern sie ein entsprechendes Interesse findet.

Es werden unterschiedliche Fassungen in jeweils verschiedener Länge und Druckqualität und demnächst auch in Englisch angeboten.

www.edition-neue-kultur.de